그런, 하나님이라면, 나도 만나고 싶다

그런, 하나님이라면, 나도 만나고 싶다

초판 1쇄 인쇄 | 2021년 9월 3일
초판 1쇄 발행 | 2021년 9월 7일

지 은 이 | 안디바
펴 낸 이 | 박세희

펴 낸 곳 | (주) 도서출판 동대지기
등록번호 | 제2013-000075호
등록일자 | 2013년 11월 27일

주 소 | (153-768) 서울시 가산디지털2로 98.
2동 1110호(가산동 롯데IT캐슬)
대표전화 | (02)853-2010
팩 스 | (02)857-9036
이 메 일 | sehee0505@hanmail.net

편집 · 디자인 | 박세원

ISBN 979-11-6066-072-2
값 12,000원

• 잘못된 책은 바꾸어 드립니다.

그런,
하나님이라면,
나도 만나고 싶다

안디바 목사

등대지기

책을 펴내며

가끔 내게 조언하는 사람들 중에, 요즘은 미디어 시대라 눈으로 보고 귀로 듣는 것을 좋아하지 누가 책을 읽느냐며 잠을 설쳐가며 집필하는 나를 향해 충고 아닌 충고를 하는 사람들이 있다. 그럼에도 불구하고 이렇게 집필에만 집중하는 이유는 극심한 영적 빨갱이었던 필자가 단 한 권의 책으로 하나님 앞으로 회귀하여 돌아왔기 때문이다. 그러기에 어딘가에 또 다른 나 같은 사람이 있겠거니 싶어 대부분의 시간을 집필하는데 할애하고 있다.

2017년에 출간한『더 이상 목사한테 속지 말라』의 책은 필자가 신앙여정의 길목에서 그동안 교회나 목사들을 보고 느꼈던 문제점들을 진솔하게 표현한 책이었다. 그래서 읍내 목욕탕 탈의실에 그 책을 비치해놓고 읽고 싶은 사람들은 가져다가 읽으라고 갖다 놓았다. 그랬더니 책 제목이 눈에 거슬러 그런지 교회 다닌다는 어떤 이가 그 책을 당장 치우라고 했다면서 다시 돌려주었다.

불편한 심기를 뒤로 하고, 연이어 한국교회의 병폐를 통탄하는 심정으로 써 내려간『종교는 사기다』의 책과『아직도 목사한테 속고 있는가!』의 책을 출간했지만 그 후로 가급적 무상으로 책을 나눠주는 일을 자제하고 있다.

한 권의 책이 세상에 선보이기까지 거기에 심혈을 기울여 쓴 시간적인 투자와 정신적인 노동력과 출판비용 등을 감안하면 아무한테나 책을 주는 것이 썩 내키지 않았다,

그리고 하나님의 사랑을 실천하고픈 나의 마음과는 달리 책 내용조차 모르는 사람들이 그저 제목만 보고 홀대하는 것이 썩 내키지 않아서다. 거기에는 한 영혼의 구원을 위해 밤잠을 설쳐가며 전력투구한 시간들도 그렇지만, 필자가 그동안 출간했던 책이나, 앞으로도 계속해 출간하게 될 모든 책들은, 하나님의 선택에서 제외된 자들은 읽을 수가 없고, 또한 읽기를 꺼려할 수밖에 없는 책이기에 더욱 그렇다.

창세기를 읽다보면 택함을 받은 하나님의 백성들과 그 선택에서 제외된 유기된 자들로 극명하게 나타나고 있다. 따라서 유기된(사단) 자들한테 속지 않고 영적 전투에서 싸워 이길 수 있는 내용이기에 그래서 그전처럼 아무한테나 책을 나눠주는 것을 자제하고 있다.

무엇보다 성경은 하나님의 말씀에 기준하여 성도가 오류에 빠지지 않도록 성령의 조명으로 구원의 길을 제시해 주고 있다. 그런데 오늘날 교회를 향한 사단의 유혹이 얼마나 질기고 끈질긴지 그야말로 치열한 영적전쟁의 현장이다. 그러다보니 대부분의 교회 안에 우상숭배(탐심)와 간음(하나님보다 세상의 힘을 자랑)이 버젓이 성행하고 있는데도 그게 죄인 줄도 모르고 있다.

그러기에 창세기에 나타난 인류 최초의 속임수가 그 원형을 잃

지 않고 지금도 똑같이 재현되고 있다. 그걸 6000년 전, 창세기 1장에서의 뱀(사단)이 인간을 어떻게 유혹했는지 그리고 교회(하와)가 어떻게 뱀의 꼬임에 넘어가 하나님의 백성(아담)을 넘어가게 했는지 적나라하게 보여주고 있다. 뱀은 인간이 선악과를 먹더라도 결코 죽지 않을 뿐 아니라 도리어 눈이 밝아져 하나님과 같이 되어 선악을 알게 된다고 꼬드겼다.

이와 같이 오늘날도 사단은 성경을 기초로 한 하나님의 말씀에 끝만 살짝 왜곡시켜 참된 진리가 세상에 드러나지 못하도록 온갖 방법을 동원하고 있다. 그러다보니 교회가 진리의 말씀이 고갈되어 처처에 하나님의 백성들이 기근(영적고갈)으로 허덕이고 있다. 반면에 사단들의 세력은 여자(교회)의 뒤에서 뱀이 그 입으로 물(거짓교리)을 강같이 토하여 여자(교회)를 물에 떠내려가게 할 정도로 거짓교리가 범람하고 있다.

사단(일곱머리)들은 교회 안에서도 산의 정상은 하나이지만 올라가는 길은 여러 가지가 있다는 역설을 늘어놓고 있다. 산에 올라가는 길이 왜 하나 밖에 없는 거냐며, 그게 바로 편협된 사고라고 주장한다. 진리는 본래 하나이나 역사와 문화에 따라 여러 가지 형식과 양태로 전개되기 때문에 그 근원을 찾아 올라가다 보면 원초적인 진리가 하나로 만나게 된다고 한다. 이러한 주장들이 어떻게 보면 매우 그럴듯해 공감을 불러일으키는 것 같지만 과연 산에 오르는 이 비유가 적합한 비유인가? 그것부터 묻고 싶다.

분명한 것은 성경에선 진리(하나님의 말씀)에 도달하는 길을 산에 비유하지 않고 문에 비유하고 있다. 양의 우리의 문으로 들어가지 않으면 다 절도요, 강도라고 했기에, 양의 문을 통과하지 않고는 다 사망임을 깨달아야 한다. 그러므로 그 결과로 죄의 삯인 사망이 인간에게 주어졌다. 그 사망이란 우리가 그 어떤 귀하고 값진 것을 내어 놓더라도 극복되어질 수 없다. 그렇기 때문에 천재성을 지닌 석학들이 역사 속에서 인류를 위해 유익한 일들을 많이 개발하고 발전시켜 왔지만 노벨 수상자들을 포함하여 그 어떤 능력 있는 자들의 지혜와 힘을 다 합한다 하더라도 결국엔 사망만은 극복하지 못했다는 점이다.

뿐만 아니라 인류에 공헌한 수많은 성현들, 석가모니, 노자, 장자. 공자, 맹자의 가르침을 비롯하여 아프리카 오지에서 평생을 봉사만 하다 간 슈바이처나 간디의 수많은 외침의 저항 등이 있었지만 그들조차도 사망은 극복하지 못했다. 사망은 오직 한 길, 예수 그리스도의 십자가의 은혜뿐이며 그 외에 그 어떤 것으로도 절대 극복할 수 없다는 것을 교회는 인식해야 한다.

그런 하나님을 만나고 싶지 않은가!

그렇다면 반드시 성경(성령) 안에서 그 길을 찾도록 힘쓰라고 권면하는 바다.

2021년 9월 어느 날

안디바 목사

차례

제1부 성경(성부하나님)이란?

제3부 복음(성자하나님)이란?

제3부 믿음(성령하나님)이란?

제1부
성경(성부하나님)이란?

성경이 곧 하나님

이른 봄이었다. 스노우타이어를 교체하기 위해 강릉 사임당로 길로 운전하면서 가는데 문득 하늘빛을 보니 너무나 맑고 푸르렀다. 잎이 다 떨어진 나뭇가지 사이로 보일 듯 말 듯 푸른 새싹이 움트는 것을 보면서 '아, 벌써 봄이구나!' 늘 다니던 길이었는데 유독 그날따라 하늘과 산과 길가의 가로수가 너무나 아름답게 보였다. 이 우주를 창조하신 하나님이 만든 이 세상이 이렇게 아름다운데, 그분이 사시는 그 나라는 얼마나 평화롭고 아름다울까! 하는 생각이 들자, 순간, 뜨거운 감사의 눈물이 나도 모르게 눈가를 촉촉이 적셨다.

이제 정말 죽어도 여한이 없겠구나!, 아니 이제는 정말 죽더라도 두려움 없는 내일을 맞이할 수 있겠구나 하는 생각이 들자, 그 나라를 깨닫게 해주신 성령 하나님께 감사의 기도가 절로 났다.

이를 깨닫게 해 주신 이가 바로 성령하나님이시다. 성령이 곧 하나님의 말씀이고, 말씀 자체가 하나님이다. 그분이 이 땅에 육신의 옷을 입고 예수라는 이름으로 오셔서 십자가에 달려 죽으시고 부활하심으로 다시 말씀으로 오셔서 우리 심령 안에 거하시는 분이 바로 우리의 구원자이신 예수 그리스도시다.

> 태초에 말씀이 계시니라 이 말씀이 하나님과 함께 계셨으니 이 말씀은 곧 하나님이시니라. 그가 태초에 하나님과 함께 계셨고. 만물이 그로 말미암아 지은바 되었으니 지은 것이 하나도 그가 없이는 된 것이 없느니라. 그 안에 생명이 있었으니 이 생명은 사람들의 빛이라. 빛이 어두움에 비취되 어두움이 깨닫지 못하더라(요1;1–5)

그러기 때문에 성령 자체가 진리의 말씀이고 그 진리가 온전히 담긴 것이 바로 성경이다. 그러므로 성경이 어떤 책인지만 깨달아도 우리는 그 하늘나라만을 소망하며 살아갈 수 있고 그걸 깨달아 알아 가는 게 또한 신앙생활이다.

그렇다면 성경은 왜 우리에게 주어졌는가? 읽고 구원받으라고 주신 것인가? 엄밀히 따지면 그건 아니다. 오늘날 수천만의 기독교인이나 천주교인들이 성경을 읽고 있다. 대개의 경우 교회나 성당에 다닌다는 사람들 중에 아니 목사나 신부 중에 하나님이 있다고 믿거나 천국과 지옥이 있다고 믿는 사람은 그다지 많지 않다. 그냥 추상적으로 천국과 지옥이 있다고 하니까 그건 죽어서 가보면 알겠지 하는 정도의 수준이다.

구원은 오직 하나님의 선택에 의해서 은혜로만 주어진다. 그런데 왜 우리에게 성경이 필요한가? 구원받은 성도들에게 단순히 구원이 어떤 것인지를 설명해 주는 것이라면 그 분량이 너무 많다. 단순히 구원이란 무엇인가를 설명하기 위한 것이라면 '하나님의 아들이신 예수 그리스도를 믿는 것이 구원을 받는 것'이란 정도의 내용이면 충분하다. 그런데 왜 창세기부터 요한계시록까지의 그 긴 기록들을 써 놓았겠는가?

분명 주님은 우리를 구원하시기 위해 이 땅에 오신 것은 맞다. 그렇지만 구원은 전적으로 하나님으로부터 시작하여 하나님에게서 완성해 나가신다. 즉 하나님께 택함을 받아야 우리가 예수를 믿을 수 있다는 점이다. 구원은 처음부터 끝까지 하나님의 일이기에 설득되어 이해되는 것이 아니다. 그러므로 성경은 인간들을 구원으로 이끌기 위한 설득의 책도 아니고 단순히 '인간의 구원이란 이런 것이다.' 라고 설명해 놓은 책도 아니다. 다만 택한 자들에게 거저 주어지는 하나님의 은혜의 선물일 뿐이다.

무엇보다 성경은 창세기의 '태초에'로 시작하여 계시록의 '아멘, 주 예수여 오시옵소서'로 새 하늘과 새 땅의 완성인 하나님 나라의 입성으로 끝이 난다.

그렇다면 태초에 하나님이 무엇을 계획하셨는가? 바로 천지 창조의 계획이다. 대개의 경우 이 세상 만물인 산과 바다와 들인 피조세계의 자연을 창조했다고 생각하는데 성경의 역사가 6000년이라면 우리나라의 역사는 고증을 통해 바라볼 때 그보다 훨씬 오래된 만년의 역사를 지니고 있다.

그러므로 창세기에서의 천지창조는 자연의 창조가 아닌 인간의 창조를 말하는 거다. 따라서 '땅이 혼돈하고 공허하며 흑암이 깊음 위에 있고 하나님의 신은 수면에 운행하시니라' 여기에서 땅이 백성이다. 하나님의 백성들이 어두움에 있다 보니 사단마귀들에 의해 혼돈하여 갈 바를 모르고 있다. 그래서 하나님께서 수면위를 운행하시면서 하나님의 백성과 사단의 자식들을 분류하는 작업을 계획하신 것이 6000년 전에 일어난 창조사역이다.

천지란 천(天)은 하늘이고 지(地)는 땅이다. 따라서 천(천국)은 택함 받은 하나님의 백성들이 사는 곳(지성소)이고 지(지옥)는 그 택함에서 제외된 자들이 사는 이 세상이다.

그래서 첫째 날 하신 것이 빛과 어두움을 나누고, 궁창 아래의 물과 궁창 위의 물로 나누신 것이 둘째 날이다. 궁창이 하늘인데 하늘이 성소다. 이 성소가 바로 교회다. 이 교회를 둘로 나누었다는 것은 성소와 지성소를 가리키는 거다. 성소는 이 땅에 머물러 있는 수많은 교회들이고, 그러한 교회들이 성경을 통해 깨달아 알게 되면 내 영이 구원을 얻어 하늘로 올라가는 곳이 지성소다. 지성소가 하나님이 거하시는 나라 즉 천국이다.

하나님은 영이시다. 그 영이 성령이고 말씀이다. 말씀을 깨달아 알게 되면 우리의 영은 늘 하나님과 함께 날마다 동행하는 것이 된다. 그래서 천지만물의 주재이신 하나님이 바로 내 아버지란 사실을 깨닫지 못한 사람들은 이 세상 것에 일희일비하면서 살아가지만 성경을 통해 깨달은 사람들은 늘 감사하며 살아간다. 그 감사를 아는 사람만이 마음 안에서 사랑과 희락과 화평과 오래 참음과 자비와 양선과 충성과 온유와 절제 같은 성령의 아홉 가지 열매가 맺힌다.

그러기에 성경은 하나님께서 이 역사라는 시간과 천지라는 공간을 잠시 사용하여 당신께서 계획하시고 목적하시는 어떤 일들을 완성해 내실 것을 구원받은 성도들에게 너희들은 이렇게 살아가야 한다고 알리는 책이다.

하나님의 최종 목적지는 하나님 나라의 완성이다. 인간의 구원은 그 원대한 하나님의 계획 중의 일부일 뿐이다, 하나님 나라의 완성이 이루어지기 위해서 구원받은 인간이 필요한 것이지, 인간의 구원만이 하나님 나라의 완성을 말하는 것이 아니다. 따라서 예수 그리스도가 이 땅에 오신 이유는 하나님의 백성들을 구원하셔서 창조사역의 완성에 도구로 쓰시기 위함이다. 그러므로 우리는 하나님의 도구로 그분의 일에 쓰임받기 위해 하나님이 누구신지를 알고 깨달아야 하나님의 계획이 무엇인지를 알게 된다. 그리고 그 계획을 깨달아 알게 하기 위해 하나님은 당신의 백성들에게 '믿음'이란 것을 은혜의 선물로 주셔서 당신의 계획을 계시하시는 그것이 바로 성경(성령하나님)이다.

성경은 바로 그 하나님의 목적과 계획이 무엇이며, 그 일을 이루시는 하나님이 어떤 분이시며, 그분이 계획하신 일이 이루어지기 위해 인간들이 어떤 지경에서 어떻게 구원받아야 하는지가 자세하게 기록된 책이다.

무엇보다 감사한 것은 성경에 하나님의 선택된 백성들은 하나도 잃지 않는다고 했고, 다 그의 나라로 옮겨 주신다는 약속이고 그 약속을 다 이루기까지 지금도 하나님은 우리를 위해 오래 참고 오래 인내하며 이 우주를 붙잡고 침묵하며 기다려 주신다는 점이다.

파스칼이 '나를 가장 두렵게 하는 것은 저 엄청난 우주의 침묵이다.'라고 말했듯이, 우리가 먹고 살기가 바빠 생각하고 사색하는 시간이 없어서 그렇지 잠깐만이라도 우리 인간의 존재와 우주의 광활함과 자연의 웅대함을 생각하면 정말 그분 앞에서 숙연해질 수밖에 없다.

바로 며칠 전 앙상한 가지 사이로 새순이 움트는 것을 보면서 자연을 통해 그 하나님을 느꼈듯이, 우리는 밤하늘의 수많은 별과 달과 태양을 보면서 하나님의 능력과 지혜를 감지하면서 조금씩 그 하나님에 대해 궁금해지고, 그 궁금증이 해소되어 갈 때 비로소 그 하나님을 온전히 믿게 된다.

성경 자체가 하나님이기에 우리가 말씀(성경)을 모르고는 절대 하나님을 알 수 없다. 성경(성령)을 통해 그 하나님 아버지가 바로 나의 아버지란 사실만 정확하게 깨달아도 이 땅에서 먹고 사는 문제로 고민하거나 근심하지 않게 된다. 성경 자체가 하나님의 말씀으로 일점일획도 없어지거나 변개되는 일이 없다. 말씀이 곧 언약이고 하나님과 우리와의 관계의 약속이다. 그러므로 그의 나라와 그의 의를 구하고 나면 그보다 더한 것을 주시겠다는 그 약속의 말씀이 내 심령 안에 있는 사람들은 구원은 물론 이 세상 문제조차도 걱정하는 일이 없게 된다.

우리가 그동안 첫 장막인 성소인 교회들한테 속아서 그렇지, 성경을 깨달아 진정으로 회개하고 죄사함을 받으면 내 영이 지성소로 올라간 자가 된다. 그리되었을 때, 우리의 기도 또한 하나님께서 그 분량에 맞게 다 들어주신다는 점이다. '분량에 맞게'라는 것은 무조건 다 들어주는 것이 아니라 과연 그 기도가 합당한가, 아닌가. 즉 정욕으로 쓰일 것인지, 이생의 자랑으로 여길 것인지를 판단하신 후 들어주신다. 만약 우리의 기도가 믿음에 더욱 공고해질 것 같으면 그 기도는 무조건 다 들어주신다는 점이다. 우리의 세상적인 아버지도 자식이 무언가를 요구할 때 무조건적으로 다 들어주는 것이 아니라 자식한테 꼭 필요한 것이라 생각되면 들어주는 그것과 같다.

영국 고아의 아버지라 불리는 조지뮬러 목사가 사역을 할 때의 일이다. 당시 같은 시대에 사역하는 목사가 조카의 부탁으로 돈을 마련해 주기 위해 부흥회를 몇 차례 인도하고 삼천불을 마련했다. 그런데 마음속에 그 돈을 조지 뮬러에게 갖다 주어야 한다는 생각이 계속해 들었다. 너무나 확연하게 그 생각이 끊임없이 떠오르자 혹시나 싶어 조지뮬러의 고아원으로 그 돈을 들고 갔다. 그때 조지뮬러가 고아원 한 구석에서 열심히 기도하고 있었는데 그 기도의 내용이,

"하나님! 삼천불만 보내 주세요. 그 돈이 없으면 우리 아이들이 굶어 죽습니다."

라고 기도하고 있었다. 그때 그 목사가,

"여기 당신 기도의 응답이 왔소."

라며 퉁명스럽게 그 돈을 조지뮬러에게 던져 주고 왔다는 일화

가 있다.

이렇듯이 하나님의 백성들로 인정만 받으면 우리는 게임 아웃이다. 언제든 우리의 소망을 다 들어 주시는 하나님이기에 걱정할 일이 없게 된다는 말이다.

또한 미국에서 줄타기의 명인이 나이아가라 폭포를 횡단하겠다고 했을 때 사람들은 반신반의했다. 그런데 그는 정말 가볍게 나이아가라 폭포를 횡단했다. 그때 그가,

"나는 한 사람을 등에 업고도 이 나이아가라를 횡단할 수 있습니다"

라고 했을 때 사람들은,

"맞아요. 당신은 할 수 있어요."

라고 환호를 했다. 그때 그가,

"그럼 당신들 중에 내 등에 업혀 저 나이아가라 폭포를 건널 사람이 있으면 지금 앞으로 나오십시오."

라고 소리쳤다. 그런데 아무도 나오지 않았다. 왜냐 하면 폭포를 건너는 것을 봤지만 혹여 라도 불안한 마음에 엄두가 나지 않았던 거다.

그때 한 꼬마 아이가 손을 번쩍 들고 나왔다. 그는 그 아이를 등에 업고 나이아가라 폭포를 거뜬하게 건넜다. 그때 사람들이 그 아이에게 물었다.

"넌 어떻게 그런 모험을 할 수 있니? 무섭지 않았어?"

그때 아이가 대답했다.

"난 우리 아빠가 날 업고도 무사히 나이아가라 폭포를 건너실 수 있다는 것을 알거든요."

이 아이는 자기 아빠가 어떤 사람인줄 정확하게 알고 있기 때문에 하나도 두렵지가 않았던 거다.

그럼에도 불구하고 초림 당시나 지금이나 아직도 교회들이 하

나님 아버지를 정확하게 알지 못하고 있다. 물고기 두 마리와 보리 떡 다섯 개로 수천 명의 배를 채웠고, 풍랑이 이는 바다를 맨몸으로 걸으시기도 했으며, 수많은 병자들이 그들의 눈앞에서 완치되었고 심지어 죽은 자가 살아나 무덤에서 걸어 나오는 것까지 보았던 그들이지만, 그러나 그들은 그러한 기적의 예수님을 보고도 신뢰와 순종은커녕 도리어 죽음으로 몰아갔고 그의 제자들도 십자가에 달려 돌아가시자, 각자의 생업으로 돌아갔다. 그러기에 예수님도 '인자가 올 때에 세상에서 믿음을 보겠느냐(눅18;8)' 이렇게 말씀하셨다.

이렇게 믿음은 자기가 믿는 대상에게 자신의 삶을 거는 것이 믿음이고 그게 바로 하나님의 백성으로 인을 치는 행위이다. 따라서 하나님이 나의 아버지임을 확실하게 믿는다면 걱정할 것이 없고, 그로인해 우리의 마음 안에는 늘 사랑과 화평과 양선과 온유가 흘러넘치게 된다. 그러기에 그 은혜의 하나님을 만나기 위해서는 간절한 마음으로 성경을 대해야 한다.

십일조는 왜 내야해?

어느 마을에 아주 고약한 부자가 살고 있었다. 그는 어찌나 구두쇠였던지 옆집에 굶어 죽어가는 사람이 있어도 눈 하나 깜박하지 않았다. 그런데 하루는 이 구두쇠 영감한테 이런 생각이 들었다.

"그래 이제 내가 살날도 얼마 남지 않았는데 더 이상 구두쇠 소리를 듣지 말고 우선 동네 사람들한테 환심을 사도록 하자."

그래서 다음날 부자네 집의 높다란 담벼락에 다음과 같은 글을 붙여 놓았다.

'모두 오세요. 배고픈 사람에게 쌀을 주겠으며 병든 사람에게는 약값을 나눠 드리겠습니다.'

그로부터 불과 몇 시간이 흐른 뒤, 삽시간에 소문이 퍼지자 배고픈 사람들과 병든 사람들이 줄지어 부자네 집으로 몰려들었다. 그런데 그 집 앞에서 이상한 현상이 벌어졌다. 부자네 집으로 들어가던 사람들이 들어갈 때는 신나서 들어갔는데 이상하게 나올 때는 전부 황급히 찡그리고 뛰쳐나왔다.

그래서 이 장면을 보고 있던 길 가던 사람이 궁금한 생각이 들어 부자네 집 앞으로 가보았다. 활짝 열어 놓은 대문 안팎에 수백 명의 사람들이 북적거려 상태를 살필 수가 없어 좀 더 가까이 다가갔더니 문 안쪽에서 십여 마리의 사냥개가 밖을 향해 으르렁거리고 있었다.

이 고약한 부자는 사람들한테 환심은 사야겠고 그렇다고 재물을 나눠주자니 아까웠다. 그래서 생각해 낸 것이 바로 이런 치졸하고 괘씸한 위선적인 행동이었다. 그런데 이와 비슷한 현상이 바로 한국교회 안에서 버젓이 일어나고 있다.

오늘날의 대형교회의 부자들이 '너희의 온전한 십일조를 창고에 들여 나의 집에 양식이 있게 하고 그것으로 나를 시험하여 내가 하늘 문을 열고 너희에게 복을 쌓을 곳이 없도록 붓지 아니하나 보라(말3;10)' 특히 말라기의 십일조를 들먹이어 엄청나게 헌금을 거둬들였다. 그런데 이 돈으로 명분 있고 폼 나는 일을 하고 싶었다. 그래서 생각해 낸 것이 구제와 선교와 봉사다.

그렇지만 성경에서 말하는 십일조가 무엇인가? 그것부터 온전히 깨달아야 부자(목사)들한테 속지 않을 수 있다. 하나님께서 왜 이스라엘에게 십일조를 하라고 명령하셨는가? 하늘나라에 재정이 부족해 십일조가 필요해서? 아니다.

교회는 이걸 분명하게 알아야 한다. 십일조는 약속의 땅과 관련이 있다는 사실이다. 하나님께서 이스라엘 백성에게 십일조를 명령하신 것은 약속의 땅에 들어가고 난 후의 일이었다.

> 땅의 십분 일 곧 땅의 곡식이나 나무의 과실이나 그 십분 일은 여호와의 것이니 여호와께 성물이라(레27;30)

하나님께서는 그 약속의 땅에서 나는 소산과 가축의 십분의 일을 반드시 하나님께 바치도록 했다. 그러나 그것은 하나님께서 은혜로 주신 그 약속의 땅에서 생산되는 모든 것들은 하나님께서 어린양의 피로 말미암아 거저 주신 은혜의 선물임을 고백하게 하려는 의도였다. 그런 뜻에서 하나님께서 '하나님의 은혜를 기억하라' 즉 '그 땅과 그 땅에서 나는 소산은 하나님의 전투를 통해 너희에게 은혜로 준 것임을 기억하라'는 뜻에서 십일조를 허락하신 거다. 따라서 그 십일조가 어떤 것인지 조금 더 살펴보자.

> 너는 마땅히 매년에 토지소산의 십일조를 드릴 것이며. 네 하나님 여호와 앞 곧 여호와께서 그 이름을 두시려고 택하신 곳에서 네 곡식과 포도주와 기름의 십일조를 먹으며 또 네 우양의 처음 난 것을 먹고 네 하나님 여호와 경외하기를 항상 배울 것이니라
> (신14;22-23)

십일조는 그 용도가 우리가 아는 것처럼 단순히 레위 인들의 생활비에 극한 되는 것이 아니라 하나님께서 은혜로 주신 것을 다시 하나님께 바침으로 그 모든 것들이 은혜라는 것을 확인하라는 거다. 그리고 '네 곡식과 포도주와 기름의 십일조를 먹으며 또 네 우양의 겨울 난 것을 먹고'라고 말씀하셨다. 그러므로 십일조는 '우양의 처음 난 것' 즉 '맏물, 맏이'와 깊은 관련이 있음을 알 수 있다. 그렇다고 성경이 말하는 '맏물'이 무조건 처음 난 것을 말하는 것은 아니다.

> 그들이 여호와께 드리는 첫 소산 곧 제일 좋은 기름과 제일 좋은 포도주와 곡식을 네게 주었은즉. 그들이 여호와께 드리는 그 땅 처음 익은 모든 열매는 네 것이니 네 집에 청결한 자마다 먹을 것이라
> (민18;12-13)

이 구절은 하나님께서 레위 인들과 제사장들의 분깃에 관해서 설명하시는 말씀이다. 알다시피 레위 인들은 이스라엘 사람들의 십일조로 그 분깃을 삼는 사람들이다.

그런데 하나님께서 그들의 분깃을 '첫 소산'이라고 표현을 하시면서 '곧 제일 좋은 기름과 제일 좋은 포도주와 곡식'이라고 부연설명을 하셨다. 그러므로 이스라엘이 하나님께 바쳤던 것은 단순히 제일 처음 익은 곡식과 제일 처음 태어난 짐승이 아니라 '가장 좋은 것'이란 의미이다.

거기에는 그렇게 '가장 좋은 것'도 하나님이 은혜로 허락하신 하나님의 것이라면 '그 뒤에 별로 안 좋은 것들은 말할 것도 없이 모두 하나님의 것'이라는 신앙 고백적인 내용이 담겨 있다. 즉 '맏물'은 단순히 첫 번째 태어난 것을 의미하는 것이 아니라 그 만물의 속에 있는 전체를 대표한 거다. 그러므로 십일조는 하나님께서 하나님의 백성에게 허락하시는 세상 어떤 것과도 비교할 수 없는 가장 좋은 어떤 복을 대표하고 있다.

'맏물'하면 대표적으로 생각나는 것이 무엇인가? 출애굽의 유월절이다. 그러므로 이 십일조는 유월절과도 아주 밀접한 관련이 있다는 것을 알 수 있다. 유월절에 애굽의 장자들이 다 죽었을 때 하나님께서 어린양의 피를 문설주와 인방에 바른 이스라엘의 장자들을 모두 살려 주셨다. 그리고는 이스라엘에게 '내가 너희 장자들을 살려 주었으니 처음 난 것은 사람이건 짐승이건 모두 나에게 바치라'는 명령을 내리셨다.

> 처음 난 자는 다 내 것임은 내가 애굽 땅에서 그 처음 난 자를 다 죽이던 날에 이스라엘의 처음 난 자는 사람이나 짐승을 다 거룩히 구별하였음이니 그들은 내 것이 될 것임이니라 나는 여호와니라 (민3;13)

오직 생축의 첫 새끼는 여호와께 돌릴 첫 새끼라 우양을 물론하고 여호와의 것이니 누구든지 그것으로는 구별하여 드리지 못할 것이며(레27;26)

이처럼 십일조에는 유월절 어린양에 의해 살아난 '처음 난 것', '맏이'들의 대신이란 의미가 들어 있다. 그렇게 하나님께 바쳐질 '맏물'에 대한 명령은 이미 출애굽기에서부터 주어졌다.

여호와께서 너와 네 조상에게 맹세하신 대로 너를 가나안 사람의 땅에 인도하시고 그 땅을 네게 주시거든. 너는 무릇 초태생과 네게 있는 생축의 초태생을 다 구별하여 여호와께 돌리라 수컷은 여호와의 것이니라. 나귀의 첫 새끼는 다 어린양으로 대속할 것이요 그렇게 아니하려면 그 목을 꺾을 것이며 너의 아들 중 모든 장자 된 자는 다 대속할찌니라. 장래에 네 아들이 네게 묻기를 이것이 어쩜이냐 하거든 너는 그에게 이르기를 여호와께서 그 손의 권능으로 우리를 애굽에서 곧 종이 되었던 집에서 인도하여 내실쌔. 그때에 바로가 강퍅하여 우리를 보내지 아니하매 여호와께서 애굽 나라 가운데 처음 낳은 것을 사람의 장자로부터 생축의 처음 낳은 것까지 다 죽이신 고로 초태생의 수컷은 다 여호와께 희생으로 드리고 우리 장자는 다 대속하나니.(출13;11-15)

하나님께서 나귀는 그냥 안 받으시겠다고 하셨고 나귀는 어린양으로 대신 바치라고 하셨다. 만일 그 나귀를 대신할 어린 양이 없으면 나귀는 목이 꺾여 죽게 된다. 이게 무엇을 상징하고 있는가? 우리 죄인들은 우리를 대속하신 어린양이 없었다면 모두 목이 꺾여 죽을 수밖에 없는 운명이었다는 것을 보여 준 거다.

이렇게 맏물은 어떤 것을 대표하며 대신하는 '대속'의 힘이 있는데 십일조가 바로 그것을 내용으로 담고 있다. 그런데 하나님께서 이스라엘의 장자들 대신에 한 지파를 선택하셔서 전체 이스라엘 지파를 대표해 장자로 삼으셨다. 그게 레위지파이다.

레위 지파는 하나님께 전체 이스라엘을 대신해서 바쳐진 대속물이기 때문에 약속의 땅에서 기업을 받지 못한다. 그들은 제물인 거다. 그래서 이스라엘에는 야곱의 열두 아들 중 요셉의 두 아들이 각각 한 지파씩을 이루었기 때문에 원래 이 '므낫세'와 '에브라임' 지파를 포함하면 13지파이다. 따라서 레위 지파는 약속의 땅에서 지파로서의 이름을 상실했기 때문에 12지파가 된 거다. 그러므로 레위 지파는 나머지 12지파를 대신해서 하나님을 섬기는 희생 제물로 바쳐졌다.

> 여호와께서 또 모세에게 이르시되 이스라엘 자손의 처음 난 남자를 일 개월 이상으로 다 계수하여 그 명수를 기록하라. 나는 여호와라 이스라엘 자손 중 모든 처음 난 자의 대신에 레위인을 내게 돌리고 또 이스라엘 자손의 가축 중 모든 처음 난 것의 대신에 레위인의 가축을 내게 돌리라(민3;40-41)

이와 같이 레위 지파는 이스라엘 전체를 대표해서 하나님께 바쳐진 대속물인 거다. 하나님은 이스라엘 전체를 하나님의 장자로 여기고 그들을 애굽에서 건져서 하나님의 자녀를 삼으시겠다는 교회를 향한 구속의 약속이다. 아울러 그 약속을 어떻게 이루실 것인지를 레위 인들을 이스라엘의 장자로 삼아 하나님을 섬기게 하는 것으로 보여주셨다. 이는 한 대속물이 하나님께 바쳐짐으로 나머지가 전부 복을 받게 되는 바로 예수 그리스도를 통한 구원의 예표다.

> 너는 바로에게 이르기를 여호와의 말씀에 이스라엘은 내 아들 내 장자라(출4;22)

분명 레위 지파만이 아니라 이스라엘 전체를 내 아들 내 장자라 했다. 따라서 레위 지파는 이스라엘 전체를 대표하는 장자들인 거다.

이렇게 레위 지파 속에는 처음 난 것은 모두 하나님의 것이라는 '장자'의 개념과 어떤 무리를 대표하여 대속하는 '맏물'의 개념이 겹쳐 있다.

그러므로 레위 지파는 전체 이스라엘 민족의 십일조로 하나님께 드려진 거다.

즉 십일조는 하나님께서 약속의 땅에서 이스라엘에게 하나님의 은혜를 기억하게 하려는 의도에서 명령하신 율법이다. 하나님의 전적인 은혜로 복을 받은 이스라엘이 그 하나님의 은혜에 대한 확실한 신앙고백으로 십일조가 드려지는 거다. 그리고 하나님이 어떤 분이시며 그 은혜의 깊이가 얼마나 크고 융숭 깊은 것인지를 깨닫고 하나님 앞에 순종할 때 그 감사의 마음을 드리는 예배 자체가 온전한 십일조가 된다. 신령과 진정으로 드리는 예배(십일조)만을 하나님께서 기뻐하시므로 이스라엘(교회)에게 복을 부어주시는 것이 십일조가 담고 있는 깊은 의미이다.

그러니까 십일조가 약속의 땅에서 하나님께서 주시는 모든 것은 하나님의 것이라는 하나님의 은혜에 대한 신앙고백인 것처럼, 레위 인들 또한 하나님께 구별되어 바쳐진 희생의 제물이다. 그 희생으로 말미암아 온 이스라엘이 복을 받게 된다는 구속사 전체가 그 안에 들어 있다.

이처럼 십일조는 단순히 물질적인 소득을 하나님께 떼어 바친다는 것이 아니라 그 안에는 아주 중요한 십일조의 정신이 들어 있다.

> 그러나 네 하나님 여호와께서 그 이름을 두시려고 택하신 곳이 네게서 너무 멀고 행로가 어려워서 그 풍부히 주신 것을 가지고 갈 수 없거든. 그것을 돈으로 바꾸어 그 돈을 싸서 가지고 네 하나님 여호와의 택하신 곳으로 가서. 무릇 네 마음에 좋아하는 것을 그 돈으로 사되 우양이나 포도주나 독주 등 무릇 네 마음에 원하는 것을 구하고 거기 네 하나님 여호와의 앞에서 너와 네 권속이 함께 먹고 즐거워할 것이며. 네 성읍에 거하는 레위인은 너희 중에 분깃이나 기업이 거하는 자니 또한 저버리지 말지니라. 매 삼년 끝에 그해 소산의 십분 일을 다 내어 네 성읍에 저축하여. 너의 중에 분깃이나 기업이 없는 레위인과 네 성중에 우거하는 객과 및 고아와 과부들로 와서 먹어 배부르게 하라 그리하면 네 하나님 여호와께서 너희 손으로 하는 범사에 네게 복을 주시리라(신14;24-29)

이렇게 십일조는 단순히 소득의 십분의 일을 하나님께 바친다는 것보다 하나님께서 은혜로 허락하신 것이 다시 그 하나님께 바쳐진 것을 또 다시 받아서 먹으며 즐기는 거다. 단순히 바치는 것이 목적이라면 성전이 아무리 멀어도 끝까지 끌고 와야 한다. 그래야 맞다. 그런데 하나님은 성전이 너무 멀면 그 십일조를 팔아서 너희가 제일 먹고 싶은 것을 사라. 그리고 그것을 권속들과 함께 먹으라고 하셨다. 그러므로 십일조는 하나님의 은혜를 누리고 즐기는 데 진정한 의미가 있다.

우리가 단순히 십일조를 나에게 주신 소득의 십분의 일을 바치는 것이라고 정의를 하는 것은 하나님께서 우리에게 은혜로 허락하시는 것이 '이 땅의 물질'뿐이라는 이 세상의 시대정신이 낳은 악마적인 발상인 거다.

정말 하나님께서 우리에게 주시는 것이 단순히 물질 뿐인가?

이 십일조가 담고 있는 것을 좀 더 명확하게 이해하려면 최초의 십일조가 드려졌던 창세기를 살펴봐야 한다.

> 아브람이 그 조카의 사로잡혔음을 듣고 집에서 길리고 연습한 자 삼백 십팔 인을 거느리고 단까지 쫓아가서. 그 가신을 나누어 밤을 타서 그들을 쳐서 파하고 다메섹 좌편 호바까지 쫓아가서. 모든 빼앗겼던 재물과 자기 조카 롯과 그 재물과 또 부녀와 인민을 다 찾아 왔더라. 아브람이 그돌라오멜과 그와 함께 한 왕들을 파하고 돌아올 때에 소돔 왕이 사웨 골짜기 곧 왕곡에 나와 그를 영접하였고. 살렘 왕 멜기세덱이 떡과 포도주를 가지고 나왔으니 그는 지극히 높으신 하나님의 제사장이었더라. 그가 아브람에게 축복하여 가로되 천지의 주재시요 지극히 높으신 하나님이여 아브람에게 복을 주옵소서. 너희 대적을 네 손에 붙이신 지극히 높으신 하나님을 찬송할찌로다 하매 아브람이 그 얻은 것에서 십분 일을 멜기세덱에게 주었더라(창14;;14-20)

최초의 십일조가 등장하는 장면이다. 소돔 왕과 고모라 왕과 아드마 왕과 스보임 왕과 소알 왕 이렇게 다섯 나라의 연합군이 엘람 왕, 고임 왕, 시날 왕, 엘라살 왕 이렇게 네 나라의 연합군과 전쟁을 했다. 그 와중에 소돔에 살던 아브라함의 조카 롯이 잡혀가게 되었다. 그 소식을 들은 아브라함이 집에서 키우던 사병 318명을 데리고 그 네 나라 국가 연합군 수만 명을 무찌르고 롯을 구해왔다.

그 전쟁은 어느 모로 보나 아브라함이 이길 수 있었던 전쟁이 아니었다. 그 전쟁은 하나님께서 함께 하셔서 이긴 전쟁이란 사실을 아브라함은 알았다. 그런데 돌아오는 길에 살렘 왕 멜기세덱을 만났다.

성경은 그 사람을 살렘 왕 즉 '샬롬 왕, 평강의 왕'이라고 부른다. 그리고 그는 지극히 높으신 하나님의 제사장이라고 했다. 그가 떡과 포도주를 가지고 나와서 아브라함을 축복했다.

떡과 포도주, 제사장, 축복 언뜻 떠오르는 분이 있다. 그 멜기세덱이 '천지의 주재시요 지극히 높으신 하나님이여 아브람에게 복을 주옵소서' 그랬더니 아브라함이 그 멜기세덱에게 십일조를 바쳤다.

아브라함의 그러한 행위는 '이 모든 것은 하나님의 은혜로 전쟁 또한 당신이 이기게 해준 전쟁입니다'라는 고백이다. 그래서 자신의 소유의 10분의 1을 멜기세덱에게 바친 거다. 그것을 어떻게 추론할 수 있는가?

창세기에 그 멜기세덱 왕은 왕이면서 제사장이라고 했다. 원래 왕은 힘을 가지고 전쟁을 치르고 정치를 하는 사람이고 제사장은 뒤에서 그 왕의 승리를 위해 제사를 지내고 기도를 하는 사람이다. 그런데 그 살렘 왕 멜기세덱은 왕이면서 제사장이다. 이는 제사를 지내는 것 자체가 왕의 역할을 하는 사람이란 뜻이다. 그러므로 그는 힘으로 전쟁을 다스리는 사람이 아니라 하나님께 제물을 바쳐 제사를 지내는 것으로 승리를 이끌고 왕국을 다스리는 자라는 뜻이다. 그게 누구인가? 바로 시편 다윗의 시에 그에 따른 답이 있다.

> 여호와께서 내 주에게 말씀하시기를 내가 네 원수로 네 발등상 되게 하기까지 너는 네 우편에 앉으라 하셨도다. 여호와께서 시온에서부터 주의 권능의 홀을 내어 보내시리니 주는 원수 중에서 다스리소서. 주의 권능의 날에 주의 백성이 거룩한 옷을 입고 즐거이 헌신하니 새벽이슬 같은 주의 청년들이 주께 나오는 도다. 여호와

는 맹세하고 변치 아니하시리라 이르기를 너는 멜기세덱의 반차를 좇아 영원한 제사장이라 하셨도다. 주의 우편에 계신 주께서 그 노하시는 날에 열왕을 쳐서 파하실 것이라.(시110;1-5)

시편 110편에서 하나님께서 다윗을 데리고 전쟁을 하셨다. 그런데 다윗은 그 전쟁의 승리는 주의 우편에 계신 주님, 즉 예수 그리스도의 전쟁이며 그분이 반드시 열 왕을 쳐서 파하고 승리하신다는 고백을 한 거다. 그런데 그분이 어떤 분이신가 하면 '멜기세덱의 반차를 좇은 영원한 제사장'이시라는 거다. 그러므로 하나님 우편에 앉아 계신 예수 그리스도께서 창세기의 멜기세덱과 같은 일을 하신다는 거다.

이는 창세기의 멜기세덱이야말로 바로 '십자가라는 제사로 영원한 승리'를 만들어 내시는 왕이요 제사장이신 예수 그리스도를 상징한 인물이란 거다. 그 장면을 히브리서 7장에서 조금 더 확실하게 밝혔다.

이 멜기세덱은 살렘 왕이요 지극히 높으신 하나님의 제사장이라 여러 임금을 쳐서 죽이고 돌아오는 아브라함을 만나 복을 빈자라. 아브라함이 일체 십분의 일을 그에게 나눠주니라 그 이름을 번역한 즉 첫째 의의 왕이요 또 살렘 왕이니 곧 평강의 왕이요. 아비도 없고 어미도 없고 족보도 없고 시작한 날도 없고 생명의 끝도 없이 하나님 아들과 방불하여 항상 제사장으로 있느니라. 이 사람이 어떻게 높은 것을 생각하라 조상 아브라함이 노략물 중 좋은 것으로 십분의 일을 저에게 주셨느니라. 레위의 아들들 가운데 제사장의 직분을 받는 자들이 율법을 좇아 아브라함의 허리에서 난 자라도 자기 형제인 백성에게서 십분의 일을 취하라는 명령을 가졌으나. 레위 족보에 들지 아니한 멜기세덱은 아브라함에게서 십분의 일을 취

> 하고 그 약속 얻은 자를 위하여 복을 빌었나니. 폐일언하고 낮은 자가 높은 자에게 복 빎을 받으니라. 또 여기는 죽은 자들이 십분의 일을 받으니 저기는 산다고 증거를 얻은 자가 받았느니라. 또한 십분의 일을 받는 레위도 아브라함으로 말미암아 십분의 일을 바쳤다 할 수 있나니. 이는 멜기세덱이 아브라함을 만날 때에 레위는 아직 자기 조상의 허리에 있었음이니라(히7;1–10)

여기 보면 멜기세덱, 아브라함, 레위지파, 십일조 지금까지의 모든 내용이 다 들어 있다. 먼저 레위 지파와 아브라함의 관계를 보면 레위의 아들들, 즉 레위 지파 제사장들이 아브라함이 멜기세덱에게 십일조를 바칠 때에 그 아브라함의 허리에 있었다고 한다. 여기서 허리는 '배'라는 뜻이다. 하나님께서 야곱에게 예언하시는 장면을 보자.

> 그에게 이르시되 나는 전능한 하나님이니라 생육하며 번성하라 국민과 많은 국민이 네게서 나고 왕들이 네 허리에서 나오리라 (창35;11)

아브라함이 멜기세덱 앞에 있을 때에 그 레위를 배에 품고 있었다는 거다. 즉 레위 지파가 하는 일은 그때 멜기세덱 앞에서 아브라함이 했던 그 일과 같은 것이라는 말이다, 그러므로 아브라함도 레위 지파처럼 제사장이었다는 거다. 그리고 그 위에 멜기세덱이란 하나님의 제사장이 있다. 그런데 아브라함이 멜기세덱에게 십일조를 바칠 때 레위가 그 안에서 함께 십일조를 바쳤다고 한다. 그렇다면 그 레위에게 바친 십일조 자체에는 이스라엘의 십일조가 포함되어 있는 거다.

멜기세덱은 하나님의 제사장이었다. 그리고 그분께 복을 받고 십일조를 드린 제사장 아브라함이 있다. 그러므로 그 아래 아브라함의 허리에 있던 제사장 레위 지파인 그들도 아브라함의 허리에서 멜기세덱에게 십일조를 바친 것이 된다. 즉 복을 받은 자로서 있다는 거다. 그리고 레위에게 십일조를 바친 이스라엘이 있다. 그들도 역시 복을 받은 자로서 하나님의 은혜에 대한 신앙고백으로 십일조를 드린 자들이다.

그러므로 그 라인에 서 있는 아브라함, 레위, 이스라엘 모두가 멜기세덱으로부터 복을 받은 자들이다. 그런데 그 멜기세덱은 거룩하신 하나님의 제사장이다. 제사장은 십일조를 받으면 그것을 하나님께 다시 십일조를 드리게 되어 있었다.

형식상으로는 대제사장인 아론이 받았지만 하나님은 그것을 '내가 받았다'라고 말씀하셨다. 그런데 시편에서 그 멜기세덱은 예수 그리스도를 상징하는 분이었다. 하나님은 이와 같이 예수 그리스도를 통해 복을 흘려보내고 계신 거다.

예수 그리스도는 아브라함과 그의 허리에 있는 레위, 그리고 그 레위가 대표하고 있는 '믿음의 후손'인 이스라엘(교회)에게 복을 부어 주고 계신다. 그리고 그 복을 받은 자들이 하나님께 신앙고백으로 비치는 것이 십일조다. 그런데 십일조는 '내가 받은 모든 것, 내가 받은 모든 복은 주님께서 허락하신 것입니다'라는 신앙고백이다.

그러므로 우리가 드리는 십일조도, 레위가 드렸던 십일조와 제사도, 아브라함이 드렸던 십일조도 모두 하나님의 백성들에게 복을 부어 주시기 위해 하나님께 바쳐지는 대속물인 예수 그리스도였던 거다. 그로 인해 우리는 진짜 참 복을 받게 되었다.

따라서 이제는 십일조가 아니라 진짜 참 복인 '예수 그리스도로 말미암아 우리에게 주어진 영생 즉 예수 그리스도 안에서 함께 재물로 드려진 복된 나를 전부 하나님께 드리는 것' 이게 오늘날의 십일조인 거다. 그래서 예수 그리스도 안에서 그 복이 이미 완성되었기 때문에 이제부터는 십일조도 레위 지파도 제사장도 다 없어졌다.

따라서 구약에서 예수 그리스도를 복으로 상징하던 십일조를 레위 지파에게 내게 함으로서 구원의 복이 어떤 흐름으로 우리에게 주어질 것인가를 예표하고 있는 상징이 바로 십일조의 개념인 거다.

그런데 구약시대 사람들조차도 자기의 유익을 따라 그 중요한 십일조를 눈속임으로 했다. 그래서 사사기에 보면 레위 지파 사람들이 개인 집으로 흩어져서 '무당 노릇'을 해 주고 밥벌이를 했다. 십일조가 들어오지 않아 레위 인들이 먹고 살기 힘드니까 무당노릇으로 연명했던 거다. 그런 이스라엘(교회)들을 보면서 하나님께서 얼마나 통탄하셨겠는가?

그래서 하나님께서 너희에게 십일조를 하라고 한 것에는 하늘의 복을 부어주기 위해 그 십일조가 담지하고 있는 예수 그리스도를 너희에게 보내 하나님의 은혜를 깨달으라고 한 것이었는데 너희는 그것조차도 눈속임으로 하는구나. 너희가 정말 그 십일조의 정신을 깊이 깨닫고 십일조를 한다면 내가 너희에게 부어줄 복이 엄청난 것인데 그런데도 너희는 그것조차 하지 않는구나. 이렇게 말라기에서 통탄하신 거다.

> 사람이 어찌 하나님의 것을 도적질 하겠느냐 그러나 너희는 나의 것을 도적질하고도 말하기를 우리가 어떻게 주의 것을 도적질하였나이까 하도다 이는 곧 십일조와 헌물이라. 너희 곧 온 나라가 나의 것을 도적질하였으므로 너희가 저주를 받았느니라. 만군의 여호와가 이르노라 너희의 온전한 십일조를 창고에 들여 나의 집에 양식이 있게 하고 그것으로 나를 시험하여 내가 하늘 문을 열고 너희에

게 복을 쌓을 곳이 없도록 붓지 아니하나 보라(말3;8-10)

이게 바로 그 말인 거다. 너희는 그 십일조의 정신을 알지 못하고 형식적으로 소득을 바치는 것으로만 십일조를 오해하고 있으니까 저는 것, 흠 있는 것, 쓸모없는 것들을 가져다 놓고 '내 할 일 다 했다'고 하는데 그거야 말로 정말 착각이다, 그거 내가 원하는 십일조 아니다 하고 구약의 문을 닫아 버리셨다.

오늘날의 교회로 이를 표현하면 너희가 입으로는 나를 믿는다고 하면서도 여전히 세상 것에 미혹되어 나를 이용해 세상의 복만 구하는 구나. 그게 바로 눈먼 희생으로 드리는 병든 것, 저는 것, 흠 있는 것, 쓸모없는 것들이다. 그러면서 어떻게 우리가 주의 이름을 멸시하였느냐 하고 있다.

그래서 온전한 제물(십자가)로 드려지기 위해 하나님이신 예수께서 아들로 이 땅에 오신 거다.

화 있을진저 외식하는 서기관들과 바리새인들이여 너희가 박하와 회향과 근채의 십일조를 드리되 율법의 더 중한바 의와 인과 신은 버렸도다 그리니 이것도 행하고 저것도 버리지 말아야 할지니라. 소경된 인도자여 하루살이는 걸러내고 약대는 삼키는도다
(마23;23-24)

초림 당시에는 아직 예수 그리스도가 십자가에서 십일조(산제사)로 온전히 드려지기 전이다. 그런데 그들은 하나님께서 복을 부어주고 싶어 하는 십일조의 정신에는 관심이 없고 형식적인 십일조만 하고 있었다.

왜 그렇게 된 것인가? 소경(목사)된 인도자들이 즉 가짜 목사들이 하루살이(빈약한 먹이)는 걸러내고 낙타(풍부한 먹이)를 삼

키려는 마음에 진짜 십일조의 정신에는 관심이 없었던 거다. 그저 십일조 해야 복 많이 받는다고 가르쳤기 때문에, 사람들이 곡식이나 짐승만 던져 놓고 자기 할 일 다 한 것처럼 세상에 나가서는 세상 사람들과 똑같이 자기 의를 의지하고 죄 속에서 빠졌다.

그런데 오늘날도 똑같이 '저는 것, 흠 있는 것, 쓸모없는 것'들만 하나님 앞에 십일조로 갖다 바치고 있다. 즉 입으로는 주의 종(소경된 인도자)이라 하면서 실상은 교회 재정에 필요한 십일조만 강조하다보니, 교인들조차 하나님을 믿는다고 하면서 의무적으로 수입의 십분의 일을 십일조로 내고, 교회 밖에서는 세상 것에 마음을 두고 살아간다. 그러면서 십일조를 잘 냈고 주일 성수 철저히 지켰으니 자기들이야말로 참 신앙인이라고 자부하고 있다.

하나님은 질투의 하나님이시다. 그래서 하나님보다 세상을 더 사랑하는 교회들을 보고 너희가 바로 저는 것, 흠 있는 것, 병든 쓸모없는 것(십일조와 헌금)들만 갖다 바치면서 나를 믿는다고 하는 그런 위선자들이라고 지적하신 거다.

교회가 십일조와 헌금으로 선교사를 해외선교지로 파송하고 어려운 불우 이웃을 돕고, 구제와 봉사를 한다고 저마다 떠벌리지만 정작 하나님의 일에는 관심이 없다는 거다.

하나님의 일은 하나님을 온전히 믿는 그것이지 그런 위선적인 행위 백날 해봤자 하나님께선 관심 없다. 하나님이 요구하시는 것은 '의(義),' '인(仁)', '신(信)'이다.

그런데 이 모든 선(善)은 하나님으로부터 은혜로 주어지는 것들이지 너희들이 할 수 없는 것인데도 불구하고 그것들을 한다고 위선 떠는 너희가 바로 십일조가 뭔지 조차 모르는 교회라는 거다.

그러나 이 제사들은 해마다 죄를 생각하게 하는 것이 있나니. 이는 황소와 염소의 피가 능히 죄를 없이 하지 못함이라. 그러므로 세상에 임하실 때에 가라사대 하나님이 제사와 예물을 원치 아니하시고 오직 나를 위하여 한 몸을 예비하셨도다. 전체로 번제함과 속죄제는 기뻐하지 아니하시나니. 이에 내가 말하기를 하나님이여 보시옵소서 두루마리 책에 나를 가리켜 기록한 것과 같이 하나님의 뜻을 행하러 왔나이다 하시니라. 위에 말씀하시기를 제사의 예물과 전체로 번제함과 속죄제는 원치도 아니하고 기뻐하지도 아니하신다 하셨고. 그 후에 말씀하시기를 보시옵소서 내가 하나님의 뜻을 행하려 왔나이다 하셨으니 그 첫 것을 폐하심은 둘째 것을 세우려 하심이니라. 이 뜻을 좇아 예수 그리스도의 몸을 단번에 드리심으로 말미암아 우리가 거룩함을 얻었노라(히10;3-10)

이렇게 예수 그리스도 안에서 모든 율법이 다 완성이 되었다. 그래서 하나님은 그렇게 예수 그리스도의 십자가로 완성이 된 율법에 또 다시 묶여 있는 교회들에게 '너희는 예수 그리스도의 십자가를 헛되게 하는 자'라고 하셨다.

때가 차매 하나님이 그 아들을 보내사 여자에게로 나게 하시고 율법 아래 나게 하신 것은. 율법 아래 있는 자들을 속량하시고 우리로 아들의 명분을 얻게 하려 하심이라.(갈4;4-5)

오늘날에도 이러한 율법에 얽매이는 것은 십자가 앞에서 또 양을 잡는 것과 같다. 십자가만으로 뭔가 부족해서 그런가? 율법에는 십계명을 중심으로 수천가지의 규정이 나열되어 있다. 그런데 교회들이 지금 그런 것은 하나도 지키지 않으면서 왜 유독 십일조만 고집하고 있는가?

목사들의 입장에서 교회의 재정에 십일조가 최고봉이고, 신자의 입장에서는 십일조하면 하나님께서 섭섭지 않게 보답해 주실 것이라는 헛된 기대와 교회 안에서 자기 의를 나타내는데 가장 좋은 덕목으로 나타나기 때문이다. 그렇지만 그러한 자기 자랑을 위한 모든 행위들은 도리어 심판의 대상이 된다는 것을 명심해야 한다. 구약의 모든 율법은 이미 예수 그리스도 안에서 완성되었다.

그렇기 때문에 이제 우리는 십일조가 아니라 우리의 생명까지 요구하시는 하나님이시기에 자기를 부인 하고 십자가의 길만 좇아야 한다.

하나님은 우리에게 사망에서 영생의 복을 주신 분이다. 그러기에 이제 우리는 목숨까지도 하나님께 바칠 수 있는 순종의 사람이 되어야 한다. 하나님께서 우리를 예수 그리스도라는 재물(십일조)로 구원하셨기 때문에 '너는 내 것이라' 하고 우리의 전부를 원하시고 있다.

그래서 이제 내가 사는 모든 삶이 하나님의 것이 되고, 내가 가는 모든 곳에 나의 전부가 따라가는 거다. 그래서 우리는 돈과 시간과 힘을 헛된 곳에 쓸 수가 없다. 하나님이 필요로 할 때, 나의 모든 것을 내놓을 준비가 되어 있어야 한다. 초대 교회 때 사도들이 십일조에 대해 한 마디도 한 적이 없지만 그들은 하늘에서 성령(말씀)의 은혜가 쏟아지자 십일조가 아니라 자신의 전부를 하나님 앞에 내놓았던 거다.

이렇게 십일조를 포함한 모든 헌금은 예수 그리스도를 선물로 받은 자들만이 드릴 수 있는 예배를 뜻하는 거다. 헌금을 하고 안 하고를 따지기 전에 먼저 자기 자신 안에 예수 그리스도의 영(말씀)이 들어 있는지 부터 확인해야 한다. 그래야 하나님의 말씀에 전적으로 순종할 수 있고, 또한 그런 자들이 신령과 진정으로 온전한 십일조(예배)를 드릴 수 있다.

따라서 성경에서 말하는 십일조의 개념을 정확하게 알고 있는 사람이라면 앞으로 '십일조는 왜 내야 해?' 이렇게 교회(목사)들한테 물을 수 있어야 한다.

안식일에 담긴 의미는

지난해는 다른 때에 비해 추운 날씨가 많았지만, 영하 30° 이하로 내려간 날도 꽤나 되었다. 그러다보니 보일러가 수시로 동파되어 배관수리 업자를 부르는 일이 잦았다. 보일러실이 비좁아 플래시를 비쳐주느라 수리가 끝날 때까지 추위에 떨며 수리업자와 함께 있었다. 그가 읍내에 있는 안식교를 다니는 것을 진즉부터 알고 있기에 슬쩍 한마디 건넸다.

"칠 일째 되는 날이 안식일이라 사장님 다니는 교회에선 토요일에 예배를 본다죠?"

"네. 그렇습니다."

"실은 그것부터가 잘못 알고 있는 건데……."

자기가 다니는 교회에 긍지를 갖고 다니는 사람한테 잘못 알고 있다고 꼬집어 지적했더니 표정이 좋지 않았다.

"칠일 째 되는 날이 토요일 안식일이 되는 것은 맞습니다만 그렇지만 이스라엘이 우리나라와 하루의 시간차가 나기 때문에 실상은 일요일이 안식일이 됩니다."

그러면서 안식일이 어떤 요일이 되었건 간에 그런 것이 중요한 것이 아니라 안식일이 왜 주어졌냐가 중요한 것이라고 설명해 주었더니, 그동안 자기가 알고 있는 성경 지식과 달라도 너무 다르다고 생각되어 몹시 불쾌해 하는 눈치였다.

그래서 짧은 시간 안에 성경을 다 이해시키기가 어려워 그동안 필자가 쓴 6권의 책을 건네줬더니 자신의 불쾌한 심사를 바빠서 읽을 시간이 없다는 것으로 나타냈다.

"바빠서 읽을 시간이 없으면 다니는 교회 목사님이라도 읽게 갖다 드리세요."

하고 다시 건넸더니 한사코 손 사레를 치며,

"우리교회 목사님은 높으신 분이라 아무 책이나 안 읽어요."

그러면서 그 중에 계시록 3권만 읽어보겠다고 가져갔다.

많은 교파들이 안식일에 담긴 참 의미를 정확하게 모르기 때문에 예배를 주일에 지키는 것이 맞다, 토요일에 지키는 것이 맞다, 이렇게 서로 논쟁을 벌인다. 그러나 그건 예배의 참 뜻조차 모르고 벌이는 현상이다. 하나님은 영이시기에 신령과 진정으로 드리는 예배만 받으신다. 그러므로 우리는 날마다 하나님께 예배를 드리며 살아야 한다.

> 너희는 안식일을 지킬지니 이는 너희에게 성일이 됨이라 무릇 그 날을 더럽히는 자는 죽일지며 무릇 그날에 일하는 자는 그 백성 중에서 그 생명이 끊혀지리라. 엿새 동안은 일할 것이니 제 칠일은 큰 안식일이나 여호와께 거룩한 것이라 무릇 안식일에 일하는 자를 반드시 죽일지니라(출31;14-15)

그렇다면 하나님께서 안식일을 범하는 자들은 반드시 죽이라고 말씀하신 그 안식일에 담긴 의미가 도대체 어떤 것이기에 그렇게 단호하게 말씀하셨는가? 그리고 실제로 안식일을 범하면 돌로 쳐 죽이라는 것이 성경에 기록되어 있다. 하나님께서 이스라엘에게 주신 여러 가지 율법들이 있지만 그렇게 그 율법을 어긴 사람이 처형되는 모습이 적나라하게 그려진 것은 없다. 그러나 하나님은 의도적으로 안식일이 상징하고 있는 어떠한 것이 범해질 때 그렇게 무시무시한 결과를 초래하게 될 것임을 미리 예고하셨다.

그래서 유대인들은 안식일을 어기는 것에 대해 엄청난 두려움을 갖고 있었다. 그리고 하나님은 이스라엘이 계명을 어기고 하나님 앞에 패역할 때마다 '너희가 안식일을 어겼다'라고 율법을 지키지 않은 행위의 대명사로 유독 안식일을 강조해서 책망하셨다.

> 그러므로 내가 그들로 애굽 땅에서 나와서 광야에 이르게 하고. 사람이 준행하면 그로 인하여 삶을 얻을 내 율례를 주며 내 규례를 알게 하였고. 또 나는 그들을 거룩하게 하는 여호와인 줄 알게 하려 하여 내가 안식일을 주어 그들과 나 사이에 표징을 삼았었노라. 그러나 이스라엘 족속이 광야에서 내게 패역하여 사람이 준행하면 그로 인하여 삶을 얻을 나의 율례를 준행치 아니하며 나의 규례를 멸시하였고 나의 안식일을 크게 더럽혔으므로 내가 이르기를 내가 내 분노를 광야에서 그들의 위에 쏟아 멸하리라 하였으나(겔20;10-13)

이와 같이 우리가 고대하고 소망하는 것은 그 다가올 시간, 영적 세계를 소망하는 거다. 그래서 하나님은 그렇게 그 안식일이란 시간에다 '영생'이란 씨앗을 심어 놓으셨다. 그러므로 하나님께서 그 시간에 복을 주셨다고 표현한 거다. 그러니까 하나님께서 안식일이란 시간에다 복을 주셨다는 것은 그 안식일이 하나님의 참 복인 영생을 상징하고 있다는 것을 교회에게 주지시키기 위해서다. 따라서 출애굽기 31장에 하나님께서 안식일을 언약의 표징으로 말씀하셨다. 그리고 그 안식일이 확대된 것이 안식년제도이다.

> 이스라엘 자손에게 고하여 이르라 너희는 내가 너희에게 주는 땅에 들어간 후에 그 땅으로 여호와 앞에 안식하게 하라. 너는 육년 동안 그 밭에 파종하며 육년 동안 그 포도원을 다스려 그 열매를 거둘 것이나. 제 칠년에는 땅으로 쉬어 안식하게 할지니 여호와께 대한 안식이라 너는 그 밭을 파종하거나 포도원을 다스리지 말며. 너의 곡물이 스스로 난 것을 거두지 말고 다스리지 아니한 포도나무의 맺은 열매를 거두지 말라 이는 땅의 안식년임이니라(레25;2-5)

안식일과 안식년이 담고 있는 내용은 정확하게 같다. 따라서 안식년을 어겨도 이스라엘은 혼이 나게 되어 있다. 성경에는 하나님께서 이스라엘을 바벨론 포로가 되게 하신 이유가 기록되어 있다. 이스라엘이 안식일과 안식년을 지키지 않았기 때문에 500년 동안 그들이 지키지 않은 안식년 70번을 한꺼번에 지키게 하시기 위해 그들을 포로로 보내신 것이라 기록되어 있다. 그들이 바벨론에 잡혀가게 되면 땅이 저절로 안식하기 때문이다.

> 무릇 칼에서 벗어난 자를 저가 바벨론으로 사로 잡아가매 무리가 거기서 갈대아 왕과 그 자손의 노예가 되어 바사국이 주재할 때까지 이르니라. 이에 토지가 황무하여 안식년을 누림같이 안식하여 칠십 년을 지내었으니 여호와께서 예레미야의 입으로 하신 말씀이 응하였더라(대하36;20-21)

이렇게 하나님은 당신의 백성들이 안식일을 지키는 것과 안식년을 지키는 것에 관해 지나치다 생각될 만큼 집착하셨다. 그리고 그 안식일과 안식년의 개념이 그대로 투영된 것이 희년제도이다. 이 희년제도를 살펴보면 안식일과 안식년이 담고 있는 내용이 무엇인지 어느 정도 드러난다.

> 너는 일곱 안식년을 계수할지니 이는 칠 년이 일곱 번인즉 안식년 일곱 번 동안 곧 사십구 년이라. 칠월 십일은 속죄일이니 너는 나팔 소리를 내되 전국에서 나팔을 크게 불지며. 제 오십년을 거룩하게 하여 전국 거민에게 자유를 공포하라 이 해는 너희에게 희년이니 너희는 각각 그 기업으로 돌아가며 각각 그 가족에게도 돌아갈지며. 그 오십 년을 너희의 희년이니 너희는 파종하지 말며 스스로 난 것을 거두지 말며 다스리지 아니한 포도를 거두지 말라. 이는 희년이니 너희에게 거룩함이니라 너희가 밭의 소산을 먹으리라
> (레25;8-12)

희년에는 모든 빚이 탕감되고 생활이 어려워 땅을 판 자들은 되돌려 받게 되는 해다. 땅은 하나님의 것이기 때문에 이스라엘은 토지 매매를 하지 못하게 되어 있다. 그런데 생활이 어려워서 땅을 팔았을 때는 중간에 돈이 마련되면 다시 찾아올 수 있었다. 그런데 본인이 그런 능력이 없을 때에 가까운 친족 중에 한 사람이 돈을 주고 그 땅을 찾아 줄 수도 있었다.

그것을 '고엘 제도'라 했다. 그렇게 빚진 사람이 자기가 상환할 능력이 없을 때 누군가 나서서 그 빚을 탕감해 주는 것이 이스라엘의 율법이었고 누구든 그 빚을 탕감하게 하셨던 거다. 그런데 그 희년을 설명하는 구절에 참 재밌는 단어가 등장하고 있다.

> 만일 그것을 무를 사람이 없고 자기가 부요하게 되어 무를 힘이 있거든(레25;26)

희년이 되기 전에 누군가가 대신 토지를 무르는 제도를 고엘 제도라 했다. 그런데 그 고엘에 의해 토지를 무를 때 '무르다'가 바로 '구속'이란 의미다. 그러니까 희년은 하나님의 '구속'과 연관이 있다는 뜻이다. 희년이 되면 자연스럽게 구속의 결과가 오게 된다는 것을 알려주기 위해 희년이 되기 전에 희년의 효력을 보여줄 수 있는, 즉 구속의 이야기를 힌트하고 있는 고엘 제도를 만들어주신 거다. 그 '구속'이란 단어가 똑같이 쓰인 곳이 있다.

> 내가 알기에는 나의 구속자가 살아 계시니 후일에 그가 땅 위에 사실 것이라.(욥19;25)

여기서 구속자라는 어구가 바로 '무르다'이다. 따라서 희년은 주님께서 십자가를 지심으로 말미암아 우리의 죄가 대속되는 구원을 상징하고 있음을 알 수 있다. 그러므로 안식일과 안식년도 역시 구속의 메시지를 담고 있는 제도였다. 그래서 주님은 회당에서 설교하시면서 당신께서 희년을 선포하러 왔다고 말씀하셨다.

> 예수께서 그 자라나신 곳 나사렛에 이르사 안식일에 자기 규례대로 회당에 들어 가사 성경을 읽으려고 서시매. 선지자 이사야의 글을 드리거늘 책을 펴서 이렇게 기록한 데를 찾으시니 곧. 주의 성령이 내게 임하셨으니 이는 가난한 자에게 복음을 전하게 하시려고 내게 기름을 부으시고 나를 보내사 포로 된 자에게 자유를 눈먼 자에게 다시 보게 함을 전파하며 눌란 자를 자유케 하고. 주의 은혜의 해를 전파하게 하려 하심이라 하였더라(눅4;16-19)

이 말씀은 이사야서에 나오는 메시아가 오셔서 하실 일이 지금 예수 그리스도에게서 나타나고 있음을 보여주고 있다.

주 여호와의 신이 내게 임하셨으니 이는 여호와께서 내게 기름을 부으사 가난한 자에게 아름다운 소식을 전하게 하려 하심이라 나를 보내사 마음이 상한 자를 고치며 포로 된 자에게 자유를, 갇힌 자에게 놓임을 전파하며. 여호와의 은혜의 해와 우리 하나님의 신원의 날을 전파하여 모든 슬픈 자를 위로하되. 무릇 시온에서 슬퍼하는 자에게 화관을 주어 그 재를 대신하며 희락의 기름으로 그 슬픔을 대신하며 찬송의 옷으로 그 근심을 대신 하시고 그들로 의의 나무 곧 여호와의 심으신바 그 영광을 나타낼 자라 일컬음을 얻게 하려 하심이니라(사61;1–3)

이와 같이 여호와의 은혜의 해가 바로 희년이다.

이렇게 희년은 예수 그리스도로 말미암아 하나님의 백성들의 죄가 대속이 되어 온전한 안식이 오게 되는 하나님 나라의 완성을 상징한다. 안식일과 안식년도 역시 마찬가지다. 안식년이란 단어가 최초로 창세기 2장에서 어떻게 설명되었는지 보자.

천지의 만물이 다 이르니라. 하나님의 지으시던 일이 일곱째 날이 이를 때에 마치니 그 지으시던 일이 다하므로 일곱째 날에 안식하시니라. 하나님이 일곱째 날을 복 주사 거룩하게 하셨으니 이는 하나님이 그 창조하시며 만드시던 모든 일을 마치시고 이 날에 안식하셨음이더라(창2;1–3)

여기에 안식일을 이해하는 중요한 열쇠가 있다. 하나님께서 '일곱째 날에 복을 주셨다'는 말과 하나님께서 '그날을 거룩하게 하셨다'는 말이다. 거룩하게 하셨다는 말은 어떤 목적을 위해 따로 구별해 놓으셨다는 뜻이다. 그리고 그렇게 구별한 그 날에다가 하나님께서 복을 부어놓으셨다고 성경은 진술하고 있다. 이렇게 안식이 처음 등장하고 오랫동안 안식이 등장하지 않다가 출애굽기 20장에 가서 처음으로 '안식일을 지키라' 하는 계명이 주어졌다.

> 제 칠일은 너의 하나님 여호와의 안식일인즉 너나 네 아들이나 네 딸이나 네 남종이나 네 여종이나 네 육축이나 네 문안에 유하는 객이라도 아무 일도 하지 말라. 이는 엿새 동안에 나 여호와가 하늘과 땅과 바다와 그 가운데 모든 것을 만들고 제 칠일에 쉬었음이라 그러므로 나 여호와가 안식일을 복되게 하여 그 날을 거룩하게 하였느니라(출20;10-11)

안식일을 지키라고 하면서 그 안식일을 지켜야 하는 근거를 창조기사로 대셨다. '내가 천지만물을 창조하고 일곱째 날은 쉬었다. 그러므로 너희도 안식일을 지켜 아무 일도 하지 마라.' 그리고 딱 40년 후 신명기에서 다시 안식일을 명하시는데 신명기에서는 그들이 '애굽 땅에서 구원을 받은 것을 기억하고 안식일을 지키라'고 말씀하셨다.

> 여호와 너의 하나님이 네게 명한 대로 안식일을 지켜 거룩하게 하라. 엿새 동안은 힘써 네 모든 일을 행할 것이나. 제 칠일은 너의 하나님 여호와의 안식인즉 너나 네 아들이나 네 딸이나 네 남종이나 네 여종이나 네 소나 네 나귀나 네 모든 육축이나 네 문 안에 유하는 객이라도 아무 일도 하지 말고 네 남종이나 네 여종으로 너 같이 안식하게 할지니라. 너는 기억하라 네가 애굽 땅에서 종이 되었나니 너의 하나님 여호와가 강한 손과 편 팔로 너를 거기서 인도하여 내었나니 그러므로 너의 하나님 여호와가 너를 명하여 안식일을 지키라 하느니라(신5;12-15)

그러니까 하나님께서 엿새 동안 창조하시고 일곱째 날 안식을 취하셨다는 것과, 이스라엘의 애굽에서 건짐을 받게 되는 것은 같은 내용을 상징하고 있는 것이라는 걸 알 수 있다.

하나님의 첫 창조와 일곱째 날의 안식은 예수 그리스도의 대속의 죽음으로 말미암게 될 진짜 참 안식을 그림자로 보여준 거다.

이스라엘이 애굽에서 나와 가나안으로 들어가게 된 것 또한 어린양 예수 그리스도의 보혈로 말미암아 하나님의 백성들에게 주어지게 될 참된 안식의 땅 하나님 나라를 상징한 거다. 따라서 안식일은 하나님 백성들의 구원과 하나님 나라의 완성을 그 내용으로 하고 있다는 것을 우리는 알 수 있다.

창세기와 출애굽기에서 공히 보았듯이 하나님께서는 안식일에 복을 주셨다. '복'이란 하나님으로부터 우리에게 부어지는 하나님의 생명력을 말한다. 하나님이 안식일에 복을 주셨다는 말은 하나님께서 그 안식일에 인간이 타락함으로 말미암아 이 땅에 생기게 된 죄와 수고로움에서 자유롭게 되어 우리가 누리게 될 진짜 안식 즉 '영생'이란 씨앗을 심어놓으셨다는 뜻이다.

그런데 안식교에서 주장하는 것을 보면, 안식일이 창조주와 구속주로서 하나님을 예배하는 일에 중요한 역할을 하기 때문에, 사단이 이 신성한 제도를 뒤엎고자 했다는 거다. 즉 성경 어디에도 하나님께서 에덴에서 만드셨고 시내 산에서 재차 말씀하신 예배일의 변경이 없었다는 것을 인정하지 않는다는 거다.

그렇지만 다른 그리스도인들, 즉 일요일 준수자들 스스로도 이러한 사실을 인정하였고, 카톨릭 추기경인 제임스 기본스(James Gibbons)는 한 때 '그대가 성경을 창세기에서부터 요한계시록까지 읽어볼지라도 일요일의 신성성을 인정하는 단 한 줄의 글도 발견하지 못할 것이다. 성경은 토요일을 신성하게 준수할 것을 요구한다'라고 기록하였다는 거다.

그러면서 신교도인 링컨(A. T. Lincoln)도 인정하기를, '부활 이후에 하나님께서 첫째 날을 안식일로 지키도록 지정하셨다고 하는 신념을 신약 자체가 보증해 준다는 주장은 있을 수 없다'고 하였고, 그는 또한 '온 십계명이 도덕적인 율법으로서 구속력을 갖는다고 주장하는 어떤 사람이든지 그의 유일한 언행일치는 제칠일 안식일 준수자가 되는 것'임을 인정하였다는 거다.

그렇지만 성경을 자세히 상고해보면 앞으로 이 땅에 오실 예수 그리스도에 의해 우리가 받게 될 구원과 영생이란 씨를 안식일 안에 그 내용이 담겨 있다는 것을 알 수 있다. 그래서 안식일에 '복을 담아 두셨다'고 말씀하신 거다.

그러니까 하나님께서 안식일이란 시간에다 복을 주셨다는 것은 그 안식일이 하나님의 참 복인 영생을 상징하고 있다는 것을 교회에게 주지시키기 위함이다. 출애굽기 31장에 하나님께서 안식일을 언약의 표징으로 말씀하셨다.

> 이같이 이스라엘 자손이 안식일을 지켜서 그것으로 대대로 영원한 언약을 삼을 것이니. 이는 나와 이스라엘 자손 사이에 영원한 표징이며 나 여호와가 엿새 동안에 천지를 창조하고 제 칠일에 쉬어 평안하였음이니라 하라(출31;16-17)

하나님께서 이스라엘에게 언약의 표징으로 주신 것이 몇 가지가 있다. 그 첫째가 할례이다. 그리고 두 번째가 안식일이다.

이스라엘에게 주신 하나님의 언약이 뭔가? '너는 나의 백성이 되고 나는 너의 하나님이 될 것이다'이다. 타락한 아담의 후손들 중에서 하나님의 백성들을 택하셔서 예수 그리스도의 피로 그들을 구원해 내시고, 그들에게 영원한 천국 생명을 허락하시겠다는 것이 언약의 실체이다. 그 언약의 표징이 할례와 안식일이다.

할례는 '이 사람은 하나님에게 선택된 이스라엘 백성이다'라는 상징이다. 언약의 축복의 보증으로 하나님께서 이스라엘에게 할례를 행하라 명하신 거다. 그래서 모세가 아들의 할례를 행하지 않아서 하나님께서 죽이시려 했던 장면이 성경에 나온 거다. 할례를 받지 않겠다는 것은 하나님의 언약 밖에 있는 사람이라는 증거다. 안식일도 바로 그 언약의 표징이다.

그러면 그 언약의 밖에 있는 자들은 어떻게 되는 것인가? 사망이다. 즉 지옥으로 떨어진다. 따라서 이렇게 죽게 된다는 것을 상징적으로 보여주기 위해 언약의 표징인 안식일을 범하면 하나님께서 죽이라고 엄명하신 거다.

단지 그날, 토요일이 뭔가 범상치 않은 대단한 날이라서가 아니라 그날이 갖고 있는, 즉 안식일이 상징하고 있는 것이 바로 하나님의 언약으로 얻게 될 영생이요, 구원이기 때문에 그 날을 지키지 않는 자는 죽는 것으로 다 상징한 거다. 복음의 설명을 위해 그렇게 하신 거다.

그러니까 안식일과 안식년의 희년은 예수 그리스도로 말미암아 하나님 백성들의 구원과 하나님 나라의 완성 그리고 그로 말미암게 될 진짜 참 안식과 영생을 상징한 거다.

> 그러므로 먹고 마시는 것과 절기나 월삭이나 안식일을 인하여 누구든지 너희를 폄론하지 못하게 하라. 이것들은 장래 일의 그림자이나 몸은 그리스도의 것이니라.(골2;16-17)

이와 같이 안식일의 실체가 예수 그리스도라는 거다. 그래서 안식일을 범하는 자를 죽이는 것은 즉 예수 그리스도와 관계없는 자들의 죽음을 상징한 거다

그래서 주님께서 유독 안식일에 병자를 고치신 이유가 '바로 이

게 안식이고 영생이다'라는 것을 나타내기 위함에서다. 그 안식이 바로 예수 그리스도로 말미암아 타락한 인간의 죄와 수고와 질병과 고통, 갈등, 슬픔 등의 모든 것들이 전부 물러간 상태가 안식(영생)임을 깨닫게 하기 위해 일부러 안식일에 병자들을 고치셨다.

구약에서 안식일에 일을 한 사람을 죽이라 한 것도 같은 의미이다. 하나님 나라는 인간 스스로 성을 쌓고 자신의 힘으로 스스로를 지켜내야 하는 그러한 나라가 아니라, 하나님의 백성들은 하나님으로부터 부어지는 영원한 생명력을 받으므로 행복에 도달하는 나라라는 거다.

이렇게 안식일은 예수 그리스도의 보혈로 말미암아 하나님 백성들의 구원과 하나님 나라의 완성을 상징적으로 담고 있다. 그래서 구원을 얻은 사람들은 이미 그 안식에 들어가 있다고 말했다.

> 이미 믿는 우리들은 저 안식에 들어가는 도다 그 말씀하신 바와 같으니 내가 노하여 맹세한 바와 같이 저희가 내 안식에 들어오지 못하라 하셨다 하였으나 세상을 창조할 때부터 그 일이 이루었느니라(히4;3)

지금도 계속해서 믿는 자들이 안식에 들어가고 있다는 거다. 그런데 그렇게 안식에 들어간 자들은 자기의 일을 쉰다고 했다.

> 이미 그의 안식에 들어간 자는 하나님이 자기 일을 쉬심과 같이 자기 일을 쉬느니라(히4;10)

여기서의 자기 일이 자기 자신을 보호하고 행복하게 만들기 위해 하나님이 아닌 이 세상의 힘을 추구하고 쌓는 행위를 말한다. 그들에게는 그 모든 것들이 예수 그리스도의 공로로 하나님의 생명력인 복이 부어졌기 때문에 더 이상 자기 스스로 자기를 지키려 안간힘을 쓰지 않아도 된다는 거다. 그 이야기가 바로 안식일날 38년 된 병자를 고치신 사건이다. 그렇게 안식은 하나님의 은혜로 주어지는 것이지만 안식에 들어간 자들은 안식에 들어가지 못한 사람들과 다른 선한 일이 그들의 삶 속에 나타나게 된다. 그래서 히브리서는 안식은 거저 주어지는 것이지만 너희가 안식에 들어가기를 힘쓰라고 말하고 있다.

> 그러므로 우리가 저 안식에 들어가기를 힘쓸지니 이는 누구든지 저 순종치 아니하는 본에 빠지지 않게 하려 함이라(히4;11)

이스라엘이 순종치 아니함으로 안식에 들어가지 못한 것을 보고 너희 삶 속에도 하나님에 대한 순종이 나타나지 않거든 두려워하라는 말이다. 그게 안식에 들어가기를 힘쓰라는 말의 진의인 거다.

우리는 하나님의 은혜로 성경을 깨닫게 된 자들이다. 이 모든 것이 다 하나님의 은혜지만 그 은혜를 입은 자들은 절대 이 땅에서 함부로 살 수가 없다.

안식일은 이렇게 예수 그리스도로 말미암게 될 하나님 나라와 완성을 그 내용으로 담고 있다. 그런데 유대인들은 안식일이 담고 있는 내용이 무엇인지도 몰랐을 뿐 아니라 그 안식일을 완성하러 오신 예수 그리스도가 누구이신지도 몰랐고 그분이 하신 일이 어떠한 것을 상징하는지도 몰랐다. 그래서 안식일에 38년 된 소경을 고친 것에 분개한 거다.

소경이 누군가? 첫째는 주의 종이라 자처하는 목사들이고 둘째는 성경을 보고도 깨닫지 못하는 오늘날의 하나님 백성이라 자처하는 교회들인 거다.

교회가 성경을 이해 못하다보니

외국에서 택시를 탔다. 말이 통하지 않아 목적지만 겨우 알려 주었는데 택시기사가 도중에 젊은 남성을 태웠다. 두 사람의 대화를 알아들을 수 없는 답답한 상황에 겁이 덜컥 났다. 손짓 발짓을 해가며 조심스럽게 대화를 시도했다. 다행히 젊은 남성은 운전기사의 친구였으며 먼 길을 돌아 올 때 심심할까봐 동행한 것이었다.

이처럼 대화가 통하지 않을 때, 우리는 화가 나거나 겁이 날 수 있다. 심지어 같은 언어를 사용하는 경우에도 그럴 수 있다. 내가 하고 싶은 말만 하고 상대방의 말을 귀담아 듣지 않을 때 더욱 그렇다. 결국 그런 대화는 상대방을 자극하게 되어 관계가 틀어질 수밖에 없다.

하나님과 우리와의 관계도 이와 크게 다르지 않다. 그렇기 때문에 구약 4000천년 역사 내내 하나님의 언약의 말씀을 알아듣지 못하는 인간들을 위해 하나님께서 손수 육신의 옷을 입고 말씀으로 이 땅에 오신 것이다.

> 말씀이 육신이 되어 우리 가운데 거하시매 우리가 그 영광을 보니 아버지의 독생자의 영광이요 은혜와 진리가 충만하더라(요1;14)

그리하여 구원과 심판에 대해 말씀을 설파하시고 성령으로 다시 오시겠다하시고 하나님 보좌로 회귀하셨다. 그러고 나서 약속의 말씀대로 사도요한을 통해 마지막 때의 심판과 구원에 관해 자세하게 말씀하신 것이 요한계시록이다. 하늘의 열린 문을 요한한테 보여주고 즉 천상의 보좌도를 먼저 보여주신 후에 기록하여 증거하라 했다. 예수님이 바로 그 열린 문이다. 말씀을 사모하고 영생 얻기를 소망하여 우리가 문을 두드릴 때 주님은 열어 주신다. 그러기에 우리가 그리스도의 말씀 안으로 들어갈 때 복이 있는 자가 된다.

> 요한은 하나님의 말씀과 예수그리스도의 증거 곧 자기의 본 것을 다 증거하였느니라. 이 예언의 말씀을 읽는 자와 듣는 자들과 그 가운데 기록한 것을 지키는 자들이 복이 있나니 때가 가까움이라
> (계1;2-3)

예언의 말씀을 읽는 자와 듣는 자들과 기록한 것을 지키는 자들이 복이 있는 이유는 때가 가까웠기 때문이다. 그래서 하나님께서 회개하라, 싸워라, 이겨라 하였으나 종내는 교회가 불순종하였다. 그러니까 6000년이 지나고 7000년이 도래한 지금이 바로 종말의 때다. 그리스도의 계시대로 지금 배도한 교회들을 향해 진노의 대접을 사정없이 쏟아 붓고 있다.

작금의 교회가 물질만능, 비전, 성령치유, 기적 같은 것으로 물들어가고 있는 원인에는 계시록 13장의 바다에서 올라온 일곱 머리(거짓목사) 열 뿔의 짐승(신천지)들의 활약상 때문이다.

이 또한 심판과 구원을 위한 하나님의 계획이란 걸 깨달아야 한다. 나 역시 계시록의 진위를 깨닫고 보니 하나님의 계시에 나도 모르게 감탄사가 절로 나왔다. 한국교회는 그동안 글자 위주로 성경을 해석하고 이해하다보니 구원과는 거리가 먼 구제와 선행, 봉사, 선교행위 등으로 자신들의 의를 쌓는데 주력해 왔다,

그러나 이러한 일을 행함에 앞서 하나님의 일이 무엇이며 하나님의 뜻이 무엇인지를 알고 해야 한다. 하나님의 일은 하나님을 온전히 믿는 것이고 하나님의 뜻은 하나님이 보내신 자 예수 그리스도를 온전히 믿는 일이다. 그러한 주님께서 이 땅에 말씀으로 오셨다.

> 태초에 말씀이 계시니라 이 말씀이 하나님과 함께 계셨으니 이 말씀은 곧 하나님이시니라(요1;1)

그런데 말씀이 육신이 되신 그 하나님을 성경에서 찾을 생각은 않고 선행과 구제와 봉사로 하나님의 일을 한다고 자랑하는 그 자체가 거짓 선지자들(사단)의 표상이다. 사단도 얼마든지 광명한 천사로 위장할 수 있다. 아니 광명한 천사로 위장하고 지금 교인들을 미혹시키고 있다.

교회가 성경을 이해하지 못하니까 착한 일 많이 하고 주일 성수 철저히 지키고 십일조 잘 내야 구원받는다고 하니까 그게 하나님의 일인 줄 알고 구원 받은 걸로 착각한다. 헌금 많이 하고 선행과 봉사 많이 한다고 구원받는 것이 아니라, 그런 것은 그리스도가 내 안에 있는 자들은 자동 발생적으로 나오는 행위일 뿐이지 그 자체가 구원은 아니다.

지난해 서울대 출신의 모 그룹 비서실장으로 근무했던 황某 분이 4개월가량 우리 집에 머무는 동안 가장 낮은 자리에서 교회

안은 물론 주변 곳곳을 상세히 살피면서 수리하고 청소하는 모습을 보여주었다. 젊은 시절부터 부유한 환경에서 최고의 학벌과 나름의 스팩 임에도 불구하고 궂은 일들을 도맡아 하기에 부담스러운 마음에 그만 하라고 극구 말렸다. 그랬더니 단 한명이라도 서머나 교회를 찾아오는 사람들한테 교회의 깨끗한 이미지를 남겨주고 싶어서 하는 것이니 도리어 청소하는 마음이 즐겁다고 했다.

하나님은 교회건물이 깨끗하고 청결한 것에는 관심이 없으시다. 그렇지만 하나님의 백성인 내 자식이 자기의 형제들을 위해 청소해야겠다는 그 마음을 일으키고 하는 그 마음자리를 보고 기뻐하신다는 점이다.

그게 바로 하나님의 가장 기뻐하시는 일이고 하나님의 뜻이다. 만약 그 일이 목사인 내가 밥해주는 것이 부담스러워 내 눈치가 보여 나를 위해 일을 하는 것이라면 그건 인간을 위한 행위이지 절대 하나님의 마음이 아닌 거다. 그런데 그는 하나님의 말씀을 듣고자 오는 성도들을 위해 강릉서머나 교회 터전을 손수 깨끗하게 청소 한 것이라 했다.

이와 같이 교회가 성경 말씀을 깨닫지 못하니까 봉사, 선교, 헌금, 구제 등의 엉뚱한 행위로 자신들의 의를 나타내는데 최선을 다하고 있다. 그렇지만 안타깝게도 그런 행위들이 도리어 자기 의를 쌓는데 자랑거리로 남아, 열심히 교회에 봉사하고 십일조 꼬박내면서 결국엔 거짓선지자들한테 다 속고 마는 꼴이 된다.

그러니까 지금 첫 장막인 교회들이 몸살을 앓고 있다. 지금 하나님께서 코로나로 심판을 하시자 특히 한국교회가 처처에 기근과 지진으로 분열되고 그러다보니 하나님의 백성들이 갈 곳을 잃고 방황하고 있다. 그동안 교회에서 세상적인 복만 전하다보니 말씀이 고갈되었고, 갈증의 기갈로 허덕이다 보니 모두 절망과 상실과 죽음과 멸망과 끊어짐 속으로 내 던져져 버렸다. 그것을 성경이 '지옥'이라 부른다. 지옥은 이 땅에서 예수(말씀)와 연합되지 않은 자들이 모여 사는 곳으로 그들은 예수를 입으로만 시인했지 실제는 예수의 이름을 믿지 않는 자들인 거다.

예수의 이름을 믿지 않는 자들은 '구원은 오직 하나님으로부터 주어진다는 것을 믿지 않고 자기들의 힘과 노력으로 생명나무의 과실을 따먹을 수 있다고 믿고 또 그렇게 행하는 모든 자들'을 말한다. 이들은 세상의 힘을 추구하며 그 세상의 힘으로 영생에 도달할 수 있다고 하는 자들은 이미 이 땅에서 심판을 받은 자의 삶을 살게 된다고 성경은 진술하고 있다.

> 우리는 다 양 같아서 그릇 행하여 각기 제 길로 갔거늘 여호와께서는 우리 무리의 죄악을 그에게 담당시키셨도다(사53;6)

이와 같이 이미 모든 인간들이 다 그릇 행하여 '각기 제 길로 갔다'라고 기록하고 있다. 그러면 그렇게 각기 제 길로 간 사람들이 어떤 부류의 사람들인가? 바로 하나님(성경)을 보고도 그 하나님(말씀)을 알아보지 못하는 자들이다. 그러나 창세전에 택함받은 하나님의 백성들은 주님이 영(말씀)이 임재하므로 밝히 깨달아 알게 하신다.

예수께서 십자가에서 죽으시고 제자들 중에 두 사람이 엠마오로 내려가는 길에 그때 예수께서 그들과 함께 하셨다. 그런데 그들이 예수님을 알아보지 못했다. 그러자 주님께서 친절하게 성경말씀을 풀어서 이야기해 주셨다.

> 저희가 서로 말하되 길에서 우리에게 말씀하시고 우리에게 성경을 풀어주실 때에 우리 속에서 마음이 뜨겁지 아니하더냐 하고
> (눅24;32)

그 순간 그들의 마음이 뜨거워졌다고 성경은 기술하고 있다.

그렇게 그들의 눈이 밝아지자 두 제자가 주님을 알아보게 되었고, 마침내 말씀을 받아들인 자가 되었다. 그리고선 주님은 그때 홀연히 사라지셨다. 제자들이 눈이 밝아지는 순간, 저희에게 보이지 아니하였다는 표현에서 누가는 성경의 독자들에게 무엇을 전하고 싶은 것이었을까?

이는 그렇게 주님의 말씀을 받아들이게 된 자들의 존재 속으로 들어가심을 보여준 거다. 그게 바로 영접인 거다. 그렇게 주님을 영접한 자들만이 주님의 음성을 알아듣고 그 양의 문으로 들어가 꼴(생명의 양식)을 먹을 수 있다.

> 내가 문이니 누구든지 나로 말미암아 들어가면 구원을 얻고 또는 들어가며 나오며 꼴을 얻으리라(요10;9)

그리스도가 양의 문이기에 그의 양들만이 예수님의 음성을 들을 줄 안다. 그리고 들은 자만이 예수께서 자기 양의 이름을 각각 부를 때 그 음성을 듣고 주님의 인도함에 따라 생명수를 마시고 생명을 살리는 꼴(양식)을 풍성히 얻게 된다.

> 문지기(영. 천사)는 그를 위하여 문을 열고 양은 그의 음성을 듣나니 그가 자기 양의 이름을 각각 불러 인도하여 내느니라(요10;3)

그러므로 내가 하나님의 양이 되었는가를 먼저 생각해야 한다. 목자이신 그분이 이 땅에 말씀으로 오셨다면 성경말씀 자체가 천국 문임을 깨달아야 성경을 통해 영생에 이르는 길로 바로 찾아갈수 있다.

창세기에서 요한계시록까지의 중심 사상에는 예수 그리스도를 통한 하나님의 구원이 전부 담겨 있다. 하나님께서 6000년 전에 천지를 창조하셨을 때 어떠한 마음으로 하셨을까? 무엇보다 땅(하나님의 백성)이 혼돈과 공허와 흑암뿐인 곳에서 이들을 어떠한 방법으로 새 하늘과 새 땅을 창세전에 미리 준비해 놓으시고 하나님의 백성들을 어떻게 회복시켜 가실 것인지를 일목요원하게 계시해 놓은 것이 바로 성경 66권에 고스란히 담겨 있다.

하나님은 6일 동안 모든 피조물들을 아우르시고 7일째 되는 날 안식하셨다. 그러기 때문에 하늘에서는 이미 그 하나님의 나라가 완성되어 있는 천상의 교회의 모습을 요한한테 다 보여주시고 이 땅의 거짓선지자들과 싸워 반드시 이기고 지성소로 올라오라고 심판과 구원에 관해 6000년 동안 계속해 말씀하고 계신 거다.

따라서 내 영이 지성소로 올라온 자들만이 신령과 진정으로 예배를 드릴 수 있고, 그 예배를 받기 위해 하나님께서 천지를 창조하시고 7일 째 안식을 하셨던 거다. 따라서 하나님께서 여섯째 날 인간을 창조하시고 그들에게 모든 피조물들을 다스리고 지키고 정복하라 하셨다. 그러므로 성도는 그렇게 세상을 다스리고 지키고 정복하라는 하나님의 명에 따라 주님과 연합(말씀)하여 일곱째 날(안식 후 첫날) 하나님 앞으로 나아와 그분께 예배하고 경배하는 것이 신령과 진정으로 드리는 참 예배임을 알아야 한다.

육신의 생각은 곧 사망

> 그러므로 내가 한 법을 깨달았노니 곧 선을 행하기 원하는 나에게 악이 함께 있는 것이로다. 내 속 사람으로는 하나님의 법을 즐거워하되. 내 지체 속에 있는 한 다른 법이 내 마음의 법 아래로 나를 사로잡아 오는 것을 보는도다. 오호라 나는 곤고한 사람이로다 이 사망의 몸에서 누가 나를 건져 내랴. 우리 주 예수 그리스도로 말미암아 하나님께 감사하리로다 그런즉 내 자신이 마음으로는 하나님의 법을, 육신으로는 죄의 법을 섬기노라.(롬7;21-25)

사도바울은 그야말로 하나님이 계신 삼층천까지 올라갔다온 사람이다. 그럼에도 불구하고 이와 같은 고민과 갈등을 인생 말년에 토해냈다는 것은 그만큼 우리네 인생사가 옛 자아로 인해 육신의 생각에서 벗어나기 어렵다는 것을 나타냄이다.

필자 역시도 바로 얼마 전, 어떤 한 대상을 놓고 그 사람에 대한 미운 생각 때문에 무척 힘들었던 시간이 있었다. 나야말로 하나님 자녀로서 천국백성으로 살아가고 있다고 확신하고 있는데 내 마음은 여전히 미움과 분냄과 울화로 치닫고 있는 것을 보면서 '아! 그래서 예수 그리스도가 나를 위해 십자가를 지실 수밖에 없었구나.' 하는 것을 다시 한 번 또 깨달았다.

하나님 나라는 즉 천국은 하나님께서 온전히 다스리는 것을 담고 있다. 하나님이 온전히 다스린다는 것은 우리의 뜻과 의지가 완전히 묵살되는 것을 말하는 거다. 그게 하나님 절대 의존 자들만이 생존할 수 있는 천국이다. 천국은 꼭 죽어서만 가는 것이 아니라 내 심령 안에 그리스도의 영(말씀)이 임하면 거기가 곧 천국이다.

이와 같이 천국이 내 마음 안에 임하면, 우리의 육적 자아는 자꾸 죽게 된다. 그렇지 않으면 우리는 내 안에 남아 있는 옛 자아가 중심이 되어 세상적인 잣대로 자꾸 남을 비판하고 심판하게 된다.

그러면 그때마다 하나님께서 비수(말씀)를 들이대면서 내 속을 후벼 파신다. 그 검(비수)에 의해 내 정체가 밖으로 드러날 때, 내 마음 안에 있는 또 다른 두 법이 서로 충돌을 일으킨다. 그러한 충돌은 육신의 몸을 입은 사람이라면 누구나 늘 느끼는 감정이다. 그러기에 사도 바울도 '오호라 나는 곤고한 사람이로다. 이 사망의 몸에서 누가 나를 건져 내랴.' 이와 같이 고백한 거다. 사망의 몸이 곧 육신의 생각이다.

그러기 때문에 우리는 수시로 이러한 고민과 갈등 속에서 '나'라는 사람의 존재 양상이 낱낱이 폭로될 때, 자기를 부인하고 십자가 앞으로 가게 된다. 우리의 힘으로는 도저히 불가능함을 인정하고 자기부인의 자리로 밀려나게 되면 그때 예수 그리스도의 말씀이 심령에 거하게 된다. 자기가 부인 되고 비워지므로 남을 유익하게 살려내는 삶이 바로 천국의 존재 양식이다. 그러기 때문에 우리는 천국에 맞지 않는 삶을 살고 있는 내가 어떻게 이러한 실체를 올바로 자각할 수 있었는가? 그걸 깨달아 알아가는 것이 신앙생활이다.

오른편 뺨을 때리면 억지로라도 왼편 뺨을 대주고, 속으로는 이를 갈며 미워 죽겠을망정 겉으로는 방긋 웃어주는 그런 훈련을 목적으로 신앙 생활하는 것이 아니라 오히려 도저히 안되는 그런 자기를 바라보면서 '하나님! 제발 저 좀 도와주세요. 남을 비판하고 판단하는 이러한 제가 정말 싫습니다.' 라고 간절히 토해낼 때 하나님께서는 그런 우리를 가장 기쁘게 생각하신다.

하늘 보좌에는 하나님이 부리는 천천만만의 영들이 우리의 생각 하나하나를 늘 감찰하고 있다. 그래서 좌우의 날선 그 어떤 검보다도 예리하여 혼과 영과 및 관절과 골수를 찔러 쪼개기까지 하면서 우리를 지켜보고 계신다는 것을 알아야 한다.

요 며칠간 어떤 미운 대상 때문에 매우 힘들었던 적이 있었지만 그때 하나님께서 우리를 위하여 십자가를 손수 지고 죽을 수밖에 없었던 나를 사망에서 구원해 주셨는데 그까짓 것을 용서못할 것이 무엇인가? 하는 생각이 들었다. 무엇보다 우리가 우리를 용서하지 않으면 우리의 믿음은 전부 헛것이 되고 만다. 중요한 것은 믿음이 없으면 누구라도 천국에 들어가지 못한다는 사실이다. 그래서 성경에서 심령이 가난해야 복이 있다고 했고 천국이 저희 것이라 했다.

심령이 가난한 자는 복이 있나니 천국이 저희 것임이요(마5;2)

우리는 우리 스스로가 죄를 해결할 수 없기 때문에 하나님의 은혜만을 꼭 붙잡고 말씀을 통해 그 하나님을 알아가는 것이 믿음 생활이다. 그 하나님이 어떤 분인가를 알고 싶어 하는 그 마음을 심령의 가난이라 한다. 알아가는 그 과정에서 거기에 우리의 죄와 실수가 사용되고 추악함과 모자람이 은혜를 아는데 기여를 하게 된다. 우리가 실수를 하지 않는 잘난 사람이라면 하나님의 은혜를 깨달을 기회가 없다. 그렇기 때문에 다윗도 자기의 죄를 깨닫고 하나님께 도움을 청한 것이다.

다윗은 우리아의 아내인 밧세바를 범하여 아이를 낳았지만 아무런 죄책감 없이 살고 있었다. 그런데 나단 선지자가 와서 그의 죄를 낱낱이 드러내 버리자 자신의 실체를 올바로 직시하고 자각하게 되자, 하나님 앞에 부르짖음으로 도움을 청한 것이 시편 51편이다.

> 하나님이여 주의 인자를 좇아 나를 긍휼히 여기시며 주의 많은 자비를 좇아 내 죄과를 도말 하소서 나의 죄악을 말갛게 씻기시며 나의 죄를 깨끗이 제 하소서 대저 나는 내 죄과를 아오나 내 죄가 항상 내 앞에 있나이다(시51;1-3)

여기서 다윗은 나단 선지자를 통해 밖으로 드러난 죄들과 그 죄들의 뿌리가 얼마나 깊고 끈질긴 것인지에 대한 죄의 본질을 따로 구별하여 이야기 하고 있다. 다윗은 밧세바를 범하고 충신 우리야를 죽인 죄들에 대해서도 가슴 아파하고 있지만 자신의 본질과 속성을 채우고 있는 근본적인 죄에 직면하자 그것이 더 무서웠던 거다. 그래서 그 죄의 문제를 하나님께 해결해 달라고 부르짖었다. 그게 바로 심령의 가난인 것이고, 거기에 다윗의 범죄가 도구로 사용되었다.

우리의 죄의 증상들은 사람과 사람 사이에서 발생되는 것이기 때문에 그에 따른 핑계를 대거나 사과를 하면 얼마든지 해결방안이 있다.

실제로 다윗이 우리야를 살해한 것이 아니라 암몬 자손의 칼이 우리야를 죽이게 한 것이고, 밧세바의 목욕 사건도 얼마든지 밧세바의 실수로 몰아붙일 수 있다. 또한 죽을 죄를 지었다고 사과하고 충분한 보상을 해 주면 해결이 가능하다. 그러나 다윗은 하나님 앞에서의 본질적인 죄에 대한 뿌리 깊은 근본 때문에 힘들어 했다. 그 죄는 하나님의 영광을 위하여 살아야 하는 자기가 도리어 자기 자신의 영광을 위하여 사는 것을 알았을 때 괴로웠던 거다.

사실 하나님은 다윗의 범죄를 사전에 막아 하나님 백성다움에 흠이 가지 않도록 지켜 주실 수 있는 분이다. 그렇지만 다윗의 범죄를 용인하심으로 그로 하여금 하나님의 도우심과 은혜와 긍휼을 구하도록 만드신 거였다.

마치 탕자의 아버지가 탕자의 재산 분할 요구를 들어 준 후에 아들의 말로를 안타까운 심정으로 지켜보았던 그런 동일한 마음이다. 아버지는 아들의 요구를 거절하여 탕자의 범죄를 막을 수도 있었다. 그러나 하나님 아버지는 그러한 죄들을 그냥 묵과하시므로 아들 스스로가 죄의 증상들을 깨닫고 아버지께로 돌아오기를 기다렸던 거다.

아버지를 절대적으로 의존하며 살아야 하는 자신의 현실을 분명하게 가르치는 것이 아버지(하나님)의 진짜 목적이었다. 그랬기에 아들의 불효막심한 행위나 방종 등의 죄들을 막는 것이 아버지의 근본적인 목적이 아니었던 거다.

그러기에 하나님 아버지는 성화를 이루어 신앙인의 모습을 보이라고 요구하시는 분이 아닌 실수나 범죄를 통해서라도 너의 처음 자리를 확실하게 깨닫고 아버지만을 의존하라고 죄의 증상들을 허락하신 것이다.

그런데도 오늘날 많은 교회들이 다윗이 그러한 범죄의 유혹에 직면했을 때 이를 악물고 이겨 냈어야 한다고 가르치고 있다. 그래야 그것이 하나님의 백성다움이고 하나님이 기뻐하시는 일이라고 설교하고 있다. 그러나 다윗은 분명하게 아니라고 단언하고 있다.

> 주는 제사를 즐겨 아니하시나니 그렇지 않으면 내가 드렸을 것이라 주는 번제를 기뻐아니 하시나이다 하나님이 구하시는 제사는 상한 심령이라 하나님이여 상하고 통회하는 마음을 주께서 멸시치 아니 하시리이다(시51;16-17)

다윗은 하나님이 기뻐하시는 제사는 짐승으로 드리는 제사가 아니라 상한 심령이라는 거다. 상하고 통회하는 심령은 자아가 깨지고 부수어져서 생성된 빈핍하고 가난한 심령을 말하는 거다. 따라서 가난한 심령은 인간들이 만들어 내는 것이 아니라 하나님께서 의도하시고 만들어 내시는 것을 말한다.

다윗이 자신의 죄를 감추고 토설치 아니했을 때에는 종일 신음을 하고 뼈가 쇠하도록 고통스러웠다. 그런데 하나님께서 다윗의 범죄를 폭로시키시고 다윗으로 하여금 자신의 실체를 자백하게 하셨다. 다윗이 자신의 실체를 하나님 앞에 고백을 하고 도움을 구하자 하나님께서 그를 도우사 그의 입에서 찬송이 터지게 하더라는 말이다.

다윗은 밧세바를 범할 때에도 월경이 끝났는지 혹 부정한 상태가 아닌지를 점검했던 사람이다. 그러한 경황 중에도 금식을 하며 율법에 민감하게 행동했던 사람이 다윗이다. 자신이 율법이라는 제사로 하나님 앞에 훌륭한 자가 되어 보려고 노력을 했지만 힘이 들고 고통스러웠다. 그때 바로 하나님이 준비하신 값없는 의의 의미를 알게 되었다. 그러고 나자 자유로워졌고 찬송이 절로 터져 나왔다. 그러므로 '하나님의 언약만 의지합니다.' 라는 고백을 할 수 있었던 거다. 그 고백이 바로 가난한 마음만이 할 수 있고 또한 우리의 구원의 증거가 된다는 것을 깨달아 알아가는 길이다.

하나님을 어떻게 만날 수 있는가?

얼마 전, 지인이 이런 말을 했다. 차라리 전쟁이나 났으면 좋겠다고…….

본인은 앞으로 먹고 살만한 것이 있음에도 이런 생각이 드는데 없는 사람들은 오죽하겠느냐고, 빈부 격차가 심한 이 세상을 향해 부정적인 생각의 불만으로 표출된 소리지만, 정작 전쟁이 나서 죽을 사람은 죽고, 살 사람은 다시 살아서 새롭게 사회를 이끌어갔으면 좋겠다는 그의 말처럼, 그렇다면 난 어떨까? 잠시 생각을 해봤다. 하나님을 영접하기 전이었다면 지인과는 상반되게 죽는 게 두려워 반대했을 거다. 그러나 지금은 전쟁이 나서 죽던 불치병에 걸려 죽던 언제든 상관없이 죽음이 두렵지 않다. 육적인 죽음을 통해 나의 몸은 이 세상에 존재하지 않지만 나의 영혼은 하나님과 늘 함께 하기 때문이다. 그래서 어느 때는 이 세상에서 사람들과 지지고 볶고 사는 것이 싫어서 하나님께서 빨리 나를 데려가 주셨으면 하고 바랄 때도 있다.

그런데 안타까운 것은 그 지인은 하나님을 모르는 사람이다.

그래서 지옥이 얼마나 무시무시한 곳인지를 모른다. 그가 유황불 못의 지옥에서 타지 않고 그 고통을 그대로 느끼면서 영원히 살게 되는 지옥을 한번쯤이라도 생각했다면 그렇게 죽음을 이웃집 놀러가듯 가볍게 생각하지 않았을 거다.

그렇다면 지옥과 천국은 죽어서만 갈수 있는 곳인데 어떻게 지옥과 천국이 있는 것을 구분하여 알겠는가? 지옥은 꼭 죽어서만 가는 곳이 아니다. 하나님을 알지 못하는 사람들이 사는 이곳이 바로 지옥이다.

요즘 방송에 자주 오르내리고 있는 유명 인사들이나 유명 연예인들의 구설을 보면 지금 그들의 심정이 어떨까? 나 같으면 차라리 이 모든 것을 내려놓고 원래의 위치로 돌아갈 것 같은데 그 마음 안에 명예에 대한 탐심이, 물질에 대한 욕구가 그걸 쉽게 내려놓지 못하게 한다. 따라서 세상 기류와 싸우고 있는 그런 사람들의 마음이 바로 지옥인거다, 즉 하나님을 모르고 사는 사람들의 마음이 지옥이다. 그렇지만 하나님과 함께 동행하며 사는 사람들은 이 땅에서 미리 천국을 맛보며 살아가고 있기 때문에 그다지 세상 것에 일희일비하면서 연연해하지 않는다. 그래서 그런지 하나님을 영접하기 전의 나의 마음은 늘 지옥이었다. 그러나 지금은 나를 이끌고 인도하고 이끄시는 분이 하나님이시기에 늘 평화롭고 자유하다. 천국은 하나님이 통치하시는 하나님 나라이므로 하나님(말씀)이 내 안에 거하시면(성령) 우리는 늘 천국에서 살고 있는 것이 된다.

그렇다면 그 하나님을 어떻게 만날 수 있는가?

우리는 하나님께 직접 갈 수 없다. 예수께서 십자가에 달리실 때 예수님을 하나님이 살리셨듯이, 예수 그리스도 안에는 늘 하나님이 동행하신다. 태초에 말씀으로 동행하신 그 하나님께서 그 말씀을 통해 우리를 끌고 가신다. 따라서 그 말씀 안에 거하는 우리가 바로 그리스도 예수 안에 함께 거하는 거다. 이게 구속이고 이게 죄사함이며 이게 말씀으로 거듭남이다. 말씀으로 거듭난 자만이 성령을 선물로 받는 것이지, 기도하여 계시 받고 응답받은 것이 성령이 아니다. 실제로 응답 받은 것이 현실로 이루어지면 그게 바로 거짓성령이다. 마귀도 거짓 성령쯤은 충분히 줄 수 있는 능력이 있다. 그러므로 강도인 목사들이야말로 회개해야 한다. 하나님 앞에 기도할 때 죄가 있으면 기도가 안된다.

> 하나님이 죄인을 듣지 아니하시고 경건하여 그의 뜻대로 행하는 자는 들으시는 줄을 우리가 아나이다.(요9;31)

이와 같이 하나님은 죄인의 기도를 듣지 않으신다. 그래서 베드로도 먼저 '너희가 회개하여 각각 예수 그리스도의 이름으로 세례를 받고 죄사함을 얻으라 그리하면 성령을 선물로 받으리니(행2;38)' 이와 같이 회개를 촉구했던 거다. 회개가 이루어지지 않는 사람은 반드시 이 장을 먼저 읽고 깨달아야 한다.

필자도 한동안 내 안에서 회개가 이루어지지 않아 전전긍긍했었다. 그 이유는 회개의 진정한 뜻을 몰랐기 때문이다. 세상적인 죄를 뉘우치는 일에만 급급하다보니 기도할 때 잠깐 눈물 흘리며 회개하다가도 또 다시 죄를 짓고 있는 나를 발견하면서 난 왜 이렇게 진정한 회개가 되지 않을까? 늘 고민했었다. 그래서 어느 땐 나야말로 하나님이 택한 백성에서 제외된 자가 아닌가? 스스로 반문하면서 나의 믿음을 의심하곤 했었다.

그러나 회개란 뉘우쳐 고치는 것인데, 이는 세상적인 잘못을 뉘우쳐 회개하는 것이 아니라 육의 생각을 돌이켜 하나님 말씀 안으로 들어가는 것이 바로 진정한 회개다. 말씀을 깨닫게 되면 하나님이 어떤 분인지 알게 되므로 회개가 자연스레 이루어진다.

그리고 그리할 때 우리는 죄사함을 얻게 되고 죄사함을 얻고 되면 그리스도의 영이 내 안에 들어와 나와 함께 하시므로 내 기도도 들어주신다. 그래서 요즘엔 성경을 읽게 되면 그 말씀에 감동되어 나도 모르게 자동으로 감사의 기도를 드리게 된다.

그런데 성령이 무엇인지 조차 모르는 목사를 만나면 교인들은 엉뚱한 것으로 하나님을 만났다고 너스레를 떤다. 나도 성경을 통해 하나님을 만나기 전에는 그랬었다. 그러다보니 한동안 방황했었다. 성령이 곧 말씀인 것을, 그 소중한 말씀을 잊고 성령을 받겠다고 교회 안에서 성령을 내리게 해달라고 간절히 기도했던 지난날을 돌이켜보면 참으로 염치없고 면목 없는 시간들이었다.

성령을 선물로 받게 되면 하나님의 거룩한 영이 생명과 마음 안으로 들어온다. 그런 사람들은 기도할 때 자기가 당면한 문제를 해결하기 위해 기도 하지 않는다. 그리스도의 영이 내 안에 있는 사람은 그런 것을 구하게 되지 않을뿐더러 하나님 또한 자기 소욕을 채우려고 하는 기도는 들어주지 않으신다.

죄인들은 모두가 땅의 것을 구하게 되지만 하나님의 백성들은 먼저 그의 나라와 그의 의를 구하게 된다. 그리하면 이 모든 것을 우리에게 차고 넘치도록 부어 주신다. 지옥보다 더 나쁜 곳이 이 땅의 탐심이다. 그러므로 어떻게 하면 하나님의 나라와 하나님의 의를 구할까 하는 것에 집중하는 기도가 되어야 한다. 하나님 나라의 의를 구하는 기도를 하고 나면 '그가 우리를 흑암의 권세에서 건져 내사 그의 사랑의 아들의 나라로 옮기셨으니. 그 아들 안에서 우리가 구속 곧 죄사함을 얻었도다(골1;13-14)' 하나님의 은혜로 값없이 얻은 자가 된다. 즉 내가 얻은 것이 아니라 하나님의 은혜로 의롭다 하심을 얻은 자가 되었다.

> 자기 아들을 아끼지 아니하시고 우리 모든 사람을 위하여 내어 주신 이가 어찌 그 아들과 함께 모든 것을 우리에게 은사로 주지 아니하시겠느뇨. 누가 능히 하나님이 택하신 자를 송사하리요 의롭다 하시는 이는 하나님이시다.(롬8;32–33)

이와 같이 하나님의 의롭다 하시는 이를 누가 정죄하겠는가. 죄란 그리스도의 말씀을 믿지 않으면 그게 바로 죄다.(요16;9) 그리스도를 믿지 않으면 죄고, 그리스도와 함께 하면 의인이다. 그리스도를 믿는다고 하는 목사들이 하나님의 말씀을 갖고 자기 소욕을 채우고 있다면 그들이 성경에서 말하는 강도다.

'이 개들은 탐욕이 심하여 족한 줄을 알지 못하는 자요 그들은 몰각한 목자들이라 다 자기 길로 돌이키며 어디 있는 자이든지 자기 이만 도모하며' 이와 같이 이사야서 56장 11절에, 탐욕이 심한 자를 개라 했다. 입으로는 거창하게 구제니, 선교니 봉사니 하면서 교회로 끌어들이지만 결국엔 십일조와 헌금을 한 푼이라도 더 내게 하기 위한 수단일 뿐이다. 그러기 때문에 우리의 목자는 사람이 되어선 안된다. 예수님이 목자가 되어야 한다. 선한 목자이신 선생은 말씀으로 이 땅에 오신 그리스도 예수 한분뿐이다.

> 거짓 그리스도들과 거짓 선지자들이 일어나 큰 표적과 기사를 보이어 할 수 만 있으면 택하신 자들도 미혹하게 하리라(마24;24)

예수께서 사람의 미혹을 받지 않도록 주의하라 하셨다. 오늘날 많은 교회의 목사들이 거의 대부분 성령을 받았다고 하나 그들이 받은 성령은 성령이 아니라 거짓 악령의 신 내림일 뿐이다. 오늘날 한국교회의 목사들이 그동안 귀신 장난질로 많은 재산을 축적

했다. 그래서 돈이 많으면 많을수록 고통이 심하고 구린내가 심하다. 성경에서도 사람은 '만물보다 거짓되고 심히 부패한 것은 마음이라 누가 능히 이를 알리요마는(렘17;9).' 이와 같이 다 거짓되다고 했다.

거짓되고 심히 부패한 것이 마음이라 한 이런 세상에서 어떻게 신앙생활을 하며 살겠는가? 그러기 때문에 오직 그리스도의 말씀만을 사모하며 살아가야 한다. 사람(목사)들의 말은 모두 거짓되니 믿으면 안된다. 목사인 나 또한 그리스도의 말씀만 대언해야지 그렇지 않으면 전부 거짓이다. 따라서 그리스도가 내 안에 들어오면 목사의 말이 거짓인지 참인지가 구별이 된다. 그러므로 하나님의 영(信)이 들어와야 영원히 산다.

> 내 이름으로 거짓을 예언하는 선지자들의 말에 내가 몽사를 얻었다 몽사를 얻었다 함을 내가 들었노라. 거짓을 예언하는 선지자들이 언제까지 그 마음을 품겠느냐 그들은 그 마음의 간교한 것을 예언하느니라(렘23장;25-26)

지금의 종교인들의 모습이 바로 이렇다는 거다. 내 이름으로 거짓을 예언하는 선지자들의 말이 바로 성경에서 말하는 목사들의 예언이다. 기도 중에 응답을 받았다느니, 하나님의 음성을 들었다느니 이런 것을 갖고 마음이 간교하다고 한다. 에스겔서에도 선지자(목사)들을 조심하라는 말이 많이 나와 있다.

> 여호와께서 말씀하셨다고 하는 자들이 허탄한 것과 거짓된 점괘를 보며 사람으로 그 말이 굳게 이루기를 바라게 하거니와 여호와가 보낸 자가 아니라. 너희가 말하기는 여호와의 말씀이라 하여도 내가 말한 것이 아닌즉 어찌 허탄한 묵시를 보며 거짓된 점괘를 말

한 것이 아니냐. 그러므로 나 주 여호와가 또 말하노라 너희가 허탄 한 것을 말하며 거짓된 것을 보았은즉 내가 너희를 치리라 나 주 여호와의 말이니라.(겔13;6-8)

선지자라는 것은 먼저 안다는 뜻을 담고 있다. 목사가 기도 중에 떠오르는 생각이나 상념을 마치 하나님이 주신 응답인양 얘기하는 것은 거짓이다. 거짓으로 얘기하는 이들을 여호와께서 치시겠다고 분명하게 말씀하셨다. 그러나 예수님만은 하나님의 선지자로, 아들로, 종으로, 왕권을 갖고 이 땅에 오셨다. 따라서 육신의 생각에 있는 사람은 이 땅의 것을 구하고, 내 영이 하늘로 올라간 사람은 '천국은 마치 좋은 진주를 구하는 장사와 같으니.(마13;45)' 이와 같이 그의 나라와 천국의 진주만을 구한다. 진주가 지혜로 이 땅에 말씀으로 오신 예수 그리스도시다. 즉 성경 66권의 말씀을 통해서만 하나님을 만날 수 있다.

십계명의 진실과 오해

너는 나 외에는 다른 신들을 네게 있게 말찌니라. 너를 위하여 새긴 우상을 만들지 말고 또 위로 하늘에 있는 것이나 아래로 땅에 있는 것이나 땅 아래 물속에 있는 것의 아무 형상이든지 만들지 말며. 그것들에게 절하지 말며 그것들을 섬기지 말라 나 여호와 너의 하나님은 질투하는 하나님인즉 나를 미워하는 자의 죄를 갚되 아비로부터 아들에게로 삼사 대까지 이르게 하거니와. 나를 사랑하고 내 계명을 지키는 자에게는 천 대까지 은혜를 베푸느니라. 너는 너의 하나님 여호와의 이름을 망령되이 일컫지 말라 나 여호와는 나의 이름을 망령되이 일컫는 자를 죄 없다 하지 아니하리라. 안식일을 기억하여 거룩히 지키라. 엿새 동안은 힘써 네 모든 일을 행할 것이나. 제 칠일은 너의 하나님 여호와의 안식일인즉 너나 네 아들이나 네 딸이나 네 남종이나 네 여종이나 네 육축이나 네 문안에 유하는 객이라도 아무 일도 하지 말라. 이는 엿새 동안에 나 여호와가 하늘과 땅과 바다와 그 가운데 모든 것을 만들고 제 칠일에 쉬었음이라 그러므로 나 여호와가 안식일을 복되게 하여 그날을 거룩하게 하였

> 느니라. 네 부모를 공경하라 그리하면 너의 하나님 나 여호와가 네게 준 땅에서 네 생명이 길리라. 살인하지 말찌니라. 간음하지 말찌니라. 도적질하지 말찌니라. 네 이웃에 대하여 거짓 증거하지 말찌니라. 네 이웃의 집을 탐내지 말찌니라 네 이웃의 아내나 그의 남종이나 그의 여종이나 그의 소나 그의 나귀나 무릇 네 이웃의 소유를 탐내지 말찌니라.(출20;3-17)

오늘날의 많은 교회가 이 십계명을 제대로 이해하기 못하다보니 바리새인들 같이 외식하는 목사들에게 전부 속고 있다. 바리새인이나 서기관은 당시 지식계층에 있는 유대의 관원들이다.

이들은 모세 오경을 달달 외우다시피 했고 또 몸소 십계명을 철저하게 지킨 자들이다. 그런데도 십계명의 주인인 하나님이신 예수 그리스도를 몰라보고 엉뚱한 십계명에 집착하는 것을 보고 이들을 향해 예수께서 독사의 새끼니 마귀의 자식이니 회칠한 무덤이니 하면서 서슴지 않고 독설을 쏟아 부으신 거다.

1의 계명과 2의 계명은 나 외에 다른 신이나 우상을 섬기지 말라. 이는 다른 신을 섬기지 말라는 것이 아니라 즉 부처나 알라나 샤머니즘 같은 신들한테 절하는 것에 대한 경계가 아니라는 뜻이다. 하나님은 남의 자식에는 관심이 없고 오직 이스라엘 즉 하나님의 백성들인 교회에게만 관심이 있으시다.

그랬기 때문에 성경 자체가 이스라엘(하나님의 백성)한테 언약하고 경고한 내용임을 인식하고 성경을 대해야 이해가 쉽다. 그래서 창세기 1장 서두에서 태초에 '하나님이 천지를 창조하시니라'. 즉 천지 창조가 바로 하나님의 백성들을 만들기 위한 마음을 굳히신 때임을 간과해야 한다. 따라서 창세기 1장은 빛과 어둠과, 하늘과 땅과, 아침과 저녁, 물과 뭍을 뚜렷하게 구분하여 하나님의 백성과 사단의 자식으로 나누는 것을 기점으로 천지를 창조하신 거다. 그런 연후에 2장에서 하나님의 형상을 닮은 아담을 창조했지만 둘로 나누는 법칙에 의해 뱀인 사단이 등장하므로 순종과 불순종으로 이를 갈라 놓으셨다. 즉 명(말씀)을 지키는 자에게 영생을, 지키지 못하는 자에게는 사망이 주어진다.

그러므로 십계명 자체가 하나님의 백성과 아닌 자를 가려내기 위한 율법 체계의 교보재다. 그런데 이 십계명을 지킬 만한 사람이 이 세상에는 단 한 사람도 없다는 것이 문제이다. 그 예로 구약 4000년 역사 내내 인간들이 하나님께 범죄한 모든 진상들을 낱낱이 파헤쳐지고 그리고 '보았지? 너희들은 절대 지킬 수 없어. 그러니까 내가 말씀으로 직접 전하겠다' 하고 말라기에서 구약의 문을 닫아버리셨다. 그리고 하나님이신 예수께서 육신의 옷을 입고 아들로 이 땅에 말씀으로 오셨다.

요한복음 1장 1절에 '태초에 말씀이 계시니라 이 말씀에 하나님과 함께 계셨으니 이 말씀은 곧 하나님이시니라.' 가 바로 창세기 1장 1절에 '태초에 천지를 창조하시니라'와 같은 뜻으로 오직 말씀으로만 심판하시겠다는 의미를 담고 있다. 그러기에 성경 66권이 곧 하나님이시고 말씀이며 성령이시다.

그래서 성경을 온전히 깨달으려면 반드시 성령이 오셔야 하늘의 비밀을 깨달을 수 있다. 그런데 엉뚱한 행위로 하나님의 일을 한다고 하는 바리새인(목사)들이 이 땅에 그렇게 많은 것이다. 그들은 하나님이 주신 십계명을 철두철미하게 지키는 것으로 하나님의 일을 한다고 하니 오늘날도 수없이 예수를 십자가에 매달고 있는 형국이다.

십계명 자체를 절대 지킬 수 없는 우리를 위해 이 땅에 말씀으로 오셔서 신약의 시대를 열었다. 그리고 하나님의 법인 십계명을 순종으로 완벽하게 살아내시고 십자가의 길을 선택하셨다. 이는 십자가에서 휘장이 위 아래로 찢어지므로 하늘의 길을 열어 놓으신 거다. 그로인해 우리는 구약에서 일 년에 한번 대제사장만 드나들던 지성소를 마음대로 드나들 수 있는 하늘 백성들이 되었다. 그러기에 이제 우리는 예수 그리스도의 영(성령)이 내 심령 안에 말씀으로 거하면 그게 바로 영생이고 십계명을 지킨 것이 된다.

그런데도 아직도 교회들이 하나님께서 십계명을 우리에게 주신 뜻을 모르다보니 오늘날 교회들이 지킬 수도 없는 엉뚱한 십계명(율법)을 지키느라 바리새인들처럼 외식만 하고 있다. 따라서 성경에서 예수 그리스도를 하나님의 능력이요, 지혜요, 보화요, 하나님의 비밀이라 한 거다.

첫 번째 계명 '나 외에는 다른 신을 네게 있게 말찌니라.'와 두 번째 계명 '너를 위하여 새긴 우상을 만들지 말고 또 위로 하늘에 있는 것이나 아래로 땅에 있는 것이나 땅 아래 물속에 있는 것의 아무 형상이든지 만들지 말며'

이와 같이 나 외에 다른 신을 섬기거나 우상을 만들지 말라고 했는데 오늘날 여전히 우상을 섬기고 있다. 우상이 곧 탐심이다. 하나님이란 상품을 내걸고 십일조나 헌금, 구제, 선행, 봉사 등을 강요하는 것 그 자체가 바로 자기들의 의를 쌓기 위한 우상이다.

세 번째 계명인 '너는 너의 하나님 여호와의 이름을 망령되이 일컫지 말라 나 여호와는 나의 이름을 망령되이 일컫는 자를 죄 없다 하지 아니하리라.' 이와 같이 3계명에서 여호와의 이름을 망령되이 일컫지 말라 했는데 얼마나 많은 목사들이 하나님의 이름을 망령되이 일컫고 있는가!

대부분의 목사들이 하나님의 기도의 응답으로 오라해서 왔고, 가라해서 갔다 하고, 또한 어떤 문제에 봉착했을 때, 꿈에 기도의 응답으로 문제 해결을 제시해주어 하나님의 도움으로 해결되었다는 등의 이 모든 것이 바로 여호와의 이름을 망령되이 일컫는 것이다.

이름이란 즉 여호와의 이름 속에는 하나님께서 이르신 말씀이 그대로 담겨 있다. 그게 성경 66권이다. 그러기에 성경에 없는 말을 하면 그게 바로 하나님의 이름을 망령되이 일컫는 것이 된다.

그리고 네 번째 계명인 '안식일을 기억하여 거룩히 지키라' 안식일을 기억하여 거룩히 지키라는 이 계명도 안식일의 주인이 바로 예수 그리스도다. 그런데 주일을 지키지 않으면 무슨 큰일이라도 나는 양 호들갑을 떠는데 성전인 우리 지체가 바로 교회다. 하나님은 사람이 지은 건물에 계시는 것이 아니라 우리 마음 안에 그리스도의 영으로 거하면 그 자체가 성전이고 교회다. 그래서 안식일만 철저히 지키면 되는 것이 아니라 우리는 늘 하나님과 함께 하는 자들이기 때문에 날마다 예배드려야 한다.

말씀으로 오신 예수 그리스도가 곧 성령 하나님이기에 성경을 늘 가깝게 대하는 것이 예배요 신령과 진정으로 드리는 산제사가 된다. 지금 교회라는 건물은 하나님을 경외하고 하나님을 사랑하는 지체들이 모여 하나님을 찬양하고 친목을 다지기 위해 모이는 장소일 뿐이다.

아울러 다섯째 계명인 '네 부모를 공경하라 그리하면 너의 하나님 나 여호와가 네게 준 땅에서 네 생명이 길리라' 여기서 네 부모를 공경하라의 진의는 하나님과 우리는 아버지와 자식의 관계다. 그러기에 하나님을 공경하는 그 자체가 바로 영생의 길이기에 그 뒤에 네 생명이 길리라 한 거다.

여섯째 계명인 '살인하지 말찌니라'의 계명에서 살인하지 말라 역시도 구약 때는 짐승을 잡아 제물로 바쳤다. 온전치 못한 짐승을 잡게 되면 그 자리에서 즉사했다. 그러나 지금은 예수께서 온전한 제물로 드려졌기 때문에 더 이상의 짐승의 제물이 필요 없게 되었기 때문에 살인하지 마라 한 거다.

아울러 일곱 번째 '간음하지 말찌니라'의 계명 역시도 남녀 관계에서의 간음이 아니다. 육적인 남녀 관계를 비유로 들어 간음하지 말라하신 것에는 하나님은 질투의 하나님이시기 때문에 하나님보다 이 세상 것을 더 사랑하는 우리의 마음을 지적하신 계명이다. 뿐만 아니라 성경말씀에 자기들의 생각을 섞어 전하는 그것이 또한 간음이다. 순도 백 프로인 내 말(성경)에 불순물(육신의 생각)을 섞지 말라는 것이 하나님의 뜻이다.

여덟 번째 '도적질하지 말찌니라'와 아홉 번째 '거짓증거하지 말찌니라'는 도적질하지 말라, 거짓 증거 하지 말라 모두가 하나님의 말씀을 이용하여 너희 잇속을 챙기지 말라는 뜻이다. 하나님의 말씀을 훔치는 것이 가장 큰 도적질이다. 오늘날 수없이 많은 교회들이 하나님의 말씀을 얼마나 많이 도적질 하고 있는가?

그리고 열 번째 '네 이웃의 집을 탐내지 말찌니라 네 이웃의 아내나 그의 남종이나 그의 여종이나 그의 소나 그의 나귀나 무릇 네 이웃의 소유를 탐내지 말찌니라.'

'네 이웃의 집을 탐내거나 네 이웃의 소유를 탐내지 말라.' 이 계명의 속뜻은 하나님의 말씀 외에 절대로 자기의 사상이나 생각을 주입시켜 네 편으로 만들지 말라는 엄중한 경고가 바로 이 계명의 진짜 진의이다.

따라서 이 모든 십계명의 진실은 나 외에 다른 것에 착념하지 말고 오직 내 말을 완전하게 이해하고 듣고 순종하여 영생하라는 거다. 그래야 그게 복이고 그들만이 주님의 말씀(성경)을 그대로 지키고 따를 수 있다는 거다, 십계명의 십(十)은 성경에서 완전수(십자가)를 나타낸다. 그래서 십일조 역시도 십분의 일을 바치라는 것이 아니라 너를 완전히 다 하나님께 드리라는 뜻이 십일조

(십자가)의 정확한 개념이다.

앞서도 언급했지만 최초의 십일조가 바로 아브라함이 멜기세덱(그리스도)한테 바친 그것이다. 롯이 살고 있는 다섯 나라의 연합군과 네 나라의 연합군이 전쟁을 했다. 그 와중에 소돔에 살던 아브라함의 조카 롯이 네 나라의 연합군에 의해 잡혀가게 되었다. 그 소식을 들은 아브라함이 집에서 키우던 사병 318명을 데리고 그 네 나라 국가 연합군 수만 명을 무찌르고 롯을 구해왔다.

그 전쟁은 상식적으로 아브라함이 이길 수 있는 전쟁이 아니었다. 아브라함은 그야말로 하나님께서 함께하셔서 이긴 전쟁임을 알았다. 그런데 돌아오는 길에 평강의 왕이라 부르는 살렘왕 멜기세덱(예수)을 만났다. 그는 지극히 높은 하나님의 대제사장이다. 그가 떡(예수님의 살)과 포도주(예수님의 피)를 갖고 와서 아브라함을 축복(영생)했다. 그 멜기세덱이 '천지의 주재시요 지극히 높으신 하나님이여 아브라함에게 복을 주옵소서.' 그랬더니 아브라함이 '이 전쟁은 하나님이 이기게 해준 것입니다' 라는 고백으로 멜기세덱한테 십일조(십자가)를 바쳤던 거다. 멜기세덱 왕은 왕이면서 대제사장이다. 그는 힘으로 전쟁을 다스리는 사람이 아니라 하나님께 산 제물을 바쳐 제사를 지내는 것으로 그 제사 자체가 승리의 나라를 이끌어 다스린다는 뜻을 가진 자다. 멜기세덱 자체가 바로 그런 분으로 오신 예수 그리스도를 상징한 거다. 그러기에 최후의 만찬에서 이 떡이 내 살이요. 이 포도주가 내 피라 말씀하신 진위 속에서는 멜기세덱의 떡과 포도주를 인용하여 말씀하셨던 거다. 또한 이를 잘 나타낸 것이 시편 110편이다.

> 여호와께서 내 주에게 말씀하시기를 내가 네 원수로 네 발등상 되게 하기까지 너는 내 우편에 앉으라 하셨도다. 여호와께서 시온

에서부터 주의 권능의 홀을 내어 보내시리니 주는 원수 중에서 다스리소서. 주의 권능의 날에 주의 백성이 거룩한 옷을 입고 즐거이 헌신하니 새벽이슬 같은 주의 청년들이 주께 나오는도다. 여호와는 맹세하고 변치 아니하시리라 이르시기를 너는 멜기세덱의 반차를 좇아 영원한 제사장이라 하셨도다. 주의 우편에 계신 주께서 그 노하시는 날에 열 왕을 쳐서 파하실 것이라.(시110;1-5)

다윗을 데리고 하나님께서 전쟁을 하셨다. 그런데 그 전쟁의 승리가 예수 그리스도의 전쟁이었다. 그 분이 반드시 열 왕을 쳐서 파하고 승리하신다는 고백을 다윗이 했다. 그런데 그분이 멜기세덱의 반차를 좇은 영원한 제사장이시라는 거다. 창세기의 멜기세덱이 바로 예수그리스도와 같을 일을 한다는 뜻이다. 즉 창세기의 멜기세덱이 바로 십자가라는 제사로 영원한 승리로 이끌어 내시는 왕이며 제사장이신 예수 그리스도를 상징한 인물이라는 뜻이다.

하나님은 창세기부터 계시록까지 예수 그리스도를 통해 복을 흘려보내고 계신다. 예수 그리스도는 아브라함과 레위의 후손을 대표하는 믿음의 후손인 이스라엘에게 복을 부어 주고 계셨다. 그리고 그 복 받은 자들이 내가 받은 모든 것과 모든 복은 하나님께서 허락하신 것이라는 신앙고백으로 바치는 것이 십일조이다.

우리가 드리는 십일조는 하나님의 백성들에게 복을 부어 주시기 위해 하나님께 바쳐지는 대속물이 예수 그리스도시다. 그러므로 우리가 진짜 참 복을 받게 된 것이고 이제는 십일조가 아니라 진짜 참 그리스도가 내 안에서 함께 제물로 드려진 복된 나를 하나님께 드리는 거다. 이는 말씀으로 거듭난 새로운 나를 온전히 하나님께 바치기 위해 드리는 예배가 바로 십일조다.

구약에서는 예수 그리스도를 그리고 있던 십일조를 레위 지파에게 내게 함으로써 구원이라는 복이 어떤 모양으로 우리에게 주어진 것인지를 예표하고 있다. 그런데 그들은 자기의 유익을 위해 그 중요한 십일조를 눈속임으로 했다. 그래서 사사기에 보면 레위 지파 사람들이 개인 집으로 흩어져서 무당 노릇을 해주고 밥벌이를 했다. 십일조가 들어오지 않으니까 간혹 들어와도 저는 것, 흠 있는 것, 약해 빠진 것 이런 것들만 갖고 오니 레위 사람들이 먹고 살기가 힘들어 졌다.

그래서 말라기에서 구약을 닫으시면서 '내가 너희에게 십일조를 하라고 한 것은 하늘의 복을 부어주기 위해 예수 그리스도를 보낼 것을 상징한 십일조다. 그래서 그 십일조를 통해 하나님의 은혜를 깨달으라고 한 것인데 너희는 그것조차도 눈속임으로 하는 구나, 너희가 정말 그 십일조의 정신을 잘 알고 십일조를 한다면 내가 너희에게 부어줄 복이 얼마나 엄청난 것이란 걸 알 텐데 너희는 그것조차 하지 않는다.' 하고 통탄하신 거다. 말라기 3장 10절이 바로 그 말씀이다. 교회에서 기도할 때 입으로는 하나님을 믿는다고 하면서도 생각은 늘 세상 복만을 추구하는 그런 마음들이 바로 저는 것, 흠 있는 것, 약해 빠진 것이라는 뜻이다.

따라서 온전한 십계명이 바로 예수 그리스도시며 그 그리스도의 영과 함께 사는 우리 자체가 바로 온전한 십일조를 드리는 산제사의 예배가 된다.

성경이 무엇을 말하는가!

> 성경이 무엇을 말하느뇨 아브라함이 하나님을 믿으매 이것이 저에게 의로 여기신바 되었느니라(롬4;3)

아브라함은 믿음의 조상으로 복의 근원이다. 그러므로 지극히 높으신 하나님 아버지를 만나는 자가 가장 거룩한 백성이다. 그 하나님을 만날 수 있는 곳이 바로 말씀이다.

> 이후에 여호와의 말씀이 이상 중에 아브람에게 임하여 가라사대 아브람아 두려워 말라 나는 너의 방패요 너의 지극히 큰 상급이니라. 아브람이 여호와를 믿으니 여호와께서 이를 그의 의로 여기시고(창15;1.6)

말씀이 방패다. 종교세계는 병든 자가 사는 곳이다. 소경, 귀머거리, 문둥병, 혈루병 이런 병에 걸린 사람들이 교회에서 말씀으로 치료 받는 것이 영혼치료다. 소경은 말씀을 보지 못하는 병에 걸린 자고, 귀머거리는 하나님 말씀을 듣지 못하는 병에 걸린 자다. 그래서 육적인 병을 빌려다가 이들한테 예수님의 말씀이 떨어지게 되므로 치료가 된다는 것을 나타낸 것이 예수님의 치유사건이다.

> 침상에 누운 중풍병자를 사람들이 데리고 오거늘 예수께서 저희의 믿음을 보시고 중풍병자에게 이르시되 소자야 안심하라 네 죄사함을 받았느니라. 그러나 인자가 세상에서 죄를 사하는 권세가 있는 줄을 너희로 알게 하려 하노라 하시고 중풍병자에게 말씀하시되 일어나 네 침상을 가지고 집으로 가라 하시니.(마9;2.6)

가장 중요한 게 하나님이 보시는 편에서 죄를 해결하는 일이다. 그래야 의롭다 하심 안에 들어갈 수 있다. 병든 자들은 내 영이 지성소를 올라가지 못한다. 예수님은 자기 백성을 구하기 위해 이 땅에 말씀으로 오셨다. 그러므로 죄의 용서함을 받아야 한다. 아담이 하나님의 명령을 중히 여기지 않았기 때문에 죄가 들어왔다. 즉 선악을 알게 하는 나무를 먹지 말라는 것이 하나님의 명령이다. 먹으면 정녕 죽는다고 했는데 이를 믿지 않았다. 그래서 예수께서 이 땅에 오셔서 나의 마시는 잔을 마시며 나의 받는 세례를 너희가 받으면 즉 나를 믿으면 죄가 없다고 하신 거다.

> 예수께서 가라사대 너희 구하는 것을 너희가 알지 못하는도다 너희가 나의 마시는 잔을 마시며 나의 받는 세례를 받을 수 있느냐. 저희가 말하되 할 수 있나이다 예수께서 이르시되 너희가 나의 마시는 잔을 마시며 나의 받는 세례를 받으려니와. 내 좌우편에 앉는 것은 나의 줄 것이 아니라 누구를 위하여 예비되었든지 그들이 얻을 것이니라(막10;38-40)

지성소는 죄가 없는 사람들만 내 영이 하늘로 올라가는 곳이다. 우리의 죄를 구원하시기 위해 예수께서 우리를 품에 안으시고 하나님의 십자가의 세례를 받아 내심으로 우리가 하나님 나라로 옮겨지게 된 거다. 구약성경에 보면 하늘을 '휘장'이라고 부른다. 그 휘장이 십자가에서 위로부터 아래까지 찢어짐(세례)으로 우리가 삼층천(지성소)으로 올라 갈수 있게 되었다.

> 예수께서 큰 소리로 지르시고 운명하시다. 이에 성소 휘장이 위로부터 아래까지 찢어져 둘이 되니라(막15;37–38)

그 휘장은 바로 성소(교회)와 지성소(하나님 나라)를 가르던 휘장이었다. 즉 예수께서 세례를 받으심으로 그 휘장을 찢어버리시고 일 년에 딱 한번 대제사장만 갈수 있었던 구약에서의 그 지성소를 신약에서 예수께서 언제든지 드나들 수 있도록 열어 놓으셨다. 그게 믿음이다. 그래서 성경에서 죄에 대하여라 함은 저희가 나를 믿지 아니함이라고 했다. 따라서 믿는 자들한테는 그리스도의 말씀이 들어 있다. 그러므로 내 영혼이 그리스도(반석) 말씀위에 집을 지어야 하지 그렇지 않으면 걸림돌에 의해 다 넘어진다. 그러려면 버릴 것과 버리지 말아야 할 것을 알아야 한다.

> 만일 가시와 엉겅퀴를 내면 버림을 당하고 저주함에 가까워 그 마지막은 불사름이 되리라(히6;8)

이와 같이 하나님을 떠난 사람들이 가시와 엉겅퀴를 낸다. 농사짓는 땅이 바로 교회를 상징하는 거다.

> 땅이 네게 가시덤불과 엉겅퀴를 낼 것이라 너의 먹을 것은 밭의

> 채소인즉. 네가 얼굴에 땀이 흘려야 식물을 먹고 필경은 흙으로 돌아가리라 그 속에서 네가 취함을 입었음이라 너는 흙이니 흙으로 돌아갈 것이니라.(창3;18-19)

흙이 세상이다. 따라서 하나님께서 뱀한테 저주를 내리면서 '종신토록 흙을 먹을지니라.' 하셨다. 그러므로 뱀은 이 땅의 것이 자기의 양식이 되므로 교회를 잡아먹는 일에 혈안이 되어 있다. 하와가 보암직도, 먹음직도 한 탐스러운 열매 때문에 일어난 죄이므로 우리가 버려야 할 것은 이 땅의 것인 육신의 생각이다. 반면에 버리지 말아야 할 것은 지혜(예수 그리스도)다.

> 지혜를 버리지 말라 그가 너를 보호하리라 그를 사랑하라 그가 너를 지키리라. 지혜가 제일이니 지혜를 얻으라 무릇 너의 얻은 것을 가져 명철을 얻을찌니라(잠4;6-7)

그러므로 버리지 말아야 할 것이 지혜이다. 지혜 자체가 예수 그리스도(믿음)다. '태초에' 말씀으로 오신 그 하나님께서 우리를 그리스도의 말씀으로 보호해 주시러 오셨다. 따라서 이 땅의 것을 버리고 생명을 얻으라는 것이 하나님의 언약의 말씀이다. 아울러 그걸 성령으로 보증하는 것이 요한복음서다.

> 태초에 말씀이 계시니라 이 말씀이 하나님과 함께 계셨으니 이 말씀은 곧 하나님이시니라(요1;1)

이렇게 요한은 요한복음 서두에 '태초에'로 시작했다. 요한은 누구보다도 창세기의 '태초에'의 시작 부분을 떠올리며 요한복음을 기록할 때나 요한일서를 기술할 때에 '태초부터 있는 생명의 말씀에 관하여는' 이와 같이 창세기의 의미를 생각하며 새로운 창세기를 요한복음에 쓰고 싶었던 거다. 따라서 창세기가 바로 요한복음을 그림자로 힌트하고 있다. 요한은 그야말로 하나님이신 예수 그리스도께서 혼돈과 공허와 흑암뿐인 죄인들의 마음속에 들어오셔서 흑암인 그들을 밝히시고 혼돈스러운 것에 틀을 세우시며 공허한 죄인들을 하나님의 은혜로 채우시는 구속사를 요한복음에서 설명하고 있다.

따라서 창세기 1장을 보면 '땅이 혼돈하고 공허하며 흑암이 깊음 위에 있고 하나님의 신은 수면에 운행하시니라(창1;2)' 이와 같이 하나님께서 혼돈과 공허와 흑암의 세상을 바라보시면서 수면 위에서 말씀으로 천지를 창조하신 것을 볼 수 있다.

그 혼돈과 흑암을 예레미야 선지자는 4장에서 하나님을 알지 못하는 죄인들의 모습을 땅으로 표현하여 혼돈과 공허와 흑암이라는 창세기의 단어들을 사용해 정확하게 나타내고 있다.

> 내 백성은 나를 알지 못하는 우준한 자요 지각이 없는 미련한 자식이라 악을 행하기에는 지각이 있으나 선을 행하기에는 무지하도다. 내가 땅을 본즉 혼돈하고 공허하며 하늘들을 우러른즉 거기 빛이 없으며(렘4;22-23)

그러니까 하나님께서 혼돈과 공허와 흑암 속에 창조를 시작하시는 창세기의 그 장면은 성령을 보증으로 세우시고 말씀이신 예수 그리스도를 통해 혼돈과 공허와 흑암뿐인 죄인들의 마음속에 들어오셔서 새 창조의 역사를 해내시는 하나님의 구속사를 처음부터 힌트하고 있다.

창세기의 창조는 6일 동안 일어났다. 그리고 7일 째 안식하셨다. 따라서 창세기에서 첫째 날에 '하나님이 가라사대 빛이 있으라 빛이 있었고. 그 빛이 하나님이 보시기에 좋았더라 하나님이 빛과 어두움을 나누사(창1;3-4)' 이와 같이 빛이 창조되었다.

그러나 빛은 발광체가 있어야 한다. 그런데 이 빛의 발광체는 4일째 가서야 만들어졌다. 아직 발광체가 없는 상태에서 나타난 그 빛은 신적 은사와 능력을 상징하는 영적인 빛이다. 하나님으로부터 나오는 무(無)에서 유(有)를 창조해 내시는 하나님의 능력이며 만물을 보살피고 키우시는 생명력을 말하는 거다.

즉 태양 빛이 태양이라는 발광체에 의해 존재하듯이 하나님이라는 발광체로부터 나오는 그 빛이 바로 하나님의 신적 능력이요, 만물을 창조하고 존재케 하는 생명력인 거다. 그러므로 태양이 창조되기 전에 성경에서 채소와 과일이 자라는 것을 보여주고 있다.

> 하나님이 가라사대 땅은 물과 씨 맺는 채소와 각기 종류대로 씨 가진 열매 맺는 과목을 내라 하시매 그대로 되어. 땅이 풀과 각기 종류대로 씨 맺는 채소와 각기 종류대로 씨가진 열매 맺는 나무를 내니 하나님의 보시기에 좋았더라.(창1;11-12)

이와 같이 태양이 창조되지 않은 때에 식물이 자란다는 것은 진짜 살아 있는 것들을 존재케 만드는 힘은 따로 감추어져 있다는 뜻이다. 그게 바로 감추어진 빛, 진짜 만물을 생동케 하고 지키는 하나님의 능력, 신적 은사인 하나님으로부터 나오는 생명력, 에너지원인 것이다. 그게 첫째 날에 나타난 빛이다.

이제 하나님의 전지전능하신 능력이 바로 밤과 낮을 갈라서 밤에 속한 자들은 영원한 어두움으로 몰아내시고 낮에 속한 자들을 건져내시겠다는 것을 보여준 거다. 그래서 빛이 있으라 하신 그 곳에 어두움이 함께 공존하도록 만들므로 하나님은 그 빛을 통해 무언가를 설명하고 싶은 것이 바로 첫째 날의 빛이다. 그런데 그 감추어졌던 빛이 2000년 전에 실체로 이 땅에 오셨다. '참 빛 곧 세상에 와서 각 사람에게 비취는 빛이 있었나니(요1;19)' 그게 바로 예수 그리스도의 성육신이다.

참 빛이신 예수께서 오셔서 이 땅의 어두움을 몰아내고 빛에 속한 자들에게 빛을 비추어 빛의 세계로 인도하시는 메시야로 오셨다. 이제 진짜 빛의 실체가 오셔서 새 창조가 시작된 거다. 그러한 새 창조의 완성이 '다시 밤이 없겠고 등불과 햇빛이 쓸데없으니 이는 주 하나님이 저희에게 비취심이라 저희가 세세토록 왕노릇하리로다(계22;5)' 이와 같이 요한계시록에 그대로 등장하고 있다. 이는 하나님의 천지창조는 밤을 몰아내고 영원히 꺼지지 않는 참 빛이신 하나님의 빛으로 가득 찬 하나님 나라로의 창조를 말한다. 그 빛(예수)을 말하는 것이 바로 성경(말씀)이다.

하나님의 사랑은 징계

인간이 태어나면 영적인 시각에서 볼 때 두 가지 부류로 나누어진다. 앞서도 잠깐 언급했지만 하나님의 택한 자와 택함 받음에서 제외된 자다.

필자는 오랫동안 동양철학을 연구했던 사람이라 그런지 아직도 인간의 타고난 선천적인 운명을 무시하지 않는다. 즉 태어난다는 것 자체가 바로 신의 영역이기 때문에 그동안 성명학에 종사하면서 타고난 운명을 벗어나 사는 사람들을 보지 못했다.

이런 점을 미루어 신앙생활도 마찬가지다. 신앙생활도 하늘에서 선택받은 사람만이 어떠한 경로를 통해서든 하나님을 믿게 되는 것이지, 그렇지 못한 사람은 아무리 말씀을 전해도 복음이 귀에 들어가지 않는다.

비근한 예인지 몰라도 전에 역학 강의를 할 때 무속인들이 많이 와서 배웠다. 그런데 그들이 공부하려고 하면 졸음이 와서 집중을 못하게 만들었다. 즉 귀신들이 장난질을 친거다. 무속인은 귀신들의 영매자로 신령을 모시고 사는데 이들이 학문을 깨우치면 귀신들을 홀대하기 때문에 무속인의 마음 안에서 집을 짓고 살지 못한다. 그래서 역학을 배우지 못하도록 졸음을 쏟아 붓는다.

교회도 마찬가지다. 하나님의 택한 백성이 아닌데 누군가의 끈질긴 설득으로 교회에 와서 앉아 있다고 해도 하나님의 말씀이 선포되는 자리에서 결국 대부분의 사람들이 졸고 있다. 그러니까 대형교회일수록 고객(교인)들을 유치하기 위해 하나님의 말씀에다 사람들이 듣기 좋아하는 만사형통의 복 이야기라든가, 은사의 능력으로 치유되었다든가 이런 류의 간증 설교로 고객들을 졸지 않게 만든다. 또한 웃기는 예화로 하나님의 말씀 외에 다른 것으로 설교하여 관중(교인)을 즐겁게 만드는 그런 설교는 전부 사단의 소리이다.

태고적 사람들은 즉 말과 언어가 없었던 원시적 시절의 사람들은 네발로 기어 다녔다. 또한 그 시절엔 인간이 가장 순수한 상태였기 때문에 누구나 다 영이 열려 있어 자연 물상을 보고 그대로 하늘의 뜻을 파악하고 하나님과 소통하며 살았다. 그 영적인 소통을 숫자나 오행으로 연구되어 주역이란 학문이 오늘날까지 수천 년 동안 면면히 이어져 내려온걸 보면 충분히 일리가 있다. 그리고 그러한 학문이 유독 한국 정서와 맞물려 뿌리 깊게 정착할 수 있는 것도 계시록을 연구하다보니 이 또한 다 하늘의 뜻임을 알게 되었다.

그렇다면 하나님의 택함 받은 자와 그렇지 못한 자는 어떻게 구별하게 되는가? 하나님께 택함 받은 자는 말씀을 통해 예수 그리스도의 십자가의 원리를 깨닫게 된다. 단순히 깨닫는 것이 아니라 그 십자가 원리를 진리의 영으로 깨달아 구원의 확신으로 갖는다. 이들은 창세전에 창조의 목적과 함께 이미 정해진 하나님의 백성들로 이루어진 하나님의 사랑하는 자들이다. 그러기 때문에 이들이 하나님의 뜻을 따르지 않고 세상적인 일에 마음을 빼앗기고 살게 되면 가차 없이 그 모든 것들을 빼앗아 버린다. 처음엔 작은 매질로 시작되었다가 그래도 듣지 않으면 차츰 그 매질의 수위가 높아져 그 다음은 죽지 않을 만큼 더 큰 매질로 다스리신다. 이것이 바로 하나님의 징계인 것이다.

> 너희가 참음은 징계를 받기 위함이라 하나님이 아들과 같이 너희를 대우하시나니 어찌 아비가 징계하지 않는 아들이 있으리요. 징계는 다 받는 것이거늘 너희에게 없으면 사생자요 참 아들이 아니니라(히12:7-8)

하나님의 징계가 바로 우리를 사랑하시는 하나님의 사랑 방법임을 깨달아야 한다, 교회를 수십 년 다닌 사람들 중에 대개의 경우 환란과 고통이 오면 그로인해 오랫동안 믿었던 하나님을 버리는 가하면, 어떤 사람은 그 고통과 시련을 통해 하나님 곁으로 돌아오는 사람이 있다. 그러기 때문에 간혹 하나님께서는 당신보다 자신을 더 사랑하고 물질이나 자식, 명예, 인기 등에 집착하느라 하나님을 바라보지 않으면 파산이나 질병이나 심하면 가족의 죽음을 통해 징계하신다. 그것이 바로 하나님의 자녀사랑 표현 방식임을 자각해야 한다.

그래서 히브리서기자가 징계를 하나님의 사랑으로 표현한 거다. 인간도 남의 자식에는 관심이 없다. 오직 자기 자식이 잘못된 길을 가고 있으면 가차 없이 야단을 치고 매질을 하듯 하나님도 마찬가지시다.

우리 인간은 아담으로부터 죄의 성향을 이미 받고 태어났기 때문에 하나님의 계획과 의도대로 살아갈 수없는 존재들이다. 그런데 우리를 왜 택하셨는가? 그것은 '하나님의 형상'을 본받게 하기 위해서다. 하나님은 질투의 하나님이시다. 그러기 때문에 오늘도 하나님은 당신의 형상대로 우리를 아담이 죄짓기 이전의 모습으로 원상 복귀해 놓으시기 위해 끊임없이 예리한 칼날로 우리의 심령을 감찰하면서 지키고 있다.

그런데도 정말 우리가 이 세상 것들보다 하나님을 더 사랑하고 있다고 말할 수 있겠는가? 성경에선 분명 하나님 보다 더 사랑하는 모든 것을 우상숭배라 했다. 하나님의 제 1계명이 '나 외에 다른 신을 섬기지 말라.' 이는 하나님만 바라보라는 거다.

하나님은 당신이 택한 백성 외엔 남의 것엔 관심이 없다. 그러기 때문에 당신 백성을 구별 짖기 위해 선악과도 준비해 놓으셨다. 그런데 그게 잘 되던가? 세상이 주는 보암직도 먹음직도 탐스럽게 보이는 달콤한 유혹들을 이길 수 있겠는가? 그러기 때문에 하나님께서는 창세기의 선악과를 동산 중앙에 매달아 놓고 거기서 싸워 이겨야 생명과실를 주시겠다고 선언하신 거다. 죄와 싸워 이긴 자가 바로 '하나님의 형상'으로 다시 재창조된 자들이다. 그래서 예언의 말씀을 지키는 자가 복이 있다고 말씀하셨다.

> 보라 내가 속히 오리니 이 책의 예언의 말씀을 지키는 자가 복이 있으리라 하더라.(계22;7)

그런데 오늘날 수많은 목사들이 성경말씀에 자기 생각을 혼합하여 진리의 말씀을 왜곡하여 전하고 있기 때문에 작금의 교회들이 전부 포도주에 취해 혼미해져 있다. 설교단상에서 비진리만 전하다보니 교인들이 술에 취해 갈팡질팡하고 있는데도 목사들은 자신들이 술(알콜)을 마시지 않는 경건함에만 자긍심을 갖고 있다.

필자는 예전부터 술을 즐겨 마신 편이다. 목사가 된 지금도 여전히 술을 마시기는 마찬가지지만 간혹 우리 집에 목사들이 방문하면 술부터 권한다. 그러면 손사레를 치면서 한사코 거절한다. 그럴 때면 이렇게 묻는다.

"목사님! 성경에서 술을 뭐라 하는가요?"

그러면 대개의 경우 고린도서의 구절로 대답한다.

"형제라 일컫는 자가 음행하거나 탐람하거나 우상숭배를 하거나 후욕하거나 술 취하거나 토색하거든 사귀지도 말고 그런 자와는 함께 먹지도 말라."

고린도전서 5장 11절에 술 취하는 자와 함께 하지 말라는 구절을 주로 인용하면서 마치 술 마시는 나를 거짓 목사인양 곱지 않은 시선으로 바라본다.

"목사님! 거기에는 술에 취하지 말라 했지 마시지 말라 하지 않았잖아요?"

하고 그들의 말을 되받아 치면 할 말이 막히는지 그저 멀뚱히 쳐다만 본다. 그러면 그 구절에 대한 정의를 다시 설명해 주곤 했다.

"성경에서 술에 취하지 말라고 한 구절의 진의는 술에는 누룩이 들어가 있기 때문입니다."

따라서 누룩은 비진리를 뜻하기 때문에 예수께서도 제자들에게 '바리새인들의 누룩 곧 외식을 주의하라(눅12;1)' 이렇게 말씀하신 거라고 덧붙여 얘기해 준다. 누룩이 곧 외식이다. 하나님의 말씀만이 진리인데 여기에 누룩이 섞은 것이 비진리이다. 이게 또한 외식이다. 외식하는 자들은 겉은 깨끗이 하나 속은 탐욕과 악독이 가득하다.

> 주께서 이르시되 너희 바리새인들은 지금 잔과 대접의 겉은 깨끗이 하나 너희 속인즉 탐욕과 악독이 가득하도다(눅11;39)

바리새인들은 모세오경을 달달 외우다 시피 했고 철두철미하게 사람들 앞에서 자신들의 경건함을 자랑으로 여기며 살았다. 그렇지만 예수님은 하나님의 말씀의 진위를 온전히 깨닫지 못하고 겉으로 하는 모든 행위는 외식이라고 꼬집어 지적하셨다. 말씀의 속뜻을 깨닫지 못한 이들의 속은 위선과 거짓으로 가득 찬데 남들 앞에 자기를 내세우기 위해 경건한 척하는 행위 자체가 곧 외식이란 거다. 그래서 주님께서 그들한테 바로 여섯 가지 화(禍)로 선포하셨다.

오늘날의 목사들도 바리새인들과 똑같다. 말씀의 진위를 깨닫지 못하고 선행과 봉사와 선교와 구제를 많이 하는데 하나님의 창조의 목적을 모르고 하면 그게 바로 외식이다. 이들이 성경에서 말하는 율법사며 서기관이고 바리새인들이다. 그러기 때문에 계시록에 이와 같이 분명하게 밝혔다.

> 만일 누구든지 이 책의 예언의 말씀에서 제하여 버리면 하나님이 이 책에 기록된 생명나무와 및 거룩한 성에 참예함을 제하여 버리시리라(계22;19)

하나님께서 성경의 기록된 말씀 외에 더하거나 빼면 심판이라고 분명하게 밝혔는데, 그럼에도 목사들은 입만 열었다 하면 성경에 없는 말들만 한다. 마치 자기가 축복기도하면 하나님께서 복을 내려주신다는 양 그렇게 말한다.

바로 얼마 전에 다녀갔던 목사도 필자가 십년 가까이 지켜봤지만 영락없이 무당짓거리만 하는 목사다. 그동안 그 목사의 곤궁함을 알기에 음으로 양으로 도움을 청하면 거절하지 못하고 도와주었다. 인간적인 면에서 남편과 자식으로 인해 유독 고생하고 있는 그 모습이 안쓰러워 금전적인 도움을 청하면 매번 주곤 했다. 그렇지만 간혹 하나님을 무당예수로 만들어 버릴 때면 나도 모르게 그런 식으로 혀를 놀리다간 심판을 받는다고 매정하게 쏘아붙였다.

> 혀는 곧 불이요 불의의 세계라 혀는 우리 지체 중에서 온몸을 더럽히고 생의 바퀴를 불사르나니 그 사르는 것이 지옥 불에서 나느니라(약3;6)

입만 열었다 하면 자기의 기도로 아무개의 사업이 잘 되어간다고 하고, 아무개는 안수기도해서 질병이 나았다고 하고, 어느 때는 딸이 생활비가 없다고 전화하면 그 돈이 마련이 되는지 안되는지는 조차 기도해 보고 연락을 주겠다는 애기들을 수없이 들었다.

그래서 성경에서 혀가 불이라고 한 거다. 또한 불이 말이고 교리다. 아울러 세상 것에 대한 집착이 불의의 세계이고 그러한 생각들로 꽉 찬 것이 지옥 불이다. 따라서 목사의 입에 그리스도의 영(말씀)이 거하면 진리의 소리가 나오지만 그렇지 못한 이 땅의 목사들은 전부 거짓교리만 나온다. 따라서 거짓에 대한 경고를 하나님께서 예레미야 선지자의 입을 통해 '내가 네 입에 있는 나의 말로 불이 되게 하고 이 백성으로 나무가 되게 하리니 그 불이 그들을 사르리라(렘5;14)' 이와 같이 하나님의 백성들을 불사르겠다고 하셨다.

말이 불이라고 했으므로 말로 사르는 것이 곧 불 심판이다. 즉 심판의 말씀이다. 그래서 예수님도 '내가 불을 땅에 던지러 왔노니 이 불이 이미 붙었으면 내가 무엇을 원하리요(눅12;49)' 초림 당시 예수님의 말씀에 불이 붙었으면 십자가에 달리실 일이 없는데 그렇지 못하니까 당신이 죽으시고 성령(말씀)으로 다시 오실 수밖에 없다는 것을 설명하신 거다.

성령이 떠나면 마귀가 사람 속에 들어가 자리 잡고 있기 때문에 입에서 나오는 것이 전부 악한 생각뿐이다. 따라서 악한 생각 속에서 나오는 말이 어떠하겠는가? 악독과 궤휼과 탐심과 거짓과 어둠뿐이다. 그러기 때문에 성경을 깨달을 수가 없다. 깨닫지 못하니까 거짓 교리만 나온다.

오늘날의 교회가 성령이 함께 하지 않으니까 세상 것의 생각밖에 없다. 성령은 진리고 거룩한 영이다. 진리가 하나님의 말씀이다. 하나님의 말씀에다 세상 것을 섞으면 바벨이 된다. 그러므로 목사의 혀가 하나님의 신이 되면 하나님의 대언자가 되지만 세상 것을 담으면 목사의 혀에서 지옥불이 나온다. 그러면 그 안에 있는 교인들은 전부 영혼의 도적질을 당한다.

무엇보다 성경이 깨달아지려면 반드시 성령이 오셔야 한다. 그래서 예수님도 '보혜사 곧 아버지께서 내 이름으로 보내실 성령 그가 너희에게 모든 것을 가르치시고 내가 너희에게 말한 모든 것을 생각나게 하시리라(요14;26)' 이렇게 말씀하신 거다.

하나님의 영(말씀)으로 거듭난 자들만이 하나님의 백성이다. 이들한테는 이마에 어린양의 이름과 아버지의 이름이 쓰여 있는데 계시록 14장의 십사만 사천의 교회들이다. 이들의 영은 늘 하늘의 지성소에 있다.

최초의 아담한테 하나님의 영이 있을 때는 하나님과 함께 에덴동산을 거닐면서 대화를 하였다. 그러다가 범죄하니까 하나님께서 너는 흙이니 흙으로 돌아가라. 그러므로 더 이상 하나님을 만날 수가 없게 되었다.

따라서 우리의 심령 또한 성령이 떠나면 아무것도 아니다. 성령이 떠나면 바로 그 순간 악신이 들어온다. 악신은 성령이 없는 틈을 용케 알고 우리의 마음을 마구잡이로 흔들어 버린다. 그야말로 우리의 마음은 말씀이 떠나면 귀신이 흔드는 대로 흔들릴 수밖에 없다.

바로 얼마 전, 내가 그랬었다. 세상적인 일로 마음이 분주하다 보니 이틀간 성경을 읽을 시간이 없었다. 그랬더니 그 틈새를 타고 사단이 내 마음을 마구 휘저어 놓았다. 순간 분한 마음을 걷잡지 못해 한바탕 남편한테 퍼부었다. 그 퍼붓는 소리에 남편도 화가 나서 추운 한밤중임에도 불구하고 밖으로 나갔다. 그리고 어느 정도 마음을 추스린 다음 다시 집 안으로 들어왔지만 마음 안에 소동은 다음날까지 계속 이어졌다. 그때 알았다. 내가 아무리 하나님을 철석같이 믿는다고 하지만 성령(말씀)을 가까이 하지 않으면 악신한테 수시로 흔들릴 수밖에 없다는 사실들을.

그때 쉽게 바뀌지 않는 내 모습이 영적으로 너무 초라하게 느껴져 하나님께 고백했다. 그랬을 때 주신 말씀이 '내가 비옵는 것은 저희를 세상에서 데려가시기를 위함이 아니요 오직 악에 빠지지 않게 보전하시기를 위함이니이다.(요17;16)' 이 말씀으로 위안을 주셨다.

우리는 수시로 사단에 의해 흔들릴 수밖에 없는 존재들이기 때문에 그러한 우리들을 위해 하나님께서 예수 그리스도를 이미 창세전에 예비해 두셨던 거다. 그래서 주님께서도 '회개하라. 천국이 가까이 왔다'라고 선포하신 것은, 내 안에 그리스도의 영으로 찾아오시겠다는 뜻이 담긴 말씀이다.

> 아버지께서 내 안에, 내가 아버지 안에 있는 것같이 저희도 다 하나가 되어 우리 안에 있게 하사 세상으로 아버지께서 나를 보내신 것을 믿게 하옵소서. 곧 내가 저희 안에, 아버지께서 내 안에 계셔 저희로 온전함을 이루어 하나가 되게 하려 함은 아버지께서 나를 보내신 것과 또 나를 사랑하심같이 저희도 사랑하신 것을 세상으로

알게 하려 함이로소이다(요17;21.23)

예수님은 우리 인간의 죄의 성향을 십자가에 모두 도말하시고 그 죄를 대신 담당하시므로 하나님의 은혜의 사랑을 이와 같이 나타내셨다. 그 사랑을 깨달은 자만이 내 안에 그리스도가 임재 하므로 그때부터 육적인 나는 없고 그리스도만 내 안에 살아 숨 쉰다. 인간은 늘 하나님의 십자가 은혜 뒤에 숨어 살아야 하는 존재들이다. 하나님의 은혜가 아니면 구원 받기 어려운 존재임을 깨닫고 '하나님 저를 구원해 주세요.' 이러한 고백을 할 수 있는 자가 되어야 하나님의 백성이 될 수 있다.

바로 이러한 고백을 하나님께서는 늘 원하신다. 이와 같이 하나님의 속성만 바로 안다면 징계 자체가 은혜임을 깨닫게 되어 말씀에 순종하고 살아 갈수 있다. 따라서 하나님의 자녀로 선택 받은 성도들은 하나님의 징계를 받기 전에, 육신의 생각에서 하나님의 말씀 안으로 회개하고 돌아서야 한다.

왜 깨닫지 못하는가?

한국에만 기독교인이 천만 명이 넘는다. 전체 인구의 4분의 1에 해당하는 어마어마한 숫자이다. 이들이 전부 하나님의 백성이냐 하면 안타깝게 그렇지가 못하다. 성경은 이 땅의 복의 개념인 부귀와 명예를 추구하며 살아가는 방법을 제시한 책도 아니고 도덕적으로나 윤리적으로 바르고 착하게 사는 방법을 알려주는 책도 아니다. 오직 창세기부터 계시록까지는 예수 그리스도와 그 예수 그리스도를 보내신 하나님의 사랑과 은혜, 그리고 십자가의 도를 통한 구원에 관한 영생의 내용뿐이다.

지금 전 세계가 코로나로 인해 몸살을 앓고 있다. 분명한 것은 코로나 자체가 교회들을 향한 하나님의 진노의 심판이다. 구약 역사 내내 하나님의 백성이라 하는 이스라엘이 하나님을 배역하면 그때마다 염병을 통해 수만에서 수십 만명씩 죽인 기록들이 나와 있다.

네가 만일 네 하나님 여호와의 말씀을 순종하지 아니하여 내가 오늘날 네게 명하는 그 모든 명령과 규례를 지켜 행하지 아니하면 이 모든 저주가 네게 임하고 네게 미칠 것이니. 네가 악을 행하며 그를 잊으므로 네 손으로 하는 모든 일에 여호와께서 저주와 공구와 견책을 내리사 망하며 속히 파멸케 하실 것이며. 여호와께서 네 몸에 염병이 들게 하사 네가 들어가 얻을 땅에서 필경 너를 멸하실 것이며. 여호와께서 폐병과 열병과 상한과 학질과 한재와 풍재와 썩는 재앙으로 너를 치시리니 이 재앙들이 너를 따라서 너를 진멸케 할 것이라(신28;15.20-22)

이와 같이 하나님의 말씀을 단순히 명령과 규례로만 받아들이면, 율법에 묶여서 결국엔 재앙이 떨어진다는 거다. 그 재앙의 내용들을 살펴보면 염병이 들게 하시고 그 열병으로 멸해 버릴 것이라 했다.

여기서의 염병은 지금처럼 코로나인 전염병을 가리키는 것도 되지만 더 확실한 것은 염병을 통해 부수어 버린다는 무서운 심판의 뜻을 담고 있다. 그런데 부수어 버리는 하나님의 심판의 내용이 폐병과 열병과 상한과 학질과 한재와 풍재와 썩는 재앙이다. 전부 열과 관계된 단어들이다. 따라서 여기는 단순히 질병의 목록을 나열해 놓은 것이 아니라 전부 물(말씀)이 없는 곳에 열이 가해짐으로 일어나는 영적 가뭄, 열병, 건조하게 말라비틀어짐 등을 가리키는 단어이다. 그게 곧 멸망이요, 지옥이라는 뜻이다.

대개의 사람들이 이 정도의 심판이라면 견딜 만하겠다고 생각하는 사람들이 있겠지만 인간은 하나님의 은혜의 말씀이 없을 때 지옥을 살게 된다. 그래서 이 모든 재앙들이 너를 진멸케 할 것이라고 분명하게 기록한 거다. 그게 저주고, 심판이며 지옥이다.

오늘날도 마찬가지로 교회들이 하나님의 말씀에다 육신의 생각을 섞어 하나님을 배역하니까 교회가 전부 바벨로 물들어져 있다. 말씀이 부족하니까 하나님을 배도하게 되고, 하나님을 배반하니까 하나님께서 이단(신천지)을 들어 교회를 심판하시는 내용이 그야말로 계시록에 고스란히 담겨있다.

그러나 지금은 교회의 마지막 시대로 심판과 구원의 회복의 때다. 성경을 읽다보면 딱 두 가지로 구분이 된다. 창세전 하나님이 택한 빛의 백성과, 택함에서 제외된 어둠의 자식이다. 그러므로 빛의 백성들은 이러한 코로나를 통해 경고의 나팔을 불 때, 그 소리를 듣고 빨리 하나님께로 돌아올 수 있지만, 그렇지 못한 어둠(사단)의 자식들은 땅의 것이 좋아 여전히 율법에 매여 산다.

하나님은 지금 이 시간도 심판의 때가 가까웠으니 어서 빨리 진리의 말씀 안으로 돌아오라고 하나님의 영들을 통해 간절히 외치고 있다. 그러므로 하나님의 음성(말씀)을 보고 듣고 깨닫는 자만 복이 있다. 그런 자들만이 예수 그리스도의 말씀으로 씻고 회개하여 그리스도의 옷으로 갈아입은 자들이 된다. 그렇게 되면 사망에서 생명으로, 심판에서 구원으로, 흑암에서 하늘(영생)의 나라로 옮겨진다. 따라서 계시록이 기록된 목적이 바로 여기에 있다.

계시록 서두에 '주 하나님이 가라사대 나는 알파와 오메가라 이제도 있고 전에도 있었고 장차 오실자요 전능한 자라'(계1;8) 했고, 또한 22장 말미에 '나는 알파와 오메가요, 처음과 나중이요 시작과 끝이라'(계22;13)

이와 같이 생명나무로 나아가는 길은, 반드시 시작한테서 끝을 맺으시겠다는 하나님의 의지가 계시록에 분명하게 담겨 있다. 최초의 생명나무는 에덴동산에 있었다. 그러나 하와(교회)가 뱀(사단)의 꼬임에 넘어가 선악과를 먹음으로 이들을 내 쫓고 에덴동산 동편에 그룹들과 두루 도는 화염검을 두어 생명나무로 가는 길을 막아 버리셨다. 그러므로 동방 에덴에서 천지를 창조하셨다면 뱀에 의해 영적 질서가 파괴된 동방에서 다시 창조의 질서를 회복시켜야 한다.

계시록을 연구하는 중에 우연찮게 우리나라가 태초의 한님(하나님)의 나라라는 것을 한단고기(桓檀古記)를 통해 깨닫게 되었다. 삼성기에 환인, 환웅의 이야기를 담고 있는데, 우리 민족의 시발인 환국(桓國)시대의 환인으로부터 7대 단인까지 3301년의 역사와 신시시대의 환웅으로부터 18대 단웅까지 1563년의 역사를 압축해 기록한 것이 바로 삼성기다.

따라서 삼국시대가 최초의 국가 형태를 갖춘 고대국가라고 간주했던 그 이전부터, 이미 찬란한 환인, 환웅, 단군시대의 문화가 성경의 역사보다 먼저 있었음을 한단고기가 잘 증명하고 있다.

따라서 성경의 역사가 6000년이라면 우리나라의 역사는 만년가까이 된다. 그러기에 6000년 전, 창세기 1장에서 '태초에 하나님이 천지를 창조하시니라' 로 시작한 천지 창조가 바로 천(天)인 하나님의 백성과 지(地)인 땅의 백성을 구분하는 계획을 시작하셨다는 뜻이다. 땅(하나님의 백성)이 혼돈하고 공허하며 흑암(어두움)이 깊음 위에 있는 것을 보신(창1;2) 하나님께서 태초에 말씀(가라사대)으로 천지의 창조를 계획하셨다면 그 크신 하나님의 뜻과 계획과 사랑이 무엇인지를 성경을 통해 깊이 깨달아야 한다.

그런데 오늘날 교회들이 왜 깨닫지 못하느냐 하면, 이러한 하나님의 말씀에 육신의 생각과 함께 바벨로 혼잡 되어 있기 때문에, 이단(뱀)들의 꾀임에 쉽게 넘어가 영생(생명나무)으로 가는 길이 차단되었기 때문이다. 그러기에 2000년 전에, 오늘날 사단의 활약상을 그대로 계시록에 묘사해 놓았고 구원과 심판에 대해서도 너무나 극명하게 계시해 놓았다.

그럼에도 불구하고 오늘날 교회가 아직도 성경의 진의를 깨닫지 못하고 율법에 매여 사회 정의를 부르짖고 세상의 빛과 소금이 되자고 외치고만 있다. 그렇지만 그 속내는 온 세상이 다 칭찬해주는 그런 교회로 자신들의 천국을 건설하자는데 혈안이 되어 있다.

> 너희는 세상의 소금이니 소금이 만일 그 맛을 잃으면 무엇으로 짜게 하리요 후에는 아무 쓸데없어 다만 밖에 버리워 사람에게 밟힐 뿐이니라. 너희는 세상의 빛이라 산 위에 있는 동네가 숨기우지 못할 것이요. 사람이 등불을 켜서 발아래 두지 아니하고 등경 위에 두나니 이러므로 집안 모든 사람에게 비취느니라. 이같이 너희 빛을 사람 앞에 비취게 하여 저희로 너희 착한 행실을 보고 하늘에 계신 너희 아버지께 영광을 돌리게 하라(마5;13-16)

거의 대부분의 설교자들이 이 빛과 소금을 경건한 삶에 대한 권고요 경고처럼 여기고 세상에 소금의 역할로서의 영향을 미쳐야 한다고 설교하고 있다. 그러면서 만약 소금으로 살지 않으면 밖에 버려져 밟힘을 당하니까 반드시 소금의 삶을 살아야 한다고 웅변하고 있다. 즉 소금은 짠맛을 내는 것이므로 세상 속에 맛을 내는 사람들로 살아야 한다느니, 소금은 부패를 방지하는 것이므로 세상이 부패하지 않도록 감당해 내야 한다느니, 소금은 자신의 몸을 녹여야 제 역할을 다하는 것이니 반드시 희생을 감수해야 한다는 식의 교훈으로 던진다.

그리고 누가 등불을 말 아래에 두느냐? 등불은 등경 위에 두는 것이므로, 등경 위에 높이 서서 열심히 세상을 환하게 비추어라, 빛은 온 세상의 어두움을 몰아내는 힘이 있는 것이니만큼 어두움의 세상에 긍정적인 영향을 미쳐 세상의 어두움을 몰아내는 데 기여해야 한다고 역설하고 있다.

그런데 정말 우리가 세상의 빛과 소금으로 살면 세상이 긍정적인 영향을 받게 되고, 변하게 되는가? 주님은 '너희가 나를 증거하면 반드시 세상으로부터 핍박을 받게 된다'고 분명하게 말씀하셨다. 따라서 예수 그리스도의 의를 믿고 전하는 우리가 세상에 긍정적인 영향을 줄 수 있는 것이 아니라 도리어 세상으로부터 핍박을 당하기 때문에 세상이 우리의 삶에 영향을 받기는커녕 핍박하고 옳게 보지 않는다고 하셨다. 그런데 그렇게 말씀하신 주님께서 도리어 빛과 소금으로 살아 세상에게 영향을 주라고 말씀 하셨겠는가 하는 말이다.

많은 신학자들이 '너희 착한 행실을 보고 하늘에 계신 너희 아버지께 영광을 돌리게 하라'라는 내용 때문에 빛과 소금의 삶이 착한 행실이고 그 착한 행실이 하나님께 영광 돌리는 일이라고 해석하고 있다.

여기서의 착한 행실은 빛과 소금의 삶이 맞다. 그러나 그 착한 행실은 도덕적이고 윤리적이며 양심적인 착한 행실과는 거리가 먼 착한 행실이다. 세상은 우리가 의로운 삶, 빛과 소금의 삶을 살게 되면 세상으로부터 미워하고 핍박을 받도록 되어 있지, 절대 하나님께 돌아오지 않는다고 했다.

그러므로 주님은 지금 '빛으로 살아라, 소금으로 살아라.' 하고 말씀하신 것이 아니라 '너희는 세상의 소금이고 빛이다'고 이미 완료된 것으로 선언하셨다.

성경에서의 팔복은 전부 창세전에 신령한 복을 받은 하나님의 백성들한테 이 세상의 현실 속에서 천국을 사는 사람들은 이렇게 살아가야 한다고 피력하고 있다.

그런데 그 내용이 이 세상에서 말하는 복과는 완전히 다른, 애통하고, 주리고, 목마르며, 핍박 받고, 긍휼을 구해야 하는 그런 모습이다. 그렇다면 그 모든 것을 아우르는 빛과 소금의 삶이 도덕적이고 윤리적이며 양심적인 훌륭한 삶이 아니라는 것이 된다. 도리어 이 세상 복과는 전혀 다른 삶이라는 거다.

우리는 예수의 의로만 구원에 이를 수 있고, 예수의 의에 의해서만 화평에 이를 수 있으며, 예수의 의가 아닌 다른 모든 것은 하나님 앞에서 죄일 수밖에 없다. 그런 것을 굳게 믿고 전하는 삶이 우리의 삶이어야 빛과 소금의 삶이 된다.

구약의 4000년의 역사 내내 줄곧 모형과 예표로 하나님 나라를 보여 주었던 구약의 율법을 부수고 새로운 신약의 은혜가 이런 것이란 걸 나타내고 있는 것이 성경이다. 이스라엘의 율법 자체가 애굽(세상)이고, 그 중에 특히 바리새인들과 서기관들이 율법의 총화라 할 수 있는 오늘날의 목사와 신학자들이다.

하나님께서는 창세전 당신의 택정된 백성들을 출애굽 시키기 위해 홍해에서 애굽군대(세상)를 다 빠져 죽게 만들었다. 그게 바로 육적 자아의 상징적 죽음이다. 하나님께서 이스라엘을 홍해로 굳이 몰고 가신 것은 이스라엘(교회) 속에 있는 애굽(육신의 생각)을 죽여 버리기 위함이다. 그리고 40년 광야를 살게 하셨다.

이스라엘은 그 광야에서 죽어야 할 자로 폭로가 되고 결국 1세대가 모두 죽었다. 그렇게 육적 이스라엘 60만 명이 다 죽고 새로운 영적 이스라엘 2세대가 여호수아(예수)를 앞세우고 약속의 땅인 가나안으로 들어갔다. 이스라엘은 육적 이스라엘이고 가나안은 영적이스라엘이다. 이는 내 육적 자아가 죽어야 영이 산다는 것을 나타낸 거다. 그러므로 세례 자체가 애굽(육적)의 이스라엘이 죽고 가나안(영적)의 이스라엘이 새롭게 창조된 구원의 모형이다.

따라서 출애굽한 이스라엘의 광야 여정 중 율법을 받게 되는데, 이러한 구약의 시내산에서 어떻게 영적 이스라엘로 회복되어 가고 있는가를 설명한 것이 산상수훈이다. 그러므로 예수의 피로 성취된 새 언약의 산이 은혜의 산이다. 하나님의 율법을 전한 모세도 약속의 땅인 가나안에 들어가지 못했지만, 신약에선 하나님의 은혜가 부어지자 많은 이방까지도 들어가게 되었다.

산상수훈은 예수께서 제자들을 데리고 산에 올라가기 바로 앞전에 많은 기적과 표적을 일으키셨다. 그런데 그 기적에 대한 이스라엘의 오해가 그 속에 숨어 있다. 그러기에 주님께서 하나님을 섬긴다고 하면서 기적과 권능을 행하고 종교적 열심의 행위로 선지자의 노릇까지 한 이들을 두고 바로 모래 위에 집을 짓는 어리석은 자라고 선언해 버렸다.

이는 천국은 그렇게 기적과 능력이 일어나고 인간들의 종교적 열정에 의해 세워지는 곳이 아님을 나타낸 거다. 이미 완료된 하나님의 나라를 은혜의 선물로 받는 자들이 살아가는 곳으로, 성경은 그들을 가리켜 심령이 가난한 자, 애통하는 자, 온유한 자, 의에 주리고 목마른 자, 긍휼히 여기는 자, 마음이 청결한 자, 화평케 하는 자, 의를 위하여 핍박을 받는 자, 예수로 인해 욕먹고 핍박을 당하고 거짓으로 모함을 당하는 자, 이게 복 받은 자들이라 했다.

따라서 천국은 '심령이 가난한 자는 복이 있나니 천국이 저희 것임이요(마5;2)' 또한 '나더러 주여 주여 하는 자마다 천국에 다 들어갈 것이 아니요 다만 하늘에 계신 내 아버지의 뜻대로 행하는 자라야 들어가리라(마5;21)' 이와 같이 누가 천국에 들어가느냐 하면, 아버지의 뜻대로 행하는 자라야 한다. '내 아버지의 뜻은 아들을 보고 믿는 자마다 영생을 얻는 이것이니 마지막 날에 내가 이를 다시 살리리라(요6;40)' 이같이 예수 그리스도를 믿어 영생을 얻는 일이다. 따라서 아버지의 뜻대로 행하는 자가 아니면 절대 들어가지 못하는 곳이 천국임을 올바로 깨우쳐야 한다.

산상수훈의 진의

산상수훈은 구약의 4000년의 역사 동안 줄곧 모형과 예표로 하나님 나라를 보여 주었던 구약의 율법을 부수고 새로운 신약의 은혜가 이런 것이란 걸 담지한 주님의 강화이다, 따라서 이스라엘의 율법 자체가 애굽(세상)이고, 바리새인들과 서기관들이 율법의 총화이다.

하나님께서는 창세전 당신의 택정된 백성들을 출애굽(세상) 시키기 위해 이스라엘을 애굽으로 규정해 버리셨다. 그리고 그들을 어린양의 피로 깨끗이 씻겨 다시 살려내는 과정을 그린 것이 세례다. 그래서 육적 이스라엘을 출애굽 시키는 장면에서 홍해를 건너는 사건이 있는데 그게 세례다.

홍해에서 애굽군대(세상)가 다 빠져 죽는 것이 바로 육적 자아의 죽음을 상징한 거다. 하나님께서 이스라엘을 홍해로 굳이 몰고 가신 것은 이스라엘 속에 있는 애굽(육신의 생각)을 죽여 버리시기 위함이다. 그리고 40년 광야를 살게 하셨다. 이스라엘은 그 광야에서 죽어야 할 자로 폭로가 되고 결국 1세대가 모두 죽었다. 그렇게 육적 이스라엘 1세대가 다 죽고 새로운 영적 이스라엘 2세대가 열두 지파로 여호수아를 앞세우고 약속의 땅인 가나안으로 들어갔다. 앞서도 잠깐 언급했지만 이스라엘은 육적이스라엘이고 가나안은 영적이스라엘이다. 이는 내 육적 자아가 죽어야 영이 산다는 것을 나타낸 거다. 그러므로 세례 자체가 애굽(육적)의 이스라엘이 죽고 가나안(영적)의 이스라엘이 새롭게 창조되는 구원의 모형이다.

유대인의 전설 가운데 이런 이야기가 있다. 솔로몬이 성전을 지을 때의 일이다. 성전 돌을 다듬는 석공이 하루는 모두 고른 크기의 돌 중에 크기와 모양이 다른 돌 하나를 가지고 왔다. 그 돌을 본 공사감독은,

"이건 잘못된 쓸모없는 돌이군. 왜 이런 돌을 보냈지?"

하면서 일하는 사람들에게 그 돌을 언덕 아래고 굴러 버리도록 했다. 감독의 명령에 따라 크기와 모양이 다른 그 돌은 인부들에 의해 기드론 골짜기 아래로 버려졌다.

그 후 7년이 지나고 이제 기둥을 세워야 할 때가 되어 주춧돌이 필요하게 되었다. 감독은 인부 중 한 사람을 석공에게 보냈다.

"여보게 석공! 이제 기둥을 세워야 하는데 주춧돌이 필요하다네. 어서 그것을 보내주도록 하게"

"그게 무슨 말인가? 난 벌써 오래 전에 주춧돌을 보냈다네"

"아닐세. 우린 그것을 받지 못했네"

그때 그들은 7년 전에 필요 없어 기드론 골짜기 아래로 버렸던 돌을 기억해 냈다. 당황한 인부는 황급히 감독에게 돌아와 7년 전 언덕 아래로 버린 돌이 주춧돌이라고 말하고 사람들을 동원해 힘겹게 다시 돌을 들어 올렸다. 그래서 주춧돌이 놓여지고 기둥이 세워지자 성전은 그 웅장한 모습을 드러내기 시작했다.

이와 같이 산상수훈의 진의를 모르면 건축(하나님 나라)에 가장 필요한 주춧돌(성경)을 버리게 되는 우를 범하게 된다. 그러므로 성경 외적인 것에서 하늘의 진리를 절대 알 수 없다. 즉 반석(예수 그리스도)위에 집을 지을 수가 없다.

산상수훈은 출애굽한 이스라엘의 광야 여정 중 율법을 받게 되는데 이러한 구약의 시내산에서 어떻게 영적 이스라엘로 회복되어가고 있는가를 설명한 것이 산상수훈이다. 그러므로 산상수훈은 예수의 피로 성취된 새 언약의 산이며 은혜의 산이다. 따라서 천국에 들어갈 수 있는 자들이 이 땅에서 어떻게 살아가야 하는가를 설파하신 것이 산상수훈이다.

천국은 인간들의 종교적 열정에 의해 세워지는 곳이 아니라 이미 완료된 하나님의 나라를 은혜의 선물로 받는 자들이 이 역사 속에서 살아가게 되는 그들이 복 받은 자라는 거다. 그런 자들이 바로 아버지의 뜻대로 행하는 자들이다. 따라서 인간들의 선악구조인 율법으로 행하는 자들은 절대 들어가지 못한다고 하는 것이 산상수훈의 요지다.

따라서 복 있는 자들은 예수님의 십자가와 자기 부인의 삶을 살아야 한다. 이는 이미 영생의 복을 받은 자들이 이 땅의 역사 속에서 어떠한 모습으로 살게 될 것인지, 그리고 하나님께서 어떠한 모양으로 만들어 가실 것인지에 대한 선포다. 그러기 때문에 심령이 가난하고, 애통하고, 온유하며, 의에 주리고 목마르고, 긍휼이 여기고, 마음이 청결하고, 화평케 하고, 의를 위하여 핍박을 받은 자는 복이 있고 천국이 저희 것이라 한 거다.

'이렇게 살면 복을 받을 것이다'가 아니라 복 받은 자들의 입에서 터져 나오는 '찬송하리로다 하나님 곧 우리 주 예수 그리스도의 아버지께서 그리스도 안에서 하늘에 속한 모든 신령한 복으로 우리에게 복 주시되(엡1;3)' 그러니까 창세전에 택함을 받은 복 받은 자들의 입에서 터져 나오는 찬송이 곧 복음(good news)이란 거다.

하나님의 진리의 말씀 곧 구원의 복음을 듣고, 그것을 믿어 약속의 성령으로 이미 인치심을 받은 자들한테 영광의 찬미가 저절로 터져 나오게 된다는 것이 팔복의 내용이다. 이를 달리 표현하면 예수께서 제자들과 함께 계신 그곳에 천국이 임했다고 선언하시므로 천국은 이미 우리와 함께 있다. 그러므로 천국이 심령 안에 들어온 우리의 삶 속에서는 어떤 삶의 지향성이 생기게 되는데 그것이 바로 산상수훈의 내용이다.

구약의 복은 인간의 자아실현과 자아 확장에 관한 것이라면 신약의 복은 자아가 부인되고 자기 십자가를 지는 삶이 바로 복이라는 거다. 이건 단순히 착하고 오래 참고 봉사하면 천국이 우리 것이 되고 그에 따른 보상이 임할 것이라는 것이 아니라, 천국이 우리의 삶에 임하게 되면 그 사람들은 옛 자아를 죽여 간다는 말이다.

그러니까 신약의 시대는 구약 시대처럼 세상의 힘과 가치를 소유하고 다른 이보다 강한 자로 서게 되고 물질의 풍요와 자손을 많이 갖게 되는 그런 시대가 아니라 이 세상의 힘과 가치를 전부 내려놓고 은혜의 하나님만 의지하게 되는 그런 시대라는 거다.

그런데 어떻게 메시야가 와서 세우는 하나님 나라가 병이나 고쳐주고 기적이나 행해주는 그런 나라겠냐는 거다.

천국은 인간의 뜻과 의지가 완전히 묵살되는 곳으로 하나님 절대 의존 자들만이 생존할 수 있는 나라다. 그런데 그 나라가 이 역사 속에 임했을 때 우리의 육적 자아는 여전히 내가 우주의 중심이 되어 하나님처럼의 삶을 살고 싶어 한다. 그럴 때 하나님께서 검(말씀)을 들고 내게 임할 때 심령 안에서 충돌과 마찰이 심하게 일어난다.

필자 역시 시시때때로 일어나는 하나님의 법과 내 안의 죄의 법 때문에 심적 갈등을 지금도 심하게 겪고 있다. 그래서 그것 때문에 내가 정말 하나님을 제대로 믿고 있는 것은 맞는가? 할 정도로 의심할 때가 많았는데 어느 날 나와 똑같은 갈등을 겪고 있는 바울을 통해 그야말로 많은 위로를 받았다.

> 그러므로 내가 한 법을 깨달았노니 곧 선을 행하기 원하는 나에게 악이 함께 있는 것이로다. 내 속 사람으로는 하나님의 법을 즐거워하되. 내 지체 속에서 한 다른 법이 내 마음의 법과 싸워 내 지체 속에 있는 죄의 법 아래로 나를 사로잡아 오는 것을 보는도다. 오호라 나는 곤고한 사람이로다 이 사망의 몸에서 누가 나를 건져내랴. 우리 주 예수 그리스도로 말미암아 하나님께 감사하리로다 그런즉 내 자신이 마음으로는 하나님의 법을, 육신으로는 죄의 법을 섬기노라(롬7;21-25)

바울이 이렇게 자신의 심정을 토로했다. 이와 같은 고민과 갈등 속에서 '나'라는 옛 자아가 죄인으로 날날이 폭로되고 자신의 불가능함이 인정되고 수긍되며 결국 자기 부인의 자리로 밀려나가게 되는 것이 성도의 삶이다.

자기가 부인 되고 비워지므로 남을 유익하게 살려내는 삶이 천국의 존재 양식이다. 오른편 빰을 때리면 억지로라도 왼편 빰을 대주며, 속으로는 이를 갈지언정 겉으로는 방긋 웃어주는 그런 훈련을 목적으로 신앙 생활하는 것이 아니라, 오히려 도저히 안 되는 그런 자기를 바라보면서 '나 좀 도와주세요' 라는 간절한 부르짖음을 토해내는 것이 신앙생활이다.

많은 이들이 기독교를 도덕과 윤리를 실천하며 다른 종교인들과는 다르게 착하고 성실하게 사는 것을 목적으로 한다. 그래서 언행일치니 뭐니 하면서 인간의 삶을 갖고 그 사람의 영적 성숙도를 판단하는 그것이야말로 착각이다. 만약 인간들의 선악구조로 정의한 착함과 악함이 판단된다면 하나님의 긍휼과 은혜와 사랑은 교회에서 설 자리가 없다.

그러므로 인간들이 만들어낸 사회법이나 도덕이나 윤리를 잘 지키고 율법을 철저하게 지키는 것이 하나님 나라에 적합한 자가 되는 것이 아니다. 도리어 나의 의지와 노력으로 얻어지는 것이 아닌, 어느 날 갑자기 진리의 말씀이 나의 맘속으로 침공해 들어올 때 거기서 거저 얻어지는 은혜의 선물인 거다.

따라서 영생은 절대 율법이나 인본주의적인 행위에서 얻어지는 것이 아니다. 자기 부인의 자리, 즉 심령이 가난하고, 의에 주리고, 애통하고, 의를 위하여 핍박을 받는 자리로 끌려 내려가게 되는 것이 영생을 선물로 받은 복 받은 자들의 삶이다.

이 땅에서의 '나'라는 존재는 내가 노력하고 열심을 부려 빛이 나는 것이 아니라, 하나님의 진리의 말씀이 내 안에서 깨달아 질 때, 천국이 임한 거다. 따라서 우리는 '나는 하나님의 은혜가 아니면 아무런 존재도 아니구나'를 먼저 깨달아 아는 그게 바로 심령의 가난이다. 또한 그동안 내가 쌓아온 모든 것이 하나님의 선물이란 사실을 인지하고 고백하는 자기부인의 자리가 심령의 가난함이다.

따라서 심령의 가난은 나의 영적인 곤고함을 인정하고 수긍하므로 하나님의 도우심을 절대적으로 의존하는 마음이다. 그러기에 예수께서 팔복을 말씀하시면서 가장 먼저 '복 있는 자여, 그대는 심령이 가난하게 될 것이다.' 라고 하셨다. 그것은 신앙생활의 본질이 무엇인지를 분명하게 밝힌 거다.

복 받은 성도가 신앙생활을 통하여 밀려가게 되는 목적지가 바로 심령의 가난이다. 그럼에도 많은 사람들이 심령의 가난을 겸양의 미덕 정도로 생각하고, 심령의 가난을 욕심을 버린 겸손한 마음으로 이해한다. 심령의 가난은 '심령을 가난하게 해야지' 하고 결단할 수 있는 것이 아니다. 심령의 가난은 자기 존재자체에 대한 새로운 발견과 깨달음이다. 하나님 없는 존재들의 불가능함을 직시하므로 '하나님 저 좀 도와주세요' 라는 부르짖음이다.

흔히 말하는 겸양이나 겸손은 자기 생각에서 나오는 것이지만, 심령의 가난은 성령으로부터 주어진다. 따라서 심령의 가난은 자아의 무너짐이요, 자아의 부정이며 육적 인간성의 붕괴다. 그러한 자아의 무너짐과 부정 없이 '내가 죄인입니다' 라고 고백하는 것은 그야말로 연극에 불과하다.

아울러 긍휼이란 슬픔, 애통, 자비, 은혜 등의 의미를 담고 있다. 그래서 성경에서 '긍휼히 여김을 받을 것이다'라는 구절이 나오면 인간들의 행위와 결부시켜 성도들의 거룩한 삶을 촉구하는 데에 사용한다. 즉 구원받은 성도는 긍휼을 베푸는 사람이 되어야 그도 긍휼히 여김을 받을 수 있다는 거다. 그러나 바울은 긍휼은 원한다고 주어지는 것도 아니고 열심을 부려 노력 한다고 생기는 것이 아닌, 긍휼히 여기시는 하나님에 의한 마음이라 했다.

> 모세에게 이르시되 내가 긍휼히 여길 자를 긍휼히 여기고 불쌍히 여길 자를 불쌍히 여기리라 하셨으니. 그런즉 원하는 자로 말미암음도 아니요 달음박질하는 자로 말마암음도 아니요 오직 긍휼히 여기시는 하나님으로 말미암음이니라. 그런즉 하나님께서 하고자 하시는 자를 긍휼히 여기시고 하고자 하시는 자를 강퍅케 하시느니라 (롬9;15-16.18)

따라서 긍휼은 인간이 칭찬을 받는 그런 종류의 긍휼이 아니고 하나님의 도움 없이는 그 어떤 것도 우리가 살아날 수 없다는 무력함을 고백하는 자로 폭로되는 것이 긍휼이기 때문에 하나님의 긍휼을 입은 자는 복 받은 자가 된다.

따라서 예수님은 산상수훈을 통해 하늘의 복을 받을 수 있는 방법을 설명하시는 것이 아니라 이미 창세전에 하늘에 택함 받은 하늘 백성들한테 이 시간이라는 역사를 살아가는 동안에 필연적으로 나와야 하는 반응을 설명하신 거다. 아울러 긍휼은 단순히 남을 불쌍히 여기고 잘 도우라는 식의 도덕이나 윤리의 행함이 아니다.

예수 그리스도를 알지 못하는 자들이 하는 긍휼은 자신의 의를 높이기 위한 행위기에 하나님께서 그것을 쓰레기라고 했다. 성경은 하나님을 모르고 예수를 죽인 바리새인들조차도 목숨을 걸고 행했던 그러한 종류의 긍휼을 요구하는 것이 아니다.

호세아서에 긍휼에 대해 설명해 놓은 것이 있는데, 호세아는 예수님이고 고멜은 창녀다. 하나님은 호세아(예수)에게 창녀 고멜(교회)과 결혼을 하라고 하셨다. 하나님의 긍휼이 그 창녀(교회)에게 임하므로 용서받을 수 없는 고멜이 하나님의 신부가 된 것을 구원이라 한다, 거기에 부어진 것이 긍휼이란 걸 깨달아야 천국백성으로 온전히 진리의 말씀만을 삼아 살아갈 수 있다.

제2부
복음(성자하나님)이란?

구원의 서정

바로 며칠 전, 읍내로 먹거리를 사러 가는 도중에 친 동생같이 느꼈던 사랑하는 이웃형제가 갑자기 사망했다는 부고 소식을 듣고 그 자리서 나의 온 신경이 마비되는 느낌이었다. 그 후로 그의 선한 눈동자가 수시로 아른거려 아무것도 할 수 없었다. 특히 그 형제의 부모님을 생각하자 그가 근래 들어 자주 평생 일만해서 등이 휘어진 엄마를 생각하면 마음이 아프다고 했던 말이 생각나 더욱 가슴을 미어지게 했다.

그 무엇보다 가장 가슴 아팠던 것은 그를 온전히 전도하지 못했던 나의 게으름에 대한 죄책감 때문에 괴로웠고, 언젠가 하나님을 믿겠지 하는 나의 안일했던 생각의 나태함 때문에 더욱 힘들었다. 그러한 괴롭고 힘든 생각에서 벗어나기 위해 그야말로 몸을 혹사시키는 일로 대신했지만 그럴수록 나의 마음은 더욱 더 죄책감에 사로잡혀 새벽이면 습관처럼 하는 글 쓰는 일조차 할 수 없었다. 그러다가 주님이 날 때부터 소경된 자를 고치시는 장면에서 많은 위로를 받게 되었고 그 형제를 인도하지 못한 죄의

식에서 조금 벗어날 수 있었다.

> 예수께서 저희가 그 사람을 쫓아냈다 하는 말을 들으셨더니 그를 만나서 가라사대 네가 인자를 믿느냐. 대답하여 가로되 주여 그가 누구이시오니이까 내가 믿고자 하나이다. 예수께서 가라사대 네가 그를 보았거니와 지금 너와 말하는 자가 그이니라. 가로되 주여 내가 믿나이다 하고 절하는지라.(요9;35-36)

그동안 그렇게 교회에 나오라고 해도 나오지 않겠다고 심하게 손사래를 쳤던 그가 웬일인지 죽기 바로 며칠 전, 먼저 예수 그리스도에 관해 넌지시 물었다.

"예수와 그리스도는 뭔가요?"

의외의 질문이라 반가운 마음에,

"예수와 그리스도가 따로따로가 아니고, 그분이 바로 하나님이셔."

라고 얘기해 주었다. 그리스도란 의미는 메시아 곧 인간을 구원한다는 뜻으로 이 땅에 죄인이었던 인간들을 사망에서 영생으로 구원하기 위해 '예수'라는 이름을 갖고 육체로 오신 하나님이라고 설명해 주었다. 그러면서 지금 세계적으로 퍼지고 있는 염병인 코로나가 바로 하나님께서 교회들을 향한 심판의 전조현상이라고 설명해 주었더니 뜬금없이,

"하나님이라면 공평해야 하는 것 아닌가요?"

순간 그 형제의 눈빛에서 뭔가를 갈망하는 마음을 발견했다.

"천만에. 하나님은 공평하신 분이 아니라 하나님이야말로 당신 자식만 철저하게 편애하시는 분이야."

그러면서 그가 좀 더 알아듣기 쉽게,

"성경에는 두 부류가 있어. 하나는 창세전부터 하나님으로부터

택함 받은 하늘 백성과 거기서 유기된 자들이야."

하나님의 백성들은 어떤 경로를 통해서든 하나님을 믿게 되어 있지만 유기된 자들은 아무리 전도해도 입으로만 하나님을 믿지 실상은 믿지 않는다고 덧붙여 설명해 주었다. 그랬더니 그의 입에서 의외의 신앙고백이 나왔다.

"나는 하나님을 믿어요."

그때 그 형제의 눈빛에서 선한 영(빛)을 발견했다. 그래서 조만간 교회에 나오겠구나 생각했는데 갑자기 그의 부고 소식을 듣게 되자 더욱 괴로운 심정이었다. 그들 좀 더 적극적으로 전도하지 못한 미안함과 죄책감에 짓눌려 아무것도 할 수 없었던 차에 문득 요한복음 9장의 말씀을 통해 구원의 서정을 깨닫게 되었다. 그러고 나자 마음이 한결 가벼워졌다.

우리는 날 때부터 소경된 자를 고치시는 주님의 이야기를 단순한 질병 치유나 기적의 측면에서 이해하면 안된다. 이는 소경인 죄인들에게 빛을 비추어 그들의 눈을 뜨게 하시는 하나님의 은혜의 구속사다.

소경의 눈을 뜨게 하는 빛의 이야기는 창세기 1장의 빛에서부터 이어진다. 창세기 1장은 빛과 어두움의 구분을 시작으로 하나님 백성과 어둠의 자식들을 구분하는 하나님의 계획이 시작되는 시점이다. 따라서 3절의 '하나님이 가라사대 빛이 있으라 하시매 빛이 있었고'의 빛과 16절의 '하나님이 두 광명을 만드사 큰 광명으로 낮을 주관하게 하시고 작은 광명으로 밤을 주관하게 하시며 또 별들을 만드시고'의 여기에서 나오는 큰 광명(태양)이란 발광체는, 3절에 나오는 빛과는 다른 빛이다.

그러므로 창세기 1장 3절의 빛은 우리 눈에 보이는 가시적인 빛을 말하는 것이 아니라 빛으로 상징되는 창조의 하나님의 사역을 말하는 거다. 그 빛을 시작으로 흑암에 빛이 생기고 혼돈의 세상에 틀이 세워졌으며 공허뿐인 곳에 하나님의 말씀으로 충만하게 채워진 것이 이 땅에 말씀으로 오신 예수 그리스도라는 빛이다. 그 빛을 요한복음 1장 서두에서 이렇게 밝히고 있다.

> 태초에 말씀이 계시니라 이 말씀이 하나님과 함께 계셨으니 이 말씀은 곧 하나님이시니라. 그가 태초에 하나님과 함께 계셨고. 만물이 그로 말미암아 지은바 되었으니 지은 것이 하나도 그가 없이는 된 것이 없느니라. 그 안에 생명이 있었으니 이 생명은 사람들의 빛이라. 빛이 어두움에 비취되 어두움이 깨닫지 못하더라(요1;1-5)

모든 만물을 창조하시고 생명을 주시는 빛, 바로 그 창조의 하나님이신 예수 그리스도가 죄로 인해 혼돈과 공허와 흑암의 상태인 날 때부터 소경된 자에게 찾아오셔서 그를 생명과 광명으로 새롭게 창조해 내시는 구원의 사건이 바로 요한복음 9장의 내용이다.

흑암 속에 빠져있는 죄인들을 광명으로 인도하시는 참 빛에 대한 새 창조의 예언은 이사야서에 구체적으로 기록되어 있다.

> 흑암에 행하던 백성이 큰 빛을 보고 사망의 그늘진 땅에 거하던 자에게 빛이 비취도다. 이는 한 아기가 우리에게 났고 한 아들을 우리에게 주신 바 되었는데 그 어깨에는 정사를 메었고 그 이름은 기묘자라, 모사라 전능하신 하나님이라 영존하시는 아버지라 평강의 왕이라 할 것임이라. 그 정사와 평강의 더함이 무궁하며 또 다윗의 위에 앉아서 그 날을 굳게 세우고 자금 이후 영원토록 공평과 정의로 그것을 보존하실 것이라 만군의 여호와의 열심이 이를 이루시리라(사9;2.6-7)

이와 같이 흑암과 사망에 갇힌 백성들을 건져 내시는 참 빛의 정체가 바로 전능하신 하나님이신 예수 그리스도이심을 알 수 있다. 그 빛의 이야기가 소경의 이야기에서 조금 더 구체적으로 보여 지고 있고 십자가로 이어진다.

그런데 그 흑암 속에 죽어가는 이들의 광명으로의 초대는, 인간들의 공로나 자격을 근거로 이루어지는 것이 아니라, 오직 주님의 열심으로만 완성된다.

하나님께서 우리에게 우리의 구원을 맡겨 놓으셨다면 우리 중 누가 우리 실력으로 구원에 이를 수 있겠는가? 하루에도 수십 번 하나님을 배반하고 흔들리는 것이 우리의 실체이다. 따라서 구원은 하나님이 시작하셔서 하나님이 완성하신다.

예수께서 길 가실 때에 날 때부터 소경된 사람을 보신지라(요9;1)

이와 같이 소경이 먼저 주님을 본 것이 아니라 주님이 먼저 소경을 보셨다. 여기서 '보다'란 어구는 주님이 우연하게 지나가다가 불쌍한 소경을 발견하신 것이 아니라 이미 그가 어떤 사람인지 알고 계셨으며 알고 있는 그를 찾아가신 거다. 소경은 주님이 오신지도 몰랐고, 주님의 이름을 부르지도 않았다. 또한 주님이 누구인지도, 어떤 능력을 가진 분인지도 몰랐다. 그러기에 그는 주님께 눈을 떠 달라는 부탁도 할 수 없었다.

그게 바로 구원받기 전의 우리의 상태인 거다. 그래서 성경에서 소경을 죄인들을 총칭하는 단어로 자주 썼다. 따라서 주님의 치유 사건 중에 유독 소경이 고침을 받는 사건이 많이 기록되어 있다.

그것은 소경의 상태를 영적으로 어두워 있는 죄인들의 상태를 강조하므로 주님께서 그러한 영적 어두움에 있는 죄인들에게 찾아오셔서 그들을 광명한 빛으로 인도해 내시는 분임을 설명한 거다. 우리는 혼돈과 공허와 어두움 속에서 갈길 몰라 헤매며 살고 있는 무력한 존재다. 그래서 성경은 어머니 태속에서부터 죄인이었던 자들을 구원하기 위해 마른 뼈와 같은 죄인들의 대표로 날 때부터 소경된 자를 주님이 찾아오시는 것으로 시작하여 소경을 치유하심으로 빛의 실체를 깨닫게 하여 주신 거다.

구원은 인간 측에서의 열심과 자각에서 기인한 것이 아니라 하나님의 열심과 하나님의 주권에서 기인한 것임을 상징적으로 알리기 위해 소경을 등장시켰다. 우리는 소경의 이야기를 통해 구원의 시작과 끝, 즉 구원의 서정을 올바로 이해해야 한다.

> 예수께서 저희가 그 사람을 쫓아냈다 하는 말을 들으셨더니 그를 만나서 가라사대 네가 인자를 믿느냐. 대답하여 가로되 주여 그가 누구이오니이까 내가 믿고자 하나이다(요9;35-36)

날 때부터 눈이 멀어있던 소경이 눈을 떴다. 즉 죄인의 대표로 선 그가 부르심을 입었다. 구원의 서정에서 볼 때 부르심은 시작에 불과하지만 그때 우리는 이미 구원이 완성된 상태로 여김을 받는다. 왜냐하면 하나님의 부르심은 실수나 실패 없이 그 부르신 자를 하나님 나라에 반드시 세우시고야 마는 능력이 있는 분이기 때문이다. 그래서 부르심을 입은 상태가 바로 구원의 시작이고, 또한 시작 자체가 곧 완성을 의미한다. 소경은 주님에 의해 눈을 뜨게 되었지만 예수가 누구인지 몰랐다. 그래서 누군가가 자기 눈을 뜨게 해주어서 감사해야겠는데 자기 눈을 뜨게 해 줄 때 그는 여전히 소경이었기 때문에 그가 누구인지를 몰랐다.

그런데 그 소경이 눈을 뜬 후에 유대인들로부터 배척을 당해 쫓겨나게 되자, 그 소식을 들은 주님께서 그들 만났다. 그때 주님께서 '네가 나를 믿느냐?'고 물었을 때. 눈뜬 소경이 '내가 믿고자 합니다'라고 말했다.

여기에서 보면 '믿습니다'도 아니고 '믿겠습니다'도 아닌 '믿고자 합니다'이다. 이는 그가 그 눈을 뜨게 해준 분을 믿고 싶은데 그가 누구인지를 모르기 때문에 그렇게 말한 거다.

지금 눈을 뜬 소경 앞에 주님이 서 계시는데 그 주님을 알아보지 못하고, 주님을 보고 '그가 누구입니까?'라고 물었다. 우리는 죄와 허물로 죽었던 상태에서 우리를 살려주신 분이 누구시며 어떤 일을 통해 우리가 살아나게 되었는지를 전혀 알지 못한 채 살아나는 것이 구원이다. 우리가 먼저 예수를 알고 예수를 믿어서 구원받는 것이 아니다. 눈을 뜬 소경이 '내가 그를 믿고 싶은데 그가 누구입니까?' 하고 물은 것처럼 구원받은 성도는 구원받은 이후에야 즉 눈을 뜬 후에야 예수에 대해 배우고 인식하고 이해하고 깨닫게 된다. 그리고는 결국 소경처럼 마지막에 '내가 믿습니다.'라는 온전한 신앙고백을 함으로 하나님 나라의 백성으로 완성되어 간다.

이렇게 구원은 가르쳐서 되는 것이 아니라 주님께서 찾아오실 때 그분을 믿고 싶다는 마음의 발동과 함께 하나님을 좀 더 깊이 알고 싶어 교회를 찾게 된다.

그러므로 사랑하는 형제의 죽음으로 인해 괴로웠던 심정에서 소경의 이야기를 통해 많은 안위가 되었다. 그 형제만 생각하면 나도 모르게 마음 아파하는 것을 보신 하나님께서 말씀을 통해 위로해 주고 계심을 느낄 수 있었다. 왜냐하면 이미 그 형제의 눈빛에서 하나님을 알고자 하는 갈망을 느꼈기에 소경의 이야기를 통해 그의 구원을 어느 정도 인지했기 때문이다.

하나님께서 그들 데려가실 때가 되자 그의 심령 안에 급하게 찾아오셨다는 생각이 들었고, 그래서 그가 갑자기 예수 그리스도가 궁금해졌던 이유도 알게 되었다. '나는 하나님을 믿어요' 그는 예수 그리스도에 대한 지식은 별로 없지만 이 한마디 신앙고백으로 인해 구원을 받았다는 확신이 들었다. 교회를 오래 다녔다고, 그리고 성경지식이 많다고 구원을 받게 되는 것이 아니라 창세전에 하나님께 택함 받은 자들은 하나님이 찾아오시는 그 찰나의 순간에 하나님을 깨닫게 되는 거다.

하나님은 그 심중을 헤아리는 분이지 인간들의 행위에 감동받는 분이 아니다. 만약 인간들이 스스로 노력해서 구원을 받는다고 한다면 주님께서 십자가에서 죽으실 필요가 없다. 천년, 만년 이 땅에 사시면서 인간들을 교육하고 가르치시다가 그래도 말을 듣지 않으면 이적과 기사로 믿게 하면 되는데 왜 십자가에서 그 짧은 생애를 마감 하셨겠는가?

정작 예수님의 공생애 동안 복음을 전파하신 기간은 3년 반 남짓이다. 십자가를 통과하지 않고는 구원에 이를 수 없기에 이 땅에 육신의 옷을 입고 죽으심으로 우리 심령에 다시 오실 것을 작정하고 오신 분이다. 그러므로 성경 전체는 하나님이신 예수 그리스도에 대한 기록밖에 없다. 이 기록의 말씀이 곧 성경(성령)이고 이 성령이 찾아오실 때 찰나의 순간에 깨닫게 되는 것이 구원이다.

예수를 믿는다는 사람들이

어떤 노인이 죽음 이후의 세계를 생각하다가 두려움을 느끼게 되었다. 그런데 어느 날 길을 가고 있는데 어떤 사람이 전도지를 나눠주며,

"예수를 믿으세요. 그러면 구원을 얻습니다."

라고 말하면서 전도지를 건네주었다. 그 길로 노인은 근처의 교회로 달려갔다. 마침 그 교회에 장례식이 거행되고 있었다. 노인은 그곳에서 한 젊은이를 붙잡고 물었다.

"젊은이, 예수님은 어떤 사람인가?"

그러자 젊은이가 성가시다는 듯 팔을 휘저으며,

"할아버지, 지금 그런 말 할 때가 아닙니다."

"그래도 예수님이 어떤 사람인지 정말 궁금한데……."

"전 지금 죽은 이로 인해 너무 가슴이 아픕니다."

라며 거들떠보지도 않았다. 노인은 허탈한 심정으로 발길을 돌렸다.

삶에 대해 고민에 빠진 노인에게 이번에는 옆집에 사는 아주머

니가 와서 교회에서 경로잔치를 하니 함께 가자고 해서 따라 나섰다. 맛있는 음식과 어린아이들의 재롱잔치가 있었다. 노인은 예수가 어떤 사람인지 너무나 궁금해 음식을 나르는 그 교회 집사한테 넌지시 물었다.

“예수는 어떤 사람인가요?”

그러자 그 집사는,

“할아버지, 저 지금은 바빠요.”

그래도 간단하게나마 그가 어떤 사람인지 말해달라고 부탁했다.

“나중에 말씀드릴 테니 지금은 음식이나 많이 드세요.”

질문이 귀찮다는 양 건성으로 대답했다.

노인은 또 다시 지난번처럼 허탈한 심정이 되어 집으로 돌아왔다. 그러면서 이런 생각을 했다. 예수는 별로 중요한 사람이 아닌 것 같으니까 그 전도지를 준 사람한테 전화 걸어 예수에 대해 다시 생각해 보라고 충고해야겠다. 그렇게 맘먹고 더 이상 예수를 생각하지 않았다.

오늘날 교회에서 흔히 보게 되는 장면이다. 예수를 믿는다고 예배당을 가득 메우고 있지만 정작 예수께서 이 땅에 왜 오셨는지를 제대로 아는 사람이 드물다. 교인 중에 하나님 나라의 비밀을 올바로 깨닫고 진정으로 하나님을 예배하기 위해 앉아 있는 사람보다 교회에서 제공하는 각종의 행사와 모임에 관심이 더 많다. 그렇지 않으면 그저 자기의 소원이나 문제 해결을 목사한테 받기 위해 앉아있는 사람들이 대부분이다.

그렇기 때문에 주님은 수많은 표적과 이적을 보고 오해를 한 유대인들에게 천국복음이란 이런 것이라는 것을 나타내기 위해 갖가지 병과 귀신들린 자, 그리고 악한 모든 것을 고친 거지, 내가 이 땅의 문제 해결을 위해 온 것이 아니라고 단호하게 말씀하셨다.

> 예수께서 온 갈릴리에 두루 다니사 저희 회당에서 가르치시며 천국 복음을 전파하시며 백성 중에 모든 병과 모든 약한 것을 고치시니. 그의 소문이 온 수리아에 퍼진지라 사람들이 모든 앓는 자 곧 각색 병과 고통에 걸린 자, 귀신 들린 자, 간질하는 자, 중풍병자들을 데려오니 저희를 고치시니라. 갈릴리와 데가볼리와 예루살렘과 유대와 요단 강 건너편에서 허다한 무리가 좇느니라(마4;23-25)

자신들의 육적 필요를 채워주는 엄청난 힘을 소유한 예수님으로 오해하고 여기저기서 구름처럼 몰려든 사람들을 보고 그들의 엉뚱한 기대에 산상수훈의 말씀으로 찬물을 끼얹었다. 당시의 유대인들은 자기들의 율법적 행위가 하나님 나라에 큰 영향을 미친다고 여겼다. 그러므로 예수께 나아온 허다한 무리들은 메시야가 이 세상의 풍요를 안겨줄 다윗 왕으로 천국의 의미를 오해하고 있었다. 그래서 제자들만 데리고 산으로 올라가 하나님 나라가 이런 것이라는 것을 설파하셨다.

따라서 예수께서 귀신들을 쫓아내고 병자들을 고치고 약한 자들의 무릎을 일으켜 세우는 기적 같은 일을 행하셨을 때, 사람들은 그러한 기적들의 진정한 의미를 깨닫지 못했다. 그래서 그러한 그들의 그릇된 천국 관과 메시야 관을 바로 잡아 주기 위해 주신 말씀이 바로 산상수훈이다.

산상수훈은 구약의 4000천년의 역사 동안 선지자들을 통해 하나님 나라에 대한 언약의 약속인 구약의 산을 부수고 새로운 신약의 산이 이런 것이란 것을 설명한 거다.

구약에서 밝히는 이스라엘의 율법 자체가 바리새인으로 대표하는 애굽(세상)이다. 그러기 때문에 이스라엘을 애굽(세상)으로 규정해 버리고 그곳에 사는 모든 자들은 다 죽어야 할 자들로 간주해 버렸다. 그래서 예수가 태어나자 두 살 미만의 어린 아이들을 죽이는 것으로 이를 나타내었다. 이는 나면서부터 죽어야 할 자로 분류가 되는 것을 마태는 그걸 라헬이 그 자식을 위하여 애곡하는 것이라고 표현했다.

> 헤롯이 죽기까지 거기 있었으니 이는 주께서 선지자로 말씀하신 바 애굽에서 내 아들을 불렀다 함을 이루려 하심이니라. 이에 헤롯이 박사들에게 속은 줄을 알고 심히 노하여 사람을 보내어 베들레헴과 그 모든 지경 안에 있는 사내아이를 박사들에게 자세히 알아본 그 때를 표준하여 두 살부터 그 아래로 다 죽이니. 이에 선지자 예레미야로 말씀하신 바. 라마에서 슬퍼하며 크게 통곡하는 소리가 들리니 라헬이 그 자식을 위하여 애곡하는 것이라 그가 자식이 없으므로 위로 받기를 거절하였도다 함이 이루어졌느니라.(마2;15-18)

아이들이 어떤 선한 일이나 악한 일을 하기도 전에 죽어야 할 자로 분류가 된 그 속에는 애굽에 있는 자들은 다 죽어야 한다는 뜻이 담겨있다.

예레미야의 예언은 북 이스라엘과 남 유대의 멸망과 관계가 있다. '라마'라는 곳은 남 유대가 바벨론 포로로 끌려갈 때 집결된 곳으로 베냐민 지파의 성읍이었다.(수18;25) 그리고 라마는 라헬의 무덤이 있는 셀사 부근이다(삼상10;2) 예레미야 선지자는 이것을 잘 알고 있었기 때문에 바벨론으로 끌려가는 유다 백성들을 바라보면서 마치 라헬이 그 무덤 속에서 자기 자식들이 끌려가는 것을 보고 통곡을 하는 것으로 묘사했다.

북 이스라엘은 라헬의 큰 아들 요셉의 장자 에브라임으로 대표되었던 나라고 남 유대는 라헬의 둘째 아들인 베냐민 지파가 속한 나라였다. 그래서 라헬을 이스라엘의 어미라 불렀다. 그러니까 라헬의 두 아들은 육적 이스라엘 전체를 가리킨다. 육이 죽어야 다시 살기 때문에 그 두 아들을 다 죽였다. 그게 북 이스라엘과 남 유대의 멸망이다.

그러한 북 이스라엘과 남 유대의 멸망을 마태는 두 살 미만의 아이들이 모두 죽는 것으로 묘사했다. 그래서 예수가 오셨음을 천명했다. 한 아기가 와서 죽음에 던져져야 할 하나님의 아이들을 선택하여 살려내는 그것이 구원이다. 라헬이 그 자식을 위하여 애곡을 하는데 위로 받기를 거절했다. 자식을 잃은 부모에게 그 어떤 위로의 말보다 진정으로 위로가 되는 것은 자식이 다시 살아오는 것밖에 없다. 그래서 그 일을 하시기 위해 예수가 오셨음을 마태가 이와 같이 설명한 거다.

즉 예수는 죽어야 할 죄인들을 '죄'에서 구원하기 위해 오신 것이지 이 죄악된 세상에서 그들의 일상을 풍요롭게 해주기 위해 오신 분이 아니다. 그런데도 오늘날 교회 안에서 이 세상 문제 해결에만 교회(하나님)를 이용하고 있으니 얼마나 답답한 노릇인가!

그러기 때문에 마태는 '아들을 낳으리니 이름을 예수라 하라 이는 그가 자기 백성을 저희 죄에서 구원할 자이심이라(마1;21)' 마태는 이렇게 예수님은 모든 백성이 아닌 자기 백성을 '죄'에서 구원하기 위해 오신 분이라고 표현했다.

예수님은 애굽에서 나오셔서 갈릴리 요단에서 하나님 나라에 대한 선포를 하시기 전에 제일 먼저 세례를 받으셨다. 세례는 애굽(육적)의 이스라엘이 죽고 가나안(영적)의 이스라엘이 새롭게 창조되는 구원의 예표임을 인지시키기 위해 예수께서 물에 들어갔다가 다시 나오는 의식을 행하셨다. 그리고 광야로 나가서 40일간 시험을 받으셨다. 그 시험을 이기신 예수께서 열 두 제자를 모으셨는데 그 열두 제자가 하나님 백성들 모두를 대표하는 영적 이스라엘의 상징이다. 그렇게 모인 열두 제자를 데리고 천국이 이런 것이라는 것을 설명하기 위해 산으로 데리고 가서 설파하신 것이 바로 산상수훈이다.

어린양의 피의 공로로 살아난 육적 이스라엘이 출애굽하여 홍해를 건너는 사건이 세례다. 홍해에서 애굽 군대가 다 빠져 죽는 장면이 바로 육적 자아의 죽음을 상징한 거다.

하나님께서 굳이 이스라엘을 홍해로 몰고 가신 것은 이스라엘 속에 있는 애굽(육신의 생각)을 죽여 버리기 위함이다. 그리고 40년 광야를 살게 하셨다. 이스라엘은 그 광야에서 죽어야 할 자로 폭로가 되고 결국 1세대가 모두 죽었다. 그렇게 육적 이스라엘 1세대가 다 죽고 새로운 영적 이스라엘 2세대가 열두 지파로 여호수아(예수)를 앞세우고 약속의 땅인 가나안(영적 이스라엘)으로 들어갔다. 이 과정을 마태가 그대로 재현하고 있다.

따라서 출애굽 한 이스라엘이 광야 여정 중 율법을 받게 되는 구약의 시내산에서 어떻게 영적 이스라엘로 회복되어가고 있는가를 자세히 설명한 것이 산상수훈이다. 또한 시내산에서의 하나님의 언약의 공포가 신약에서 새로운 하늘의 법으로 공포되었다. 이는 완성된 하나님 나라가 어떠한 방법으로 성취 될 것인지를 암시해 준 것이 바로 변화산이다.

그래서 요한계시록에 나오는 엘리야와 모세로 대표되는 두 증인이 변화산 위에 나타난 거다. 그 모세와 엘리야가 하나님을 만나 하나님의 명령을 받은 곳이 시내산이며 호렙산이다.

> 문득 두 사람이 예수와 함께 말하니 이는 모세와 엘리야라 영광 중에 나타나서 장차 예수께서 예루살렘에서 별세하실 것을 말씀 할새.(눅9;30-31)

모세와 엘리야 그리고 예수께서 예수님의 별세 '엑소더스'에 관해 이야기를 하고 있었다.

이스라엘이 출애굽한지 50일째 되는 날 시내산에 하나님께서 강림을 하셨다. 그리고 모세에게 십계명을 주셨다. 하나님께서 모세에게 말씀하시기를 이스라엘이 하나님의 말씀을 잘 듣고 하나님의 언약을 지켜내면 그들이 하나님의 소유가 되고 제사장 나라가 되며 거룩한 백성이 될 것이라는 약속을 주셨다. 그리고 하나님의 임재가 있는 그 산에 절대 올라오지 못하게 하라고 말씀하셨다. 왜냐하면 아직 이스라엘이 하나님의 언약을 지켜낸 상태가 아니기 때문이다. 그 상태에서 하나님을 보게 되면 누구도 살아남을 수가 없다. 그런데 이스라엘이 이구동성으로 '여호와의 명하신 대로 우리가 다 준행하리이다' 하고 대답했다. 하나님은 그들의 그 대답을 놓치지 않으셨다. 하나님께서 당신의 법을 그들에게 내려 주신 후 제물의 피로 언약을 하셨다.

> 모세가 피를 취하여 반은 여러 양푼에 담고 반은 단에 뿌리고 언약서를 가져 백성에게 낭독하여 들리매 그들이 가로되 여호와의 모든 말씀을 우리가 준행하리이다 모세가 그 피를 취하여 백성에게 뿌려 가로되 이는 여호와께서 이 모든 말씀에 대하여 너희와 세우신 언약의 피니라.(출24;5-8)

하나님께서 모세를 시켜 백성들에게 피를 뿌리게 하신 것은 그 약속을 안 지키면 다 죽여 버리겠다는 경고였다. 그런데 이스라엘이 모세가 하나님으로부터 하나님의 법을 받는 그 순간에 벌써 금송아지를 만들어 놓고 여호와의 이름을 욕되게 하고 있었다. 하나님은 약속을 지키시는 분이다. 하나님은 모세를 시켜 3000명을 도륙케 하셨다.

그러나 모세가 '이제 그들의 죄를 사하시옵소서 그렇지 않사오면 원컨대 주의 거룩하신 책에서 내 이름을 지워버려 주옵소서(출32;32)' 이와 같은 중보로 인해 하나님께서 당신의 진노를 거두시고 두 번째 돌 판을 주셨다. 그 돌 판이 성전의 법궤 안에 들어갔다. 그걸 덮고 있는 뚜껑 위로 제물의 피가 부어지므로 그 피에 의해 죄가 용서를 받게 된 거다.

옛 성전인 율법은 율법에 의해 정죄된 자들의 속죄 방법으로 율법과 제사를 함께 주셨을 때는, 지켜야 할 법과 어차피 지키지 못해 죽을 자들의 구원 방법을 동시에 주신 것을 의미한다. 그런데 그러한 성전의 의미를 잊어버리고 허탄한 맹세를 하고 있었던 것이 구약의 이스라엘이었다. 예수님이 오셨을 때 우리는 특별한 선민으로 다 지킬 수 있다고 한 것이 유대인들이었다. 이게 바로 선악과를 따먹고 하나님처럼 된 이스라엘의 죄악상이다.

따라서 오늘날 구약에서 율법에 의해 죽었어야 할 우리가 신약에서 예수님의 중보로 다시 살아나게 된 자기 부인의 고백을 해야 한다. 이 역사는 구약이 부인되고 깨지는 곳이다. 그래서 미가서 4장 1-4절 한 산이 부수어지고 다른 산이 새롭게 서는 장면이 묘사되었고, 똑같은 내용을 이사야 선지자도 예언했다.

> 말일에 여호와의 전의 산이 모든 산꼭대기에 굳게 설 것이요 모든 작은 산 위에 뛰어나리니 만방이 그리로 모여들 것이라. 많은 백성이 가며 이르기를 오라 우리가 여호와의 산에 오르며 야곱의 하나님의 전에 이르자 그가 그 도로 우리에게 가르치실 것이라 우리가 그 길로 행하리라하리니 이는 율법이 시온에서부터 나올 것이요 여호와의 말씀이 예루살렘에서부터 나올 것임이니라. 그가 열방 사이에 판단하시며 많은 백성을 판결하시리니 무리가 그 칼을 쳐서 보습을 만들고 그 창을 쳐서 낫을 만들 것이며 이 나라와 저 나라가

다시는 칼을 들고 서로 치지 아니하며 다시는 전쟁을 연습지 아니하리라.(사4;2-4)

여호와의 전과 여호와의 산이 다른 산들의 꼭대기에 선다고 했다. 그리고 이스라엘도 아닌 많은 이방이 그 산, 즉 성전에 올라가서 하나님이 직접 주시는 도(말씀)를 받아 그 길로 행하게 된다는 거다. 그 말일의 산, 말일의 성전에서는 사람들을 모아 그들에게 도(하나님의 말씀)를 가르치고 그리스도의 도를 전한다는 거다.

이는 바벨(세상)탑이라는 옛 성전을 부수고 그 자리에 거룩한 성 예루살렘을 지으시는 하나님의 구속 사역이다. 다니엘서의 예언대로 느부갓네살(대형교회)의 금(거짓교리) 신상이 다른 산에서 뜨인 돌(예수 그리스도의 말씀)에 의해 부수어지는 현상이다.

바로 이 율법의 산이 무너진 곳에 새로 선 영적 이스라엘인 새 성전인 교회가 모든 산 위에 우뚝 솟아 만방에서 모여들 것이라 했다. 새로운 산에서 전해지는 새로운 하늘의 법과 구약(야곱)의 하나님의 언약 사이에는 주님의 십자가가 서 있다. 예수님의 중보에 의해 성취된 새 언약은 어린양 예수의 피로인해 은혜의 산이 된 거다. 시내산인 그 율법의 산은 모세도 들어가지 못하던 산이었으나 하나님의 은혜가 부어져서 많은 이방인들까지도 들어갈 수 있는 산이 바로 신약의 시온(예수 그리스도) 산이다.

그러므로 시온 산은, '심령이 가난한 자는 복이 있나니 천국이 저희 것임이요(마5;2)', '나더라 주여 주여 하는 자마다 천국에 다 들어갈 것이 아니요 다만 하늘에 계신 내 아버지의 뜻대로 행하는 자라야 들어가리라(마5;21)' 이와 같이 이러한 자들만 들어갈 수 있는 산(천국)이다. 아버지의 뜻은. '내 아버지의 뜻은 아들을 보고 믿는 자마다 영생을 얻는 이것이니 마지막 날에 내가 이를 다시 살리리라(요6;40)' 바로 예수 그리스도를 주로 믿고 영생을 얻는 일이다.

따라서 아버지의 뜻대로 행하는 자가 아닌, 인간들의 선악 구조인 율법으로 행하는 자들은 절대 들어가지 못하는 산임을 깨달아야 한다.

마음 밭에 뿌려진 씨앗은

친구로 지내는 두 사람이 있었다. 두 사람은 몹시 사이가 나빠져서 1년 동안이나 서로 상종하지 않았다. 그러다가 그 중 한 사람이 설교를 듣는 중 깊이 뉘우친 바가 있어서 화해의 노력을 시작했다. 그는 화해의 편지를 다섯 통이나 보냈으나 그에 대한 화답이 없었다.

어느 추운 겨울날 이 친구는 그 사람을 방문하여 눈보라 속에서서 대문을 두드렸다. 그때 얼음장 같았던 친구의 가슴이 녹아지는데 10분도 걸리지 않았다.

하나님의 마음이 바로 이 친구와 같지 않을까? 그래서 구약의 4000년 역사 내내 구약의 선지자들을 통하여 하나님께서 수없이 언약의 편지를 보내셨지만 인간들은 하나님의 마음조차 헤아리지 못하고 답장은커녕 계속 하지 말라는 것만 골라서 행했다. 그리하여 하나님의 말귀(말씀)조차 알아듣지 못한 죄인들인 우리들을 위해 아주 초라한 모습으로 직접 말씀으로 전하기 위해 우리 곁에 오신 그분이 바로 하나님이신 예수 그리스도시다.

그분이 이 땅에 말씀으로 오셔서 우리의 심령에 한 알의 작은 밀알이 되어 마음 밭에 씨를 뿌리고 눈과 귀를 열어놓으셨다. 그러면서 당신의 택한 백성들만이 옥토에 뿌려진 씨기에 수십 배의 열매를 맺는다고 하셨다. 따라서 창세전에 약속된 그 거룩한 씨가 은혜로 우리 마음 밭에 심겨져야 한다. 그러기 전에는 이 세상 어느 누구도 모두 돌밭이요, 길가요, 가시떨기일 수밖에 없다. 구약에서 가시떨기와 돌밭은 항상 하나님의 저주의 상태를 가리키던 것들이었다.

> 아담에게 이르시되 네가 네 아내의 말을 듣고 내가 너더러 먹지 말라 한 나무 실과를 먹었은즉 땅은 너로 인하여 저주를 받고 너는 종신토록 수고하여야 그 소산을 먹으리라. 땅이 네게 가시덤불과 엉겅퀴를 낼 것이라(창3;17-18)

아담이 타락하자 하나님의 저주가 내리는데 그 저주의 산물이 가시덤불과 엉겅퀴다. 따라서 땅이 저주받은 이후로 이 세상이 내어 놓는 모든 소산, 과학, 문명, 번영, 재화 등은 모두 가시덤불과 엉겅퀴에 불과한 거다. 이 세상 모든 힘은 하나님의 저주의 산물이기 때문이다. 하나님께서 분명하게 땅은 가시덤불과 엉겅퀴밖에 낼 수 없다고 말씀하셨다.

그런데 세상은 마치 거지 동냥에 불과한 이 세상 금과 은이 인생 최고의 목표인줄 알고 하염없이 동냥 그릇만 바라보고 있던 성전 미문에 앉은 앉은뱅이처럼, 가시덤불과 엉겅퀴에 불과한 이 세상의 힘을 달라고 극성들이다. 그러한 힘에 대한 갈망은 뽑아 버려야 할 것인 가시덤불이지 우리가 밭에 채워야 할 것들이 아니다. 성경이 그 가시덤불과 엉겅퀴를 질려와 형극이라고 했다.

그 날에는 천 주에 은 일천 개의 가치 되는 포도나무 있던 곳마다 질려와 형극이 날 것이라. 온 땅에 질려와 형극이 있으므로 살과 활을 가지고 그리로 갈 것이요. 보습으로 갈던 산에도 질려와 형극 까닭에 두려워서 그리로 가지 못할 것이요 그 땅은 소를 놓으며 양의 밟는 것이 되리라(사7;23-25)

가시떨기와 황량한 돌로 가득 찬 바로 이 상태가 저주받은 인간의 땅의 모습이다. 그들에게 생명의 씨가 은혜로 심겨지는 거다. 그래야 그 속에서 육적 자아가 죽고 새로운 영적생명이 돋아난다. 거기에는 죄를 용납할 수 없는 하나님의 공의가, 즉 가시덤불과 돌밭이 예수의 십자가 죽음으로 인해 죽으므로 그 밭이 옥토로 변하게 되는 거다. 그 현실을 요한복음에서 이렇게 설명했다.

예수께서 대답하여 가라사대 인자의 영광을 얻을 때가 왔도다. 내가 진실로 진실로 너희에게 이르노니 한 알의 밀이 땅에 떨어져 죽지 아니하면 한 알 그대로 있고 죽으면 많은 열매를 맺느니라. (요12;23-24)

밭이 옥토가 되어서 열매를 맺는 게 아니라 한 알의 씨가 땅에 떨어져 죽어야 삼십 배, 육십 배, 백 배의 열매를 맺는다는 거다. 즉 하나님의 공의가 바로 예수의 죽음으로 채워지게 된다는 뜻이다. 이는 인간들의 그 어떤 노력이나 자격이나 열심이 전혀 기여되지 않는다는 거다.

우리는 그렇게 하나님의 은혜의 씨에 의해 열매 맺는 하나님 백성들이 되는 것이지, 우리 스스로가 우리의 가시덤불과 돌들을 제거해서 하나님 나라 백성들로 지어져 가는 것이 아니라는 것을 강조한 거다.

예수님은 당신의 육적 어머니, 육적 형제들을 부정하심으로 하나님 나라 백성들의 조건과 자격을 단호하게 규정하고 계셨다. 혈통이나, 업적이나, 열심이나, 노력이나, 재산이나, 지위나, 도덕적 성취나, 학식 등의 그 어떤 것도 하나님 백성 됨에 직접적인 도움이 안된다는 거다.

그래서 그러한 복음의 현실을 사도바울이 호세아서와 이사야서를 동시에 인용하여 이렇게 설명했다.

> 호세아 글에도 이르기를 내가 내 백성 아닌 자를 내 백성이라, 사랑치 아니한 자를 사랑한 자라 부르리라. 너희는 내 백성이 아니라 한 그 곳에서 저희가 살아 계신 하나님의 아들이라 부름을 얻으리라 함과 같으니라. 또 이사야가 이스라엘에 관하여 외치되 이스라엘 뭇 자손의 수가 비록 바다의 모래 같을지라도 남은 자만 구원을 얻으리니. 주께서 땅 위에서 그 말씀을 이루사 필하시고 끝내시리라 하셨느니라. 또한 이사야가 미리 말한바 만일 만군의 주께서 우리에게 씨를 남겨 두시지 아니 하셨더면 우리가 소돔과 같이 되고 고모라와 같았으리로다 함과 같으니라(롬9;25-29)

그랬기 때문에 주님을 좇겠다고 수많은 무리들이 모였지만 그 중 남은 자들에게만 복음이 비밀로 전해진다는 거다. 그 나머지는 전부 길가 밭이요, 돌밭이요, 가시떨기일 뿐이다. 그 일을 전하기 위해 하나님께서 말씀으로 직접 내려오신 거다.

따라서 그 남은 자들은 자신들의 노력이나 열심, 자격, 조건을 근거로 남겨진 자들이 아니라 하나님에 의해 택함을 받은 자들이다. 그들은 원래 구약에서 전부 죽은 흙에 불과했지만, 신약에서 거룩한 씨에 의해 옥토가 되어 하나님의 사랑하는 자로 남겨진 거다. 그러니 이 어찌 은혜라 하지 않을 수 있겠는가?

그러므로 우리는 우리의 인생 전체를 하나님께 맡기고 그 분의 은혜에 늘 감사하며 살아야 한다. 그 감사에서 나오는 성령의 열매가 바로 사랑과 희락과 화평과 온유와 오래 참음과 양선과 충선과 절제 등의 아홉 가지 열매들이다. 그렇지만 세상적인 시각에서 볼 때, 우리의 그러한 모습이 세상 사람들 눈에는 유약하고 능력 없고 보잘것없는 모습으로 보인다. 그러나 그게 바로 구원받은 하나님의 백성으로서의 십자가의 삶이며 진짜 지혜로운 삶이라는 것을 하나님께서는 당신의 교회에게 알려 주고 싶었던 거다.

그래서 지금도 하나님께서는 우리를 위하여 싸우고 계신다. 그러므로 우리는 하나님께서 우리 안에서 어떻게 일을 하시는지 끊임없는 자기부인과 십자가의 삶을 살아가는 과정 속에서 경험해야 한다. 그런 사람이 바로 옥토인 거다. 그리고 그러한 자기부인과 십자가의 삶이 바로 하나님이 기뻐하시는 유일한 열매임을 인식해야 한다.

화평케 된 자들은

비좁은 감방에 두 명의 죄수가 갇혀 있었다. 감방에서는 빛이라고는 전혀 없는 비좁은 골방에 두 명의 죄수가 갇혀 있고, 단지 눈높이에서 석 자 위에 자그마한 창문이 하나 있을 뿐이었다. 그래서 그 안에 죄수들은 작은 창문을 쳐다보며 많은 시간을 보냈다. 그런데 그 중에 한명은 창문을 통해 암담한 현실을 일깨우는 차가운 쇠창살이 눈에 들어왔고, 그로인해 처해진 비참한 현실 때문에 날마다 비관에 젖어 울분으로 분통만 터뜨렸다.

그와는 반대로 다른 한 죄수는 그 창문 너머로 보이는 별을 응시했다. 형기를 마치고 자유의 몸이 되었을 때, 그 별을 보면서 새로운 각오로 새롭게 시작할 희망에의 꿈으로 한껏 부풀어 있었다. 두 사람은 서로 같은 환경과 같은 처지의 죄수로서 창문을 바라보고 있었지만 한 사람은 차가운 쇠창살을 보았고 또 한 사람은 밤하늘에 반짝이는 찬란한 별들을 보았다,

이와 같이 한 사물을 놓고 그 관물을 직시하는 시각의 차이는 엄청나다. 그로인해 그들의 가치관과 세계관 또한 확연하게 달라

진다. 하나님을 향하는 마음도 이와 똑같다. 성경의 관점에서 볼 때 하나님의 백성들은 성경 안에서 은혜와 화평을 찾게 되지만, 그 외의 사람들은 세상의 힘에 의존하는 삶에 비중을 두고 산다. 그러다보니 믿는다고 하는 사람들조차 때에 따라 수시로 바뀌는 처해진 환경 때문에 초조해지고, 불안해지며, 노심초사하는 마음으로 살아간다.

> 화평케 하는 자는 복이 있나니 저희가 하나님의 아들이라 일컬음을 받을 것임이요. 의를 위하여 핍박을 받는 자는 복이 있나니 천국이 저희 것임이라. 나를 인하여 너희를 욕하고 핍박하고 거짓으로 너희를 거스려 모든 악한 말을 할 때에도 너희에게 복이 있나니
> (마5;9-11)

그래서 성경은 분명하게 화평케 하는 자만 복이 있고 하나님의 아들이라 일컬음을 받는다고 했다. 대개의 경우 화평케 한다는 것을, 나의 존재가 타인의 평화로움에 기여를 하는 것 정도로 이해를 한다. 그러나 진정한 화평은 성령을 받은 성도들에게서만 나오는 특별한 반응이며 증상이다.

그래서 미가 선지자가 예수 그리스도가 바로 화평 그 자체라고 했다.

> 베들레헴 에브라다야 너는 유다 족속 중에 작을지라도 이스라엘을 다스릴 자가 네게서 내게로 나올 것이라 그의 근본은 상고에, 태초에니라. 그러므로 임신한 여인이 해산하기까지 그들을 붙여두시겠고 그 후에는 그 형제 남은 자가 이스라엘 자손에게로 돌아오리니. 그가 여호와의 능력과 그 하나님 여호와의 이름의 위엄을 의지하고 서서 그 떼에게 먹여서 그들로 안연히 거하게 할 것이라 이제

그가 창대하여 땅 끝까지 미치리라. 이 사람은 우리의 평강이 될 것이라(미5;2-5)

이와 같이 세상에 평강을 주러 오신 하늘의 왕 예수 그리스도가 바로 화평케 하는 분이므로 예수가 빠진 화평은 있을 수가 없다. 그렇다면 그 화평은 누구와 누구 사이의 화평이겠는가? 예수님의 증보사역으로 화평케 되는 대상은 바로 하나님과 하나님의 백성으로, 주님은 그 둘의 사이를 화평케 하러 이 땅에 오신 분이다.

이와 같이 화평은 하나님과 하나님 백성들 사이에 화평인데 그 화평은 십자가의 피로만 이루어진다. 그러므로 화평케 하는 자는 십자가를 지고 죽는 자를 일컫는 거고, 그 사람만 하나님의 아들이라 일컬음을 받을 수 있다.

예수 그리스도로 인해 하나님과 화평케 된 자들은, 그 화평에 의해 육적 자아가 점차 죽어가므로 화평을 조금씩 체감하게 된다. 그러므로 성도의 화평과 평화는 육적 자아의 죽음으로 나타나게 되는 현상이다.

화평은 하나님이 준비하신 어린양의 피에 의해서만 주어지는데, 인간들은 자기들의 방법과 수단을 동원하여 자신이 원하는 평화를 생산해 내려 하는 그 자체가 바로 죄인 거다. 그래서 인간들의 이러한 패역의 자리에서 하나님께서 이스라엘(교회) 백성에게 화목제가 무엇인가를 가르치기 위해 모세를 선택하셨다. 그게 바로 시내산에서의 십계명 돌 판의 사건이다.

이스라엘은 하나님께서 애굽의 종살이에서 어떻게 출애굽 시켰는지 그리고 어떻게 하여 살아나게 되었는지를 깨닫지 못하고 있었다.

그래서 모세를 통해 가르치고 계시는 중에, 시내산 아래서는 그 사이에 금송아지를 만들어 놓고 축제를 벌이고 있었다. 이스라엘 백성들이 화목제를 드리고 앉아서 먹고 마시며 뛰놀고 있었다. 그런데 무엇을 근거로 먹고 마시며 뛰놀고 있었는가 하면, 자기들이 만들어 낸 신을 가운데 놓고 불안한 마음을 진정시키기 위한 거였다. 그때는 이미 시내 산 위에서 하나님의 임재가 나타나고 있었지만 이스라엘은 하나님을 인식하거나 신뢰하기보다, 모세가 눈앞에 나타나지 않은 불안감에 더 비중을 두었다.

그때 하나님의 진노로 다 죽어야 하는 현장에서 모세가 그 진노를 막아서므로 하나님과의 화목제가 이루어졌다. 그 후 모세가 십계명 돌 판을 가지러 다시 올라가 시내 산에서 새로 쓴 율법(십계명)을 갖고 내려왔다.

그것은 다 죽어야 할 이스라엘 백성이 모세의 중보 요청으로 다시 살아났지만, 율법을 통해 다시 다 죽여 버리시겠다는 하나님의 의도가 숨어 있는 돌 판이었다.

이는 시내산 돌판(십계명)이 깨지므로 다 죽었어야 할 자들이 모세의 중보로 거저 산 것처럼, 예수님의 십자가의 공로로 다시 살아나게 됨을 예표한 거다.

그러기에 이스라엘(교회)과 하나님과의 화평은 우리의 자격이나 조건에 의해 조성된 것이 아니라 그 사이에 중보자 예수의 제물 되심에 의해 성취가 된 것임을 알아야 한다. 이게 바로 평화고 화평이다. 따라서 그러한 화평의 성취를 올바로 이해한 자들만이 하나님 안에서 오직 믿음으로만 즐거워할 수 있다.

1876년 브르클린 침례교회에서 로벗 로우리 목사가 목회 할 때, 남북전쟁이 일어나 뉴욕에 전염병이 만연하고 있었다. 그야말로 참혹한 현상이 곳곳에서 벌어지고 있었는데, 그의 교인 중에서도 상당수가 병상에 극악한 상태로 누워있었다.

어느 날 그러한 환자들을 방문하고 돌아와 지쳐서 잠깐 눈을 감았는데 그때 하늘이 열리고 광채 속에서 주님께서 피 묻은 손바닥을 펴시며 그에게 나타나신 것을 보았다, 그리고 잠이 깨어 감격에 차서 시를 쓰기 시작했다. 그 시가 바로 '예수의 피 밖에 없네' 라는 찬송가다.

이 곡은 필자도 즐겨 부르는 찬송가 중에 하나다. '나의 죄를 씻기는 예수의 피 밖에 없네. 나를 정케 하시는 예수의 피 밖에 없네. 예수의 흘린 피 날 희게 하오니 귀하고 귀하다 예수의 피 밖에 없네.'

이는 내 자아가 예수의 피로 죽어야 희게 되고 그래야 세마포로 갈아입게 되는 믿음의 정체성이 깊이 내포되어 있는 찬송가다. 따라서 우리의 모든 죄와 화평은 오직 예수의 피로만 해결될 수 있음을 찬송을 통해 늘 하나님께 경배 드리고 있다.

무엇보다 인간들이 말하는 화평과 성경에서 말하는 화평은 이와 같이 완연히 다르다. 화평은 우리의 느낌과 감정으로 챙겨 가질 수 있는 것이 아니라, 하나님께서 이미 피의 공로로 이루어 놓으신 완료된 상태의 화평이다.

그러므로 옛사람을 버리고 새사람을 택하는 것도 사실 하나님의 선택에 의해 이루어진 화평이고 평화다. 하나님께서 그런 환경을 조성해 주지 않으면 우리는 절대로 스스로 화평해 질 수가 없다. 모든 것이 하나님의 은혜요 그분의 절대적인 십자가의 섭리에 의해 이루어진 사랑의 발로다.

그러기에 하나님의 백성들은 오직 절대자의 손에서만 움직이게 되어 있을 뿐 아니라 성도의 운명 또한 오로지 그분의 손에 달려 있기 때문에 누구를 만나고 어떤 길로 가든, 그분의 손길에 의해서만 모든 것이 좌우된다,

따라서 성도가 이 땅에서의 가장 큰 경험이라면 자신의 옛 자아가 십자가에 못 박히는 것을 몸소 체험할 때다. 그때 비로소 화

평이 자기 안에 스미는 것을 감지하므로 십자가 복음, 은혜의 복음을 올바로 이해하게 되고 그 복음을 몸으로 살아내면서 입으로 전하게 된다. 그들의 십자가의 삶이야말로 바로 하나님과 화평케 되는 삶으로 세속적인 행복을 추구하는 것과는 별개로 하늘의 화평만을 꿈꾸며 구분지어 살 줄 알게 된다. 그런 자들이 바로 복 있는 자들이다. 그런데 창세전에 복을 받은 이들은 나면서부터 그 복을 가지고 태어나게 되어 있다. 그런데 그 복이 어떤 복이냐 하면 천국, 즉 하나님의 처소가 되는 복이다. 하나님의 처소가 되기 위해서는 육적 자아 안에 들어 있는 옛 자아가 죽어야 할 자아임을 자각해야 한다. 그것이 진심으로 이해되어지는 만큼 그 속에서의 하나님의 자리가 넓어지게 된다. 하나님의 새 언약에 의하면 성도들에게는 새 마음이 주어져 있을 뿐 아니라 성령도 함께 주어졌다. 그 새 마음이라는 것이 우리가 '하나님을 찾아가는 선한 양심(벧전3;21)'이다.

하나님께서 분명하게 말씀하셨다. 어린양의 피의 공로로 출애굽을 한 이스라엘이 약속의 땅인 가나안에 들어가서도 절대로 그 본성이나 본질이 바뀌지 않을 것이라 하셨다. 그들은 하나님의 새 언약을 반드시 어길 것이고, 다른 신을 좇을 것이라 했다.

가나안은 이미 묵시 속에서 완료되어 있는 하나님의 백성들이 이 역사 속에서 묵시를 함께 살아내야 하는 바로 그 모습을 상징하는 영적인 땅이다. 따라서 가나안에서의 이스라엘의 모습은 바로 지금 이 역사 속에서의 우리의 모습이 된다.

그런데 그들이 구원을 받은 하나님의 백성임에도 불구하고 여전히 하나님보다는 이방신을 좇고 새 언약을 어기더라는 거다. 그때 하나님께서 그들의 실체를 폭로시킨 후 재앙과 환난, 즉 핍박으로 그들을 부인시켜 가신다. 그렇게 인간들의 무력함과 불가능함이 폭로되면 성령 받은 하나님의 백성들은 하나님의 '의'만을 붙들게 된다. 그래서 성도의 삶에 내부적 갈등으로서의 핍박은 반드시 있어야 하는 필연적이 된다.

따라서 '나를 인하여 너희를 욕하고 핍박하고 거짓으로 너희를 거스려 모든 악한 말을 할 때에 너희에게 복이 있나니(마5;10-11)' 성경은 분명 '의'가 원인이 되면 결과로 핍박이 온다고 했다. 그러므로 핍박이 왜 성도들에게 닥치게 되는 건지 잘 나타내 주고 있다. 그리고 그 '의'는 '예수 그리스도의 의'여야 한다. 인자 즉 예수 때문에 사람들에게 미움을 당하고 욕을 먹으며 버림을 당하는 자에게는 복이 있다고 했지만, 반면에 모든 사람이 너희를 칭찬하면 화가 있다고 했다. 그러면서 거짓선지자가 칭찬을 받았다고 했다.

도대체 거짓 선지자들이 어떻게 했기에 왜 모든 사람에게 칭찬을 받았는가?

> 그들이 금식할찌라도 내가 그 부르짖음을 듣지 아니하겠고 번제와 소제를 드릴찌라도 내가 그것을 받지 아니할 뿐 아니라 칼과 기근과 염병으로 그들을 멸하리라. 주 여호와여 보시옵소서 선지자들이 그들에게 이르기를 너희가 칼을 보지 아니하겠고 기근은 너희에게 이르지 아니할 것이라 여호와께서 이곳에서 너희에게 확실한 평강을 주시리라 하나이다. 여호와께서 내게 이르시되 선지자들이 내 이름으로 거짓 예언을 하도다 나는 그들을 보내지 아니하였거늘 그들이 거짓 계시와 복술과 허탄한 것과 자기 마음의 속임으로 너희에게 예언하도다. 그러므로 내가 보내지 아니하였어도 내 이름으로 예언하여 이르기를 칼과 기근이 이 땅에 이르지 아니하리라 하는 선지자들에 대하여 나 여호와가 이같이 이르노라 그 선자들은 칼과 기근에 멸망할 것이요(렘14;12-15)

거짓선지자들은 금식과 기도와 번제와 소제만 드리면 하나님께서 평강을 주시고, 즉 지성이면 감천이라는 식의 엉터리 신앙을 가르쳤다는 거다. 아울러 거짓선지자들은 인간들의 행위가 하나님을 감동시킬 수 있고 평강까지도 얻어낼 수 있는 가치가 있는 것이라고 인간들의 자존심을 부추겨 주었다.

그들의 기특하고 선한 행위가 인간들이 원하는 편안하고 안락한 환경을 쟁취하는 조건과 근거가 될 수 있다고 가르치다보니 모든 사람이 칭찬을 하더라는 거다. 인간들이 스스로의 노력으로 자신들에게 의를 주게 되면 그들은 착한 사람, 선한 사람, 의로운 사람 등의 칭호를 받으며 사람들 사이에서 높아지게 된다. 그러나 하나님은 그러한 인간의 의로 높아진 자들을 미워하신다고 하셨다. 따라서 그가 한 선행이 참으로 착하고 고귀하고 아름다운 일일지라도 성령이 주신 마음으로 하는 것이 아니라면 구원과는 거리가 멀다. 그 선한 일로 인해 사람들에게는 존중받는 인물이 될지 몰라도 하나님 앞에서 의로운 일로 카운트는 단 1%도 되지 않는다,

인간은 오직 예수의 의를 의지해야만 가치 있는 존재가 될 수 있고, 그 사람만 하나님 나라에 들어갈 수 있다. 그러니까 착한 일을 많이 해서 나의 가치를 높이고 세상 사람들의 칭찬을 받을 만한 사람이 되려는 노력 이전에, 내가 죄인 중에 괴수라는 것을 먼저 깨닫고 예수의 의만을 꼭 붙들고 살아가야 진정한 화평을 누리는 사람이 된다.

독사에게 물렸지만

아주 깊은 산골에서 농장의 꿈을 키우며 살아가는 젊은 부부가 있었다. 남편은 일주일에 한 번 정도 읍내로 나가 필요한 것들을 사오곤 했다. 그러다가 사야할 물건이 읍내에 없을 경우 큰 도시로 나가 구입하곤 했는데 그때는 거리가 멀어 하룻밤을 묵고 오는 편이다. 그럴 경우 아내는 갓난아기와 어린 딸을 데리고 깊은 산중에서 밤을 지새야함에도 그런 생활에 익숙한 탓인지 별로 무섭거나 두렵지 않았다,

그러던 어느 날, 필요한 물건을 구입하게 위해 멀리 도시로 떠나야 했던 남편이 아무래도 이번에는 사야할 물건이 많아 이틀 정도 더 걸릴 것이라 했다. 남편이 집을 떠난 그날 오전, 아내는 밥을 짓기 위해 불을 지필 장작을 가지러 뒤뜰에 갔다. 장작을 한 아름 끌어안는 순간, 장작더미 속에 똬리를 틀고 있던 독사가 아내의 다리를 물었다. 깜짝 놀란 그녀가 순간적으로 옆에 있는 도끼로 독사를 향해 힘껏 내리 쳤다. 그 자리서 독사는 즉사했지만 그녀는 이미 독사에 물려 있는 상태였다. 이제 곧 얼마 있지 않으

면 온 몸에 독이 퍼져 자신이 죽게 될 것을 알게 된 순간 그녀는 아이들이 걱정되었다.

남편이 돌아오려면 최소 이삼일은 걸릴 텐데 외딴 산중에 도움을 청할 만한 가까운 이웃도 없었다. 그녀는 어떡해서든 남편이 돌아올 때까지 두 아이들이 먹일 음식과 간식 등을 만들어야 했고, 챙겨야 할 것들이 많았다. 그래서 독사에 물렸다는 생각도 잠시, 그 어떤 생각조차 할 겨를 없이 바삐 움직였다.

그녀는 온몸에 독이 더 퍼지기 전에 빨리 아이들의 먹을 빵이나 미숫가루를 만들어야 했고 우유도 적당하게 타서 눈에 잘 띄는 위치에 놓아두어야 했다. 그리고 밥을 짓기 위해 화로에 불을 지폈다. 죽기 전에 어느 정도 준비를 해 놓아야 남편이 돌아올 때까지 어린 딸아이가 갓난아기인 동생을 보살필 수 있기 때문이다. 그렇잖아도 한 여름 뜨거운 날씨가 폭염으로 극성을 부리고 있는데 거기에 화로에 불까지 지피고 있느니 그야말로 앞마당이 온통 뜨겁다 못해 열기로 가득했다. 그럴수록 그녀는 밥이 타지 않도록 불 조정을 해야 했기에 화로 가까이에 앉아 빨리 밥이 익기만을 기다렸다. 어느 정도 밥이 익어 뜸이 들 때쯤에 온몸에서 독이 퍼져나가는 것을 느꼈다. 몸에서는 점점 힘이 빠지고 정신이 가물가물 해지기 시작하자 시야는 더욱 흐려져 갔다. 그래도 그녀는 아이들을 위해 안간힘을 쓰며 정신을 놓지 않으려고 무던히도 애를 썼다. 그녀는 우선 솥에 익은 밥을 밥통에 옮겨 담고 그 솥단지에 물을 가득 채웠다. 물을 따뜻하게 데워야 아이들을 씻길 수 있기에 어린 딸에게 불이 꺼지지 않도록 장작을 하나씩 집어넣으라고 일러주고 이렇게 말했다.

“엄마가 지금 너무 졸리니까 아빠가 올 때까지 동생 잘 보고 있어?”

아직은 죽음이 뭔지 모르는 어린 딸에게 엄마가 오랫동안 잠을 자는 것에 대한 이해부터 시켜야 했다.

"그리고 엄마가 잠을 길게 자면 깨우지 말고 너가 대신 동생 우유 먹여."

딸아이가 알아들을 수 있도록 수차례 반복하여 일러주었다. 그리고 계속해,

"빵이랑 밥은 저기 있으니까 아빠가 올 때까지 너도 먹고 있어."

알았다고 고개를 끄덕이는 딸아이를 방으로 들어 보내고, 그녀는 화재의 위험 때문에 장작불을 점검했다. 불볕더위에 아직 뜨거운 화로의 불기운이 남아 있는 탓인지 아님 독이 온 몸에 퍼져 그런지 그야말로 온 전신에서 땀이 비 오듯 쏟아졌다. 그런데 신기한 것은 땀을 흘리면 흘릴수록 희미해져가던 정신이 더 이상 꺼져가고 있지 않다는 생각이 들었다. 기운은 장작개비 하나들 수 없을 정도로 힘겹고 버거웠는데 정신은 흐릿한 그대로를 유지하고 있었다.

그때 희미한 기억 속에 골고다 언덕에 매달린 예수님이 모습이 눈앞에 아른거렸다. 그 순간, 비 오듯 흘러내린 땀으로 인해 몸 상태가 호전되어간다는 느낌이 들었다. 그녀는 순간적으로 독의 기운을 땀으로 더 많이 배출시켜야겠다는 생각에 계속해 화로에 나무를 지폈다. 그러면서 막연하게나마 자신이 이대로 죽지 않고 다시 살아나게 될지 모른다는 기대감이 들었다. 그러면서 그녀는 희미한 기억 속에 무언가를 곰곰이 생각하는 눈치였다.

그 중에 불현 듯 머릿속에 십자가에 매달린 예수님의 모습이 무엇을 뜻하는 것인지 그것부터 생각했다. 그녀는 결혼 전에 교회를 다녔던 사람이었다. 그러다가 남편을 만나 짧았던 도시 생활을 접고 농장을 하기 위해 산속으로 들어 온지 어느덧 5년 차다. 그러고 보니 그동안 두 아이들을 키우느라 산중생활로 인해

까맣게 잊고 지냈던 지난 미혼시절들이 떠올랐다. 중등부 교사였던 그녀가 열정을 갖고 가르쳤던 아이들의 모습이 생각났고, 곧 이어 성경말씀들이 새록새록 살아나기 시작했다.

그 중에 하나님께서 당신 백성들을 위해 이사야 선지자를 통해 격려사라 할 수 있는 '두려워 말라 내가 너와 함께 함이니라, 놀라지 말라 나는 네 하나님이 됨이니라, 내가 너를 굳세게 하리라, 참으로 너를 도와주리라, 참으로 나의 의로운 오른손으로 너를 붙들리라' 라는 이 말씀이 떠올랐다.

그러자 그녀는 자신도 모르게 하나님께 감사의 기도를 드렸다. 그러면서 한편으로 이 말씀을 떠오르게 하신 것이 어쩌면 내게 위로와 격려와 소망을 주시려고 하신 것이 아닌가? 그런 생각이 들자 갑자기 감사와 찬양이 마음 안에서 물밀 듯 밀려왔다.

아!, 이거였구나. 이러한 깨달음의 축복을 주기 위해 죽음이란 공포의 시간을 지금 허락하신 거구나. 어떻게 보면 죽음의 체험 또한 주님이 먼저 나를 당신의 소유로 삼아 주시기 위한 강렬한 메시지라 생각되었다. 그러기에 극한의 상황 속에서 말씀을 기억하게 하셨고, 그에 앞서 십자가의 피 흘린 모습으로 나타나신 거라 생각되었다.

그 중에 특히 '내가 너를 굳세게 하리라.'의 말씀에서 주님이 시몬 베드로한테 말씀하셨던, '시몬아, 시몬아 보라 사단이 밀 까부르듯 하려고 너희를 청구하였으나 그러나 내가 너를 위하여 네 믿음이 떨어지지 않기를 기도하였노니 너는 돌이켜 후에 네 형제를 굳게 하라(눅22;31-32)' 는 이 말씀과 오버랩 되면서 그녀를 향한 주님의 일갈로 느껴졌다.

그동안 삶에 쫓겨 하나님을 잊고 지냈던 지난 시절에 대한 책망이라기 보단 베드로를 향한 주님의 끝없는 사랑의 기도로 인해 그가 말할 수 없는 시련 앞에서도 복음을 전했던 것처럼 지금도 주님께서 그녀를 향해 기도해 주고 계신다는 생각이 들었다.

우리는 수시로 생활의 곤고함 때문에, 때론 경제적 풍요로 인해, 또는 주변 환경 때문에 사단에 끌려 다니다보니 늘 하나님을 잊고 산다. 그러기에 주님의 부르심과 기도가 아니었다면 베드로처럼 수시로 사단에 이끌려 믿음에서 떨어져 나갈 수밖에 없다. 그랬기 때문에 바울도 '너희도 그들 중에 있어 예수 그리스도의 것으로 부르심을 입은 자니라'(롬1;6) 이렇게 밝혔던 거다,

이렇듯 그녀가 몸소 사랑의 기적을 체험하고 나자, 비로소 하나님의 사랑을 깊이 있게 깨닫기 시작했다.

> 두려워 말라 내가 너와 함께 함이니라 놀라지 말라 나는 네 하나님이 됨이니라 내가 너를 굳세게 하리라 참으로 너를 도와 주리라 참으로 나의 의로운 오른손으로 너를 붙들리라(사41;10)

그래선지 그녀는 '참으로 너를 도와주리라, 참으로 나의 의로운 오른 손으로 너를 붙들리라.'의 이 말씀을 통해 그동안 머릿속으로만 알고 있었던 하나님의 인간 사랑을 온 몸으로 느낄 수 있었다.

> 내가 저희에게 영생을 주노니 영원히 멸망치 아니할 터이요 또 저희를 내 손에서 빼앗을 자가 없느니라. 저희를 주신 내 아버지는 만유보다 크시매 아무도 아버지 손에서 빼앗을 수 없느니라 (요10;28-29)

또한 이 말씀이 되살아나면서 구석구석 그녀의 마음 안에 하나님의 사랑으로 가득 채워지는 것을 몸소 체험했다. 무엇보다 하나님의 인간 사랑의 최절정이라 할 수 있는 것이 바로 십자가다.

내 백성을 살리기 위해 손수 십자가를 지신 그 사랑이 없었다면 우리는 전부 사망으로 떨어졌을 거다. 그렇지만 하나님은 지옥의 영원한 불 못으로 모두 던져져야 할 우리 죄인들을 위해 십자가를 손수 지심으로 흑암에서 하늘의 나라로 옮겨 주셨다.

무엇보다 세상의 힘을 추구하는 유대인들에 의해 주님께서 골고다에서 벌거벗겨져 죽임을 당했다. 순간 예수님을 죽인 유대인들이 바로 그녀 자신이라 생각되었다. 그녀야 말로 먹고 사는 문제로, 혹은 자식의 양육문제로, 또는 남편의 경제 사정 때문에 수시로 하나님을 버려왔다. 그런데도 끝까지 사랑의 끈을 놓지 않으시는 주님의 사랑을 확인하게 되자. 모든 게 새삼 새롭게 느껴졌다. 우리의 연약함과 추악함을 덮으시는 하나님의 은혜와 긍휼의 풍성함이 십자가의 사랑으로 나타난 것을 알게 되었다.

그랬었구나! 그 십자가의 진의가 죽음의 문턱에서 깨닫고 나자 그 후로 그녀의 삶에 많은 변화가 일어났다. 그야말로 날마다 은혜 충만함에 의해 천국을 미리 맛보며 살아가고 있다고 생각되었다. 그래서 주님께서 '천국이 가까이 왔다'고 말씀하신 것이 바로 이거였구나 하는 것을 날마다 느끼며 살아가고 있다. 또한 자기 같은 죄인을 살리기 위해 흐릿한 시야 속에 십자가에서 벌거벗겨진 주님의 모습을 보여주신 것도 다 따로 이유가 있었다는 것을 알았다. 그건 바로 교회인 우리의 모습임을 똑똑히 기억하라는 거였다.

그래선지 그녀는 그동안 척박한 산중생활로 어느 때는 아이들의 돌봄조차도 삶의 버거움으로 느꼈던 지난 시간의 모든 것들이 이제는 감사로 바뀌었다. 남편과 함께 꿈꿨던 농장에의 꿈도 어느 때는 노동의 힘겨움으로 여겨졌던 생활들이었지만 이제는 하나님의 은혜로 거듭 태어나고 보니 척박했던 현실이 도리어 은혜로 받아들여졌다.

어떻게 보면 그녀 역시도 자식을 향한 사랑이 있었기에 온 몸에 독이 퍼져나가는 것을 느끼면서도 독과 맞서 싸울 수 있었던 것이라 생각되었다. 주님께서 죽으셔야만 우리를 예수 그리스도 안에서 다시 살려 내실 수 있기에 하나님께서 손수 십자가에 달리셨다. 그것을 깨닫고 나자 하나님의 자녀 사랑이 바로 이거였구나! 십자가가 아니고는 도저히 구원할 수 없었던 그 크고 완전한 사랑이 바로 십자가였다는 것을 깨달았다

그래서 주님께서 나를 따르려거든 자기를 부인하고 자기 십자가를 지고 좇으라고 하신 말씀들이 새록새록 생각났다. 우리 스스로가 살아 있다고 하면 죽은 것이 되고, 죽었다고 생각하면 살아나게 되는 자기 부인의 삶이 말씀 속에서 그대로 투영되었다. 그러니 당신의 죽음조차 두려워하지 않는 그분의 크신 사랑 앞에 우리가 어찌 거저주신 은혜의 선물을 외면하겠는가!

예수의 지극한 사랑을 오해한 교회

어느 책인지 기억이 나지 않지만 이십 여년 전에 우연찮게 읽고 깊은 감동을 받았던 내용이다. 한 남자(예수님)의 깊고 깊은 사랑을 오해한 한 여자(교회)의 러브스토리다.

그녀한테 지극히 사랑하는 남자가 있었다. 자기 것을 다 버리고서라도 사랑하고 싶었던 남자였다. 그렇지만 지금은 그 남자를 생각하면 기가 막혔고, 그가 정말 자기를 사랑한 것이 맞는가? 그런 의심이 들 정도로 아니 생각조차 하기 싫을 정도로 기억 속에 지우고 싶은 남자라고 생각 했다.

그녀는 고아였기 때문에 부모의 사랑 없이 외롭게 자랐고 그러다보니 그 남자한테 자기 목숨을 다 주어도 아깝지 않다고 생각했다. 그 남자만 생각하면 행복했고 그와 함께라면 어디라도 아니 어느 상항이라도 불행 끝, 행복 시작이라 생각했다. 그래서 그만 생각하면 아무리 힘든 일도 해도 힘들다는 생각이 들지 않았고 날마다 꿈을 꾸듯 행복했다.

그러던 그녀한테 그만 상상도 할 수 없는 끔찍한 교통사고가 스무 네 살 되던 해에 일어났다. 그 사고로 1년 넘게 의식을 잃었고 나중에 정신이 깨어났지만 아무런 기억이 없었다. 막상 깨어나 주위를 살펴보니 모든 게 너무나 많이 달라져 있었다. 그녀는 의식이 깨어나자마자 제일 먼저 그 남자부터 찾았다. 하지만 그는 보이지 않았고 한참을 기다려도 오지 않았다. 그리고 누군가가 그가 그녀를 버리고 미국으로 가버렸다고 전해주었다. 그러면서 그 사람은 이제 다시는 돌아오지 않으니 그를 잊고 새 출발하라고 위로 아닌 위로까지 해 주었다. 그리고 그 남자는 5년이 지난 지금까지 단 한 번의 연락도 없었다. 그녀는 그 남자의 배신을 이해할 수도 납득할 수도 도저히 용서할 수 없는 상황이었지만 그래도 그 남자를 기다렸다.

그럼에도 불구하고 그녀는 또 다시 의지하고 싶은 사랑하는 남자를 만나 그녀 나이 삼십 세에 그 사람과 결혼했다. 그는 자상했으며 그녀를 이해하고 부족한 부분조차도 잘 감싸주는 따뜻한 남자였다. 그런 남자라면 평생을 믿을 수 있다고 생각했고 그래서 결혼한 지금은 무척 행복했다. 몰론 첫사랑에 대한 배신과 슬픔은 아직도 가슴 속에 남아 있지만, 어떻게 보면 그의 배신으로 또 다른 사랑을 얻었기에 마냥 행복했고 그 배신이 도리어 다행이라 생각했다. 그래서 그녀는 평생 동안 지금의 남편과 행복하게 사는 것이 그 남자에 대한 통쾌한 복수라고 생각했다.

그리고 오랜 세월이 흐르고, 그 남자의 기억조차 가물가물할 정도로 거의 잊혀져갈 즈음에 우연찮게 그 남자의 대한 사연을 다른 사람의 입을 통해 듣게 되었다.

그건 그녀가 교통사고로 병상에서 의식을 잃고 누워있을 때 그녀를 1년간 간호했던 간호사의 편지사연 때문이었다. 그 남자의 애틋하고 간절한 사랑의 이야기가 전파를 타면서 그때 그녀의 첫사랑이었던 남자의 사연을 듣게 되었다. 그 남자의 사연인즉 이러했다.

〈나에겐 사랑하는 여자가 있었습니다. 그녀는 너무도 아름다운 영혼을 가진 여자였으며 죽도록 사랑했기에 그녀를 위해서라면 무엇이든지 다 할 수가 있었습니다. 그녀는 부모 없이 자란 고아여서 그런지 항상 외로움이 많았고, 늘 사랑에 굶주린 사람처럼 사랑에 목말라했습니다. 그래서 그녀의 허기진 사랑을 채워주기 위해 나의 사랑을 아낌없이 다 주었고 나 역시도 그 외로움의 자리에 나의 사랑으로 채워지는 것에 행복했습니다. 가진 것이 없었기에 내가 그녀에게 물질적으로 특별하게 해줄 수 있는 것은 없었지만 그녀와 함께라면 모든 행복했고 평생을 사랑하며 살 자신이 있었습니다.

그런데 그런 그녀에게 불행이 닥쳐왔습니다. 교통사고로 두 눈을 잃었고, 평생을 장님으로 살아야 했습니다. 그야말로 누군가의 안구가 없으면 영원히 앞을 보지 못하는 소경으로 살아갈 수밖에 없는 안타까운 처지였습니다. 그녀의 실명소식은 충격이었고 견디기 어려운 아픔이었습니다. 부모님의 사랑조차 받지 못했던 그녀가 다시 또 두 눈을 잃고 불행하게 살아간다면 그 자체가 내겐 이픔이있고 죽음과도 같은 고통이었습니다. 그래서 차라리 나의 두 눈을 주는 것이 덜 고통스럽다 생각되었고 그래서 결심했습니다. 나의 이러한 결심으로 그녀가 의식을 잃은 채로 안구수술을 받았고 그로인해 난 아무것도 볼 수 없게 되었고 그녀는 다시 볼 수 있게 되었습니다. 내 눈을 잃은 것은 아무렇지 않지만 앞으로 영원히 그녀의 얼굴을 볼 수 없는 것이 내겐 고통이었습니다.

그래서 떠나기로 마음먹었습니다. 그녀가 깨어났을 때 이런 나를 보고 고통스러워하는 것을 용납할 수가 없었고, 무엇보다 그

녀한테 나에 대한 미안함과 죄책감 때문에 괴롭게 하고 싶지 않았습니다. 그녀가 자기 때문에 앞을 못보는 나를 보고 괴로워하는 것 자체가 나한테는 불행한 일이었고, 그만큼 우리는 서로 목숨조차 아깝지 않을 정도로 사랑한 사이였습니다. 그래서 이 모든 사실들을 주변 사람들에게 비밀로 하기로 다짐을 받고 미국으로 떠났습니다. 영원히 그녀 곁을 떠나는 것이 내겐 고역이었고 죽음과도 같은 고통이지만 그녀가 이런 나를 보고 괴로워하는 것보다 차라리 내가 고통스러운 것이 더 맘이 편했습니다. 그래서 영원히 돌아오지 않을 결심을 하고 미국으로 떠난 후, 그리고 몇 년이 지난 뒤에, 간호사로부터 그녀의 결혼 소식을 듣게 되었습니다. 그 순간 진정으로 그녀의 결혼생활을 축하해 주고 싶었고 행복하길 바라는 마음입니다. 지금도 가끔 간호사한테 그녀의 소식을 듣고 있고 있습니다. 아들딸과 함께 단란한 가정생활을 꾸려가고 있는 그녀한테 오늘도 나는 마음을 다해 하나님께 기도하고 있습니다. 그녀가 영원히 행복하길 바란다고.〉

필자는 이 남자의 사연에서 하나님의 마음을 읽었다. 자기의 사랑한 여자(교회)를 위해 눈(십자가)까지 아낌없이 주고 간 사랑(인간을 위한 하나님의 사랑)에서 감동을 받은 것도 사실이지만 그에 앞서 여자(교회)가 그 남자(예수)를 오해한 것에 더 충격적이었다. 왜 충격으로 느꼈느냐 오늘날 교회의 모습과 너무나 흡사했기 때문이다.

남자(예수)는 그 여자(교회)를 위해 눈(십자가)까지 아낌없이 주고 미국(하늘보좌)으로 떠나갔는데 여자(교회)는 자기가 가장 불행할 때 떠났다고 분개해하는 모습에서 우리의 실체를 보는 듯해 부끄러웠다. 십자가의 죽음이 곧 우리를 다시 살리기 위함(복음)인데 여자(교회)가 그 남자(예수)를 오해하고 다른 남자와 결혼하는 행위 자체가 바로 교회들의 실상이다.

그 남자(예수)는 소경(목사)된 여자(교회)를 위해 가장 큰 것(성경말씀)을 주었는데 그 여자(교회)가 그 남자(예수)의 사랑을 오해하다보니 다른 남자와 결혼(비진리)을 하게 된 거다. 하나님의 사랑(하나님의 말씀)을 깨닫지 못한 자(교회)들은 늘 이 여자와 같이 다른 남자(선교, 구제, 봉사, 헌금 등)와 결혼(엉뚱한 행위)하는 것으로 결론(사망)을 낸다.

이와 같이 그 남자(천국)를 오해한 여자(교회)들을 위해 주님께서 이렇게 일갈하셨다.

> 심령이 가난한 자는 복이 있나니 천국이 저희 것임이요. 애통하는 자는 복이 있나니 저희가 위로를 받을 것임이요. 온유한 자는 복이 있나니 저희가 땅을 기업으로 받을 것임이요. 의에 주리고 목마른 자는 복이 있나니 저희가 배부를 것임이요. 긍휼히 여기는 자는 복이 있나니 저희가 긍휼히 여김을 받을 것임이요. 마음이 청결한 자는 복이 있나니 저희가 하나님을 볼 것임이요. 화평케 하는 자는 복이 있나니 저희가 하나님의 아들이라 일컬음을 받을 것임이요. 의를 의하여 핍박을 받은 자는 복이 있나니 천국이 저희 것임이라. 나를 인하여 너희를 욕하고 핍박하고 거짓으로 너희를 거스려 모든 악한 말을 할 때에는 너희에게 복이 있나니. 기뻐하고 즐거워하라 하늘에서 너희의 상이 큼이라 너희 전에 있던 선지자들을 이같이 핍박하였느니라(마5;3-12)

천국(예수님과 연합)에 들어갈 수 있는 자들이 이 땅에서 어떻게 살아가야 하는가를 설파하기 위해 제자들을 데리고 산에 올라가기 전에 주님께서 일으키는 기적이 있었다. 그런데 그 기적을 본 이스라엘(교회)이 예수님을 오해하고 있었다. 그러기 때문에 하나님을 섬긴다고 하면서 기적과 권능을 행하고 종교적 열심의 행위로 선지자의 노릇까지 한 이들이 바로 천국을 오해하게 되는 거다. 천국은 기적과 능력이 일어나고 인간들의 종교적 열정에 의해 세워지는 곳이 아니라 오직 사랑(십자가의 피 흘림)에 의해서만 들어갈 수 있는 곳이다. 그러므로 그 사랑(하나님의 말씀)을 정확하게 아는 자들만이 하나님(십자가)을 오해하지 않을 수 있다.

그 중에서 성경에서의 팔복은 계시록의 '다시 밤이 없겠고 등불과 햇빛이 쓸데없으니 이는 주 하나님이 저희에게 비취심이라 저희가 세세토록 왕노릇하리로다.(계22;5)' 이같이 이미 완료된 하나님의 나라를 은혜의 선물로 받는 자들이다. 이들은 시간이라는 역사 속에서, 심령이 가난한 자, 애통하는 자, 온유한 자, 의에 주리고 목마른 자, 긍휼히 여기는 자, 마음이 청결한 자, 화평케 하는 자, 의를 위하여 핍박을 받는 자, 예수로 인해 욕먹고 핍박을 당하고 거짓으로 모함을 당하는 자의 삶을 살게 된다. 이게 복 받은 자들이고 천국의 삶이라고 했다.

일차적으로 이런 삶을 예수님이 살다 가셨다. 따라서 복 있는 사람은 예수님의 십자가와 자기 부인의 삶을 살아야 한다. 이는 이미 영생의 복을 받은 자들이 이 세상의 역사 속에서 어떠한 모습으로 살게 될 것인지, 그리고 하나님께서 어떠한 모양으로 만들어 가실 것인지에 대한 선포다.

그러기 때문에 심령이 가난하고, 애통하고, 온유하며, 의에 주리고 목마르고, 긍휼이 여기고, 마음이 청결하고, 화평케 하고, 의를 위하여 핍박을 받은 자는 복이 있고 천국이 저희 것이라 한거다. '이렇게 살면 복을 받을 것이다'가 아니라 복 받은 자들의 입에서 터져 나오는 '찬송하리로다 하나님 곧 우리 주 예수 그리스도의 아버지께서 그리스도 안에서 하늘에 속한 모든 신령한 복으로 우리에게 복 주시되(엡1;3)' 그러니까 창세전에 택함을 받은 복 받은 자들의 입에서 터져 나오는 찬송이 곧 복음(good news)이다.

> 곧 창세 전에 그리스도 안에서 우리를 택하사 우리로 사랑 안에서 그 앞에 거룩하고 흠이 없게 하시려고. 그 기쁘신 뜻대로 우리를 예정하사 예수 그리스도로 말미암아 자기의 아들들이 되게 하셨으니. 이는 그의 사랑하시는 자 안에서 우리에게 거저 주시는 바 그의 은혜의 영광을 찬미하게 하려는 것이라. 우리가 그리스도 안에서 그의 은혜의 풍성함을 따라 그의 피로 말미암아 구속 곧 죄사함을 받았으니. 이는 그가 모든 지혜와 총명으로 우리에게 넘치게 하사. 그 뜻의 비밀을 우리에게 알리셨으니 곧 그 기쁘심을 따라 그리스도 안에서 때가 찬 경륜을 위하여 예정하신 것이니. 하늘에 있는 것이나 땅에 있는 것이 다 그리스도 안에서 통일 되게 하려 하심이라. 모든 일을 그 마음의 원대로 역사하시는 자의 뜻을 따라 우리가 예정을 입어 그 안에서 기업이 되었으니. 이는 그리스도 안에서 전부터 바라던 우리로 그의 영광의 찬송이 되게 하려 하심이라.
> (엡1;4-12)

하나님의 진리의 말씀 곧 구원의 복음을 듣고, 그것을 믿어 약속의 성령으로 이미 인치심을 받은 자들한테 영광의 찬미가 저절로 터져 나오게 된다는 것이 팔복의 내용이다. 이를 달리 표현하면 예수께서 제자들과 함께 계신 그곳에 천국이 임했다고 선언하시므로 천국은 이미 우리와 함께 있다. 그러므로 천국이 심령 안에 들어온 우리의 삶 속에서는 어떤 삶에 대한 지향성이 생기게 된다.

구약의 복은 인간의 자아실현과 자아 확장에 관한 것이라면 신약의 복은 자아가 부인되는 복이다. 이건 단순히 착하고, 오래 참고, 봉사하면 천국이 우리 것이 되고 그에 따른 보상이 임할 것이라는 것이 아니라, 천국이 우리의 삶에 임하게 되면 그 사람의 옛 자아를 죽여 간다는 말이다. 그러니까 신약의 시대는 구약 시대처럼 세상의 힘과 가치를 소유하고 다른 이보다 강한 자로 서게 되며 자손(물질의 복)을 많이 갖게 되는 그런 시대가 아니라, 이 세상의 힘과 가치로 사람을 판단하고 분류하지 않는 자기부인의 시대라는 거다.

그런데 어떻게 예수가 와서 세우는 하나님 나라가 병이나 고쳐주고 기적이나 행해주는 그런 나라이겠냐는 거다.

천국은 인간의 뜻과 의지가 완전히 묵살되는 곳으로 하나님 절대 의존 자들만이 생존할 수 있는 나라다. 그런데 그 나라가 이 역사 속에 임했는데도 여전히 내가 우주의 중심이 되어 살고 싶어 한다면, 하나님께서 검(말씀)을 들고 나에게 다가오신다. 그때 우리는 심령 안에서 충돌과 마찰이 심하게 일어날 수밖에 없다.

필자 역시 지금까지 시시때때로 일어나는 하나님의 법과 내 안의 죄의 법 때문에 영적 갈등을 지금도 심하게 겪고 있어 괴롭다. 그러한 충돌을 사도 바울은 이렇게 묘사했다.

> 그러므로 내가 한 법을 깨달았노니 곧 선을 행하기 원하는 나에게 악이 함께 있는 것이로다. 내 속 사람으로는 하나님의 법을 즐거워하되. 내 지체 속에 있는 한 다른 법이 내 마음의 법 아래로 나를 사로잡아 오는 것을 보는 도다. 오호라 나는 곤고한 사람이로다 이 사망의 몸에서 누가 나를 건져 내랴. 우리 주 예수 그리스도로 말미암아 하나님께 감사하리로다 그런즉 내 자신이 마음으로는 하나님의 법을, 육신으로는 죄의 법을 섬기노라.(롬7;21-25)

바울과 같은 고민과 갈등 속에서 '나'라는 옛 자아가 죄인으로 낱낱이 드러날 때, 결국 자기 부인의 자리로 밀려 내려나게 된다. 자기가 부인 되고 비워지므로 남을 유익하게 살려내는 삶이 천국의 존재 양식이다. 그러므로 우리의 삶이 천국의 삶과 맞지 않는 자신의 실체를 올바로 자각하면 그게 바로 자기부인의 삶이 되는 거다.

오른편 뺨을 때리면 억지로라도 왼편 뺨을 대주며, 속으로는 이를 갈지언정 겉으로는 방긋 웃어주는 그런 훈련을 목적으로 신앙 생활하는 것이 아니라, 오히려 도저히 안되는 그런 자기를 바라보면서 '나 좀 도와주세요' 라는 간절한 부르짖음을 토해내는 것이 우리의 올바른 신앙생활이 된다.

많은 이들이 기독교를 도덕과 윤리를 실천하며 다른 종교인들보다 더욱 착하고 성실하게 사는 것으로 착각을 한다. 그래서 착하게 살아야 한다느니 뭐니 하면서 도덕적인 잣대로 그 사람의 영적 성숙도를 판단하곤 한다.

무엇보다 인간들의 선악구조로 판단하여 정의한 착함과 악함이 드러난다면 하나님의 긍휼과 자비와 은혜가 설 자리가 없다. 그러므로 인간들이 만들어낸 사회법이나 도덕이나 윤리를 잘 지키고 수행하는 것이 하나님 나라에 적합한 자가 되는 길이 아니라, 하나님의 뜻대로 행해야 하는 거다, 그러기에 주님께서 실제로 성전을 엎어버리시고 그것에 항의하는 대제사장들과 장로들에게 이런 비유를 드셨다.

그러나 너희 생각에는 어떠하뇨 한 사람이 두 아들이 있는데 맏아들에게 가서 이르되 애 오늘 포도원에 가서 일하라 하니. 대답하여 가로되 아버지여 가겠소이다 하더니 가지 아니하고. 둘째 아들에게 가서 또 이같이 말하니 대답하여 가로되 싫소이다 하더니 그 후에 뉘우치고 갔으니. 그 둘 중에 누가 아비의 뜻대로 하였느뇨 가로되 둘째 아들이니이다 예수께서 저희에게 이르시되 내가 진실로 너희에게 이르노니 세리들과 창기들이 너희보다 먼저 하나님 나라에 들어가리라. 요한이 의의 도로 너희에게 왔거늘 너희는 저를 믿지 않았으되 세리와 창기는 믿었으며 너희는 이것을 보고도 종시 뉘우쳐 믿지 아니하였도다.(마21;28-32)

아버지의 뜻대로 행한 사람이 둘째 아들이다. 그 둘째 아들이 바로 세리와 창기들이다. 세리와 창기가 믿었다고 했다. 그러니까 지금 옛 성전을 부수고 새 성전의 기초를 이야기 하고 계신 예수님께서 아버지 뜻대로 행하는 자가 천국에 들어갈 수 있다고 결론으로 내고 있다. 예수께서 이미 완료해 놓으신 천국을 감사함과 믿음으로 거저 받으라는 거다. 그게 하나님의 뜻대로 행하는 자들이다.

왜 하나님께서 선악과를 먹지 말라고 금지 명령을 내리셨는가 하면 그 명령이 바로 구약인 율법이다. 금지명령을 받게 되면 명령한 자와 명령을 받은 자를 구별해 내고 별도의 주체성을 부여하고자 하는 욕구를 품게 된다. 하나님이 그렇게 만드신 거다. 그러한 금지명령을 받은 자가 별도의 주체성과 존재성을 챙기게 되면 위반이라는 죄를 범하게 된다. 하나님은 그 위반에 대한 형벌로 '정녕 죽으리라' 라는 사망을 준비해 두셨다. 중요한 것은 하나님께서 선악과를 가장 보기 쉬운 곳에 두셨고 보임직도 먹음직하게 만들어 놓으셨다는 거다. 즉 따 먹으라는 거다. 그리고 정녕 죽음이라는 것이 어떤 것인지 경험해 보라는 것이다. 하나님은 당신의 백성들에게 법을 주셨다. 그리고는 광야로 내 보내어 정녕 죽음이 어떤 것인지를 경험케 하셨다. 그래서 광야에서 1세대 60만명이 다 죽은 거다.

그렇게 별도의 자아를 챙기려 하는 욕망에서 비롯된 죽음의 현실이 처절하게 체감될 때 생명나무 실과의 가치와 소중함을 깨닫게 되는 거고, 그럴 때 생명나무(예수님) 실과(말씀)가 우리 심령 안에 들어와 버리는 거다. 그게 하나님 나라의 창조의 원리다.

우리는 법을 지켜 구원을 받는 것이 아니라 하나님이 허용하신 그 선물로 주신 영생을 덥석 받아 버림으로 구원을 받는 것이다. 어떤 나의 의지로 되어지는 것이 아니라 영생이 나의 맘속으로 침공해 들어오는 거다.

영생은 율법주의나 인본주의의 행위에서 얻어지는 것이 아니라 자기 부인의 자리, 심령이 가난하고 의에 주리고 애통하고 의를 위하여 핍박을 받는 자리로 끌려 내려가는 거다.

영적 전쟁에서의 '나'라는 존재는 내가 노력하고 투쟁해서 쌓아서 빛이 나는 것이 아니라 '나'라는 존재 밖의 어떤 분에 의해 결정되고 주어지게 되는 거다. 따라서 성도는 '나는 하나님의 은혜가 아니면 아무런 존재도 아니구나'를 먼저 배우게 되는데 그게 바로 심령이 가난한 자다. 그동안 내가 쌓아온 모든 것들이 내가 잘나서가 아니라 하나님이 선물로 주신 것이구나. 라는 자기 부인의 고백이다.

따라서 나의 영적 가난함을 감지하고 인정하는 것으로 하나님의 도우심이 없이는 절대로 천국에 들어갈 수 없는 존재임을 확실하게 자각하게 된다. 그러기 때문에 예수께서 팔복을 말씀하시면서 가장 먼저 '복 있는 자여, 그대는 심령이 가난하게 될 것이다' 라고 하셨다는 것은 우리 성도의 신앙생활의 본질이 무엇인지를 분명하게 보여주신 거다. 복 받은 성도가 신앙생활을 통하여 밀려가게 되는 목적지가 바로 심령의 가난이라는 목적지다. 그럼에도 많은 사람들이 심령의 가난을 겸양의 미덕 정도로 생각하고, 심령의 가난을 욕심을 버린 겸손한 마음으로 이해하기도

한다. 아니다, 그런 것들은 가르침을 받고 훈련하여 익히면 얼마든지 할 수 있는 것들이다.

하나님께서 창세전에 신령한 복으로 복을 주신 당신의 백성들을 이 역사 속에 내려 보내셔서 심령이 가난한 자로 만드시는 것은 그들이 여호와의 영광만을 찬송하게 하려고 그렇게 하신 거다.

그러므로 모든 창조가 하나님의 손에서 시작되어 십자가의 사랑으로 완료가 된다는 것을 깨달아야 하나님의 그 크신 사랑을 오해하지 않을 수 있다.

떡 하나 주면

전래 동화 중에 햇님 달님이란 동화가 있다. 떡 장수 어머니가 장에서 장사를 마치고 산을 넘고 고개를 넘어 집으로 돌아가는 도중에 호랑이가 나타났다. 그리고는 연신 '떡 하나 주면 안 잡아 먹지'하고 어머니를 꼬이는 바람에 팔다 남은 떡을 다 빼앗겼다. 그렇게 떡을 빼앗아 먹은 호랑이가 그냥 가면 좋을 텐데, 그 어머니마저 잡아먹어 버렸다.

그리고는 어린 남매가 있는 집으로 가서 어머니 흉내를 내며 그 남매까지 잡아먹으려 했다. 그때 남매는 하나님께 동아줄을 내려 달라고 간절하게 기도했다. 그 동아줄을 잡고 하늘로 올라간 그 남매는 햇님과 달님이 되었다는 이야기고, 호랑이는 썩은 동아줄을 타고 남매를 잡으러 하늘로 올라가다가 동아줄이 끊어지는 바람에 수수밭에 떨어져 수수대 꼭대기가 벌겋게 되었다는 오래전에 내려온 전래 동화다.

그동안 태초에 천지를 창조하기로 한 하나님의 계획이 당신의 백성과 아닌 자를 구분하는 분류 작업이 창세기 1장이라 생각했다. 그래서 에덴동산에서 가장 소중한 것이 인간이라 생각하고 있었는데, 요즘 들어 성경을 깊이 들여다보니 인간이 아닌 동산 중앙에 심겨져 있던 선악과나무와 생명나무였다는 것을 알게 되었다.

그러자 떡장수 어머니와 그 어머니를 잡아먹은 호랑이가 오늘날의 교회와 너무나 대조되어 참 안타까운 마음이 들었다. 결국에는 떡도 다 빼앗기고 심지어 잡아먹히기까지 한 그 어머니가 마치 '떡 하나 주면' 하고 꼬드기는 호랑의 꾀임에 빠져 자신의 전 재산이라 할 수 있는 팔다 남은 떡을 계속해서 교회에 제물로 바치는 교인들의 모습이 꼭 지옥에 가기 싫어, 억지로 종교 행위를 하고 있는 교회의 모습처럼 보였다.

목사들이 강대상에서 '떡 하나 주면 안 잡아먹지'하고 십일조를 강조하면 교인들은 그런 줄 알고 자기의 소유와 시간과 노동력을 전부 교회에 바치고 있다. 그렇게 사악한 목사들한테 탈탈 털리고 있는 어리석고 불쌍한 교인들만 보면 늘 마음이 무겁고 착잡했다. 어떻게 보면 그 사악한 목사가 바로 '나'일수도 있다는 자책감에 그랬는지 모르겠다.

오늘날 거짓목사들만 판치는 세상(교회)에서 오직 성경말씀만을 대언하다 소천 한 어느 목사님의 고백 속에 이런 내용이 담겨 있다.

『전에는 설교를 통해 단 한 사람이라도 어떻게 더 구원할 것인가를 고심했었는데 성경을 읽으면 읽을수록 또한 하나님의 마음을 알면 알수록 한 영혼에 대한 사랑과 섬김의 마음이 깊어지는 것이 아니라 내가 과연 설교에 마땅한 사람은 맞는가 하는 자괴감이 들 때가 왕왕 있다. 그러다보니 전도하는 것이 망설여지고 설교하는 것이 늘 부담스러웠다.』

나 역시 그 목사님과 똑같은 생각이다. 그래서 전도는 아예 꿈도 꾸지 않았고 책을 통해 복음 전하는 일에만 집중하고 있다.

그런데 근래 들어 코로나가 하나님의 심판임을 알게 되자, '내 백성아 거기서 나와 그의 죄에 참예하지 말고 그의 재앙들을 받지 말라'는 하늘에서의 음성이 자꾸 내 귓가에 맴도는 것 같이 가만있을 수가 없었다. 그래서 적극적인 전도 계획을 세우고 있지만 아직 실천단계는 아니다.

우리가 열심히 떡이란 종교행위를 교회에 바침으로 사망이나 지옥을 면할 수 있는 것이라면 얼마나 좋겠는가? 그러나 그게 아닌 것이 문제이기에 아무것도 할 수 없었고 오늘날 교회들만 생각하면 안타까운 마음부터 앞섰다,

하나님의 백성들은 자신의 수중에 호랑이에게 바칠 종교적인 행위가 하나도 없을지라도 예수께서 우리를 위해 십자가에서 당신의 목숨을 대속물로 내어 주셨다는 그 믿음만 있으면 우리는 언제든 그 무거운 죄 짐에서 자유로울 수 있다.

> 하나님의 떡은 하늘에서 내려 세상에게 생명을 주는 것이니라. 저희가 가로되 주여 이 떡을 항상 우리에게 주소서. 예수께서 가라사대 내가 곧 생명의 떡이니 내게 오는 자는 결코 주리지 아니할 터이요 나를 믿는 자는 영원히 목마르지 아니하리라.(요6;33-35)

주님의 이 말씀과 같이 나에게 떡을 요구하는 교회가, 비록 내가 떡을 내놓지 않는다 할지라도 나를 잡아먹지 못한다는 진리의 말씀만 온전히 깨달아도 그러한 호랑(거짓 목사)이 한테서 벗어날 수 있다. 그래서 하나님은 그 은혜의 현실을 당신 백성들에게 가르치시기 위해 때때로 우리의 삶 속에 내어 놓을 떡이 없게 만들 때가 많다. 그러면서 늘 말씀을 통해 '너가 내어 놓을 떡이 없더라도 난 너를 반드시 구원한다.'는 하나님의 열심을 우리에게

늘 각인 시켜 주고 계신다. 그 첫 번째가 바로 에덴동산에서의 선악과 사건이다.

필자도 한때 그랬지만 인간들이 착각하는 것이 있는데 하나님께서 인간을 동산의 나무들보다 더 사랑하고 있다고 생각한 거다. 인간이 그 나무들보다 더 소중한 존재라면 그까짓 선악과 하나 먹었다고 그 소중한 인간을 에덴에서 좇아냈겠는가? 얼마나 그 나무들이 소중하면 선악과 하나 따먹었다고 하나님 보시기에 좋았던 그 사람을 좇아내고 에덴동산 동편에 그룹들과 두루 도는 화염검을 두어 생명나무에의 길로 가는 길을 차단 하셨겠는가?

인간은 하나님의 언약 아래에 있는 존재이지, 그 언약을 무시하고 생명나무를 먹을 수 있는 존재가 아니다. 따라서 인간은 그저 선악과나무와 생명나무의 소중함을 드러내는 도구에 불과할 따름이다.

그런데 마귀는 항상 '떡 하나 주면'하고 인간 행위에 단서를 붙였다. 에덴동산에서 선악과를 따먹으면, 하나님처럼 된다는 뱀의 유혹으로 하나님과 인간이 분리되었던 그 방식 그대로 오늘날 그 뱀(마귀)은 에덴동산에서와 똑같은 방법으로 교회 전체를 흔들며 율법을 근거로 인간들을 미혹시켜 왔다.

우리는 오직 하늘에서 내려주신 하나님의 떡만 먹고 살아야 생명나무로 가는 길로 갈수 있다. '내가 곧 생명의 떡이니 내게 오는 자는 결코 주리지 아니할 터이요 나를 믿는 자는 영원히 목마르지 아니하리라' 이와 같이 성경은 늘 예수만이 진리이고 예수만이 구원의 길이라고 강조했다. 그건 예수의 공로를 의지하고 예수를 믿는 것 이외에는 그 어떤 행위로도 우리의 구원에 전혀 기여할 수 없다는 말이다. 그런데 교회는 지금도 끊임없이 율법지킴을 강요하고 있다. 율법지킴의 선구자라 할 수 있는 간디나 슈바이처나 법정 같은 사람들이 기독교의 롤 모델이 되어버렸다는 것에 울분을 감추지 못한 어느 목사님과 같이 나 또한 똑같이 공감하는 부분이다.

그 목사님이 흥분하는 이유에는 그들처럼 욕심을 다 버리고 착하게 살면서 남을 위해 희생하는 행위가 선이고 그렇게 사는 것이 진리라고 부추기는 교회들 때문이다. 그런데 오늘날의 교회가 왜 그렇게 생각하는가가 하면, 아프리카의 성자라 불리는 슈바이처가 그의 논문인 '역사적 예수의 탐구'에서 예수님의 죽음은 역사의 수레바퀴에 묻혀 역사 속으로 사라진 것이라 했고, 예수는 메시아로 이 땅에 와서 하나님 나라의 도래를 기다렸는데 그 하나님 나라가 오지 않자, 자기가 십자가를 지고 죽게 되면 그 순간에는 오려나, 하는 마음으로 십자가를 졌는데 그래도 오지 않자 '나의 하나님, 나의 하나님 어찌하여 나를 버리셨나이까?' 라고 부르짖고 죽어버린 실패자 메시아라고 그의 논문에 기록하였기 때문이란다.

성경은 창세기에서 요한계시록까지 예수 그리스도를 통과하지 않고는 천국에 이를 수 없다고 일관되게 기록하고 하는데 그런 예수님을 부인하는 슈바이처가 어떻게 교회의 롤 모델이 될 수 있겠는가? 그가 박사학위 다섯 개를 포기하고 평생을 아프리카서 선교사로 살았다고 해서, 그의 행위가 인간들의 선악구조로 판단된 착한 행위라고 생각한 교회가 그를 롤 모델로 삼고 그를 칭찬하고 있는 것에 그 목사님은 울분을 감추지 못했다.

그런 그가 평생을 기독교 선교사로 살면서 실패한 예수 그리스도를 어떻게 전하고 갔겠는가? 라는 그 생각에선 필자도 그 목사님과 같은 생각이다.

그래서 어떻게 보면 하늘에서 진노하여 코로나를 통해 교회들을 심판하고 있는 것이 아닌가 하는 생각이 들었다. 무엇보다 거기에 동조하고 있는 교회들이 너무나 한심스럽고 얼마나 성경을 모르면 그런 슈바이처를 롤 모델로 삼았겠는가? 예수님을 실패한 메시아로 치부한 그가 과연 성경에서 말하는 그 하나님의 사랑을 근거로 아프리카에서 희생하고 봉사한 것이 맞는가? 하는 의구심이 든다. 이는 슈바이처의 그런 희생정신이나 봉사의 삶이 나쁘다는 게 아니다. 분명 그러한 삶은 성경에서도 성도들에게 강조하고 요구하는 부분이다. 그러나 그것은 복음의 참 진리와는 거리가 먼 행위이다.

슈바이처가 박사학위 다섯 개를 포기하고 자기를 희생해서 아프리카 선교지에서 봉사의 삶을 매일 같이 살았다고 해도 예수 그리스도의 복음의 진정성을 깨닫지 못하고 하는 모든 행위는 다 자기 영광 챙기기와 자기만족 챙기기에 불과한 죄일 뿐이다. 그게 성경이 강조하는 호랑이 앞에 내어놓는 떡이다. 그 떡을 인간들이 준비하느라 하늘에서 공짜로 내려주는 생명의 떡을 외면하고 있다.

떡(하늘의 양식)은 우리가 생산하고 쌓을 수 있는 것이 아니라 오히려 하늘로부터 받는 거다. 하나님은 떡을 주시는 분이지 호랑이처럼 떡을 요구하는 분이 아니다. 그러니까 우리는 하나님으로부터 생명나무 실과 즉 하늘의 떡을 얻어먹는 자이지, 율법을 철두철미하게 지켜 스스로 떡을 만들어 보겠다고 하는 그런 자들이 아니다. 만약 그렇게 생각한다면 그 생각자체가 바로 죄인 거다. 내가 만든 떡 하나 교회에 바쳐서 천국에 가는 것이 아니라, 하나님의 말씀의 떡이, 나에게 무상으로 먹여지므로 영생에 이르는 것이 구원이다.

> 너희의 허물과 죄로 죽었던 너희를 살리셨도다. 그 때에 너희가 그 가운데서 행하여 이 세상 풍속을 좇고 공중의 권세 잡은 자를 따랐으니 곧 지금 불순종의 아들들 가운데서 역사하는 영이라. 전에

는 우리도 다 그 가운데서 우리 육체의 욕심을 따라 지내며 육체와 마음의 원하는 것을 하여 다른 이들과 같이 본질상 진노의 자녀이었더니(엡2;1-3)

이 모습이 바로 '떡 하나 주면 안 잡아먹지'라고 유혹을 한 세상 신에게 붙들려 그가 요구하는 떡만을 추구하며 사는 인생의 모습이다. 그렇게 죽은 자들은 세상 신에게 속아서 육체의 욕심을 따라, 육체와 마음의 원하는 것을 하며 떡을 생산해 낸다. 그게 죄와 허물로 죽은 상태다. 그들은 신을 이용해서라도 자신들을 살릴 바로 그 떡을 얻어내려 총력을 기울인다.

구원은 깨어 있음이라는 행위를 전제로 우리가 쟁취할 수 있는 것이 아니라 이미 구원되기로 작정된 자들이 깨어있음이라는 과정을 통과하는 것임을 알아야 한다. 따라서 천국의 혼인잔치는 이미 완료된 잔치다. 떡 하나 주어서 안 잡아먹히는 것이 아니라 이미 잡아먹힐 수 없는 자로 이 세상에 오신 분이 예수님이다. 그럼에도 불구하고 인간들의 열심과 노력으로 떡을 내어 놓아야 잡아먹힘에서 풀려 날 수 있다는 바로 그 사고가 죽은 상태이다,

하나님은 법을 지키면 살고 못 지키면 죽는다는 명령과 함께 이스라엘에게 율법과 제사라는 것을 주셨다. 마치 떡 하나 주면 안 잡아먹겠다는 호랑이의 제안처럼 보인다. 그러나 그것은 율법 지킴이라는 떡을 내어 놓으라는 주문이 아니라 '너희는 절대 떡을 내어 놓아 저주에서 풀려날 수 있는 자가 아니니 제사의 제물로 내려간 내 아들을 의지하여 내게로 오라'는 은혜의 필연성을 설명하기 위한 법이었다. 그런데 이스라엘이 계속해서 율법과 제사로 떡을 생산해 내겠다고 수선을 피웠다. 선악과를 따먹은 인간은 절대 자신의 무용함과 무력함을 폭로당하고 싶어 하지 않는다. 마귀가 율법을 그렇게 오해시키고 이용한 거다.

우리는 떡을 내 놓아야 위기를 모면하는 자들이 아니라 내 놓을 떡이 없는데도 호랑이가 잡아먹지 못하는 은혜의 현실을 경험하는 사람들이다. 어떻게 그렇게 된 것이냐 하면, 주님께서 십자가에 달리셔서 이제 더 이상의 제물이 없게 만드셨기 때문이다. 그래서 그 십자가의 자리에서 하나님의 아들과 그의 신부인 교회가 성혼이 이루어진 거다.

'떡을 내놓아야 살 수 있다'는 것은 정확하게 '선악과를 먹어야 하나님처럼 된다'라는 마귀의 속삭임이다. 그런데 하나님은 내놓을 떡이 없는 자들을 위해 당신의 죽음으로 무상으로 구해주신 거다. 그걸 은혜라 한다. 마귀 나라의 원리가 사필귀정, 권선징악의 원리로 돌아가는 것이라면 하나님 나라의 원리는 어부지리, 무위도식의 원리로 운영되는 나라다.

하나님 나라의 구조는 속죄소 밑에 증거판, 즉 인간의 죄와 실패가 깔리는 모습인 거다. 그 속죄소 위에 제물의 피가 뿌려진다는 것은 하나님께서 당신 백성들의 행위를 안 보시겠다는 오직 당신 아들의 피만 보시겠다는 의지의 표명이시다. 그렇게 천국은 왕이신 하나님께서 계속해 용서하시고 피조물인 당신의 백성들은 용서를 받는 자리에서 그분의 은혜만을 선물로 받는 곳이다.

성경은 바로 그 상태를 하나 됨, 연합, 혼인 등의 여러 단어로 표현했다. 그러한 하나님 나라의 현실을 자각하고 수긍하는 상태를 '깨어있음'이라 한다. 그래서 '깨어있음'과 '혼인잔치'는 항상 하나로 연결되어 있다. 또한 혼인잔치의 본질을 올바로 이해하고 있는 것이 바로 깨어있음이다.

아들에 대한 사랑

조그만 시골동네에 순회하는 마을버스가 있었다. 그날도 손님을 가득 실은 버스가 산길을 꼬불꼬불 올라가며 손님들의 마음을 즐겁게 하고 있었다. 문제는 내려올 때 생겼다. 버스의 브레이크가 말을 듣지 않았다. 마을까지 내려가려면 다섯 고개를 돌아서 내려가야 하는데 큰일이었다. 한 고개 한 개를 돌 때마다 무언가 잘못되어 가고 있음을 눈치 챈 승객들이 소리를 지르는 순간에 소동이 일어났다. 하지만 운전사는 침착하게 고개를 무사히 돌고 또 돌아 이제 마을로 향하는 똑바른 길로 들어섰다. 마을만 가로지르면 곧 언덕으로 올라가게 되니 그곳에 차를 세울 수가 있었다. 그래서 승객들을 안심시키기 위해 운전자가 이러한 설명을 해 주었다.

그런데 그때 마을 어귀로 들어간 운전사는 동네 아이들이 길 한복판에서 놀고 있는 것을 보았다, 급히 크락숀을 울렸지만 대부분의 아이들이 자리를 피하고 한 아이만 미처 피하지 못했다. 그 순간 운전사는 갈등했다. 아이를 살리기 위해 핸들을 돌리면 많은 승객들이 죽거나 다치게 될지 모르고 그러자고 아이를 죽일 수도 없는 일이었다. 그렇게 주저하는 순간, 아이는 이미 차에 치이고 말았다. 언덕 위에 세워진 차를 뒤로 하고 운전사가 급히 아이에게로 달려갔다. 그렇지만 아이는 그 자리서 즉사했다. 아이를 품에 안고 길 옆을 걸어가고 있는 운전사는 하염없이 눈물만 흘렸다.

급작스런 상황에 승객들이 차에서 내려 하나 둘 운전사 주변으로 모여들었다. 그리고 한 마디씩 야유와 조롱 섞인 말들을 던졌다. 운전을 그런 식으로 하느냐, 정비도 제대로 하지 않고 차를 몰고 다니느냐, 난폭운전, 개××…… 온갖 욕설이 난무했다. 그때 이런 외침이 들렸다.

"제발 그만들 두세요."

한 청년이 다가와 욕설을 퍼붓는 사람들에게 제발 좀 그만 하라고 울먹이며 이렇게 얘기했다

"그 운전사를 괴롭히지 마세요."

승객들은 의아한 눈초리로 그를 돌아보자,

"이 아이가 바로 운전사의 아들입니다."

하고 청년이 말했다.

그렇다. 성도라면 이 안타까운 사건에서 하나님의 사랑을 느낄 수 있어야 한다. 버스에 태운 많은 승객(죄인)들을 위해 자기 아들(예수)을 죽음(십자가)으로 몰아갈 수밖에 없었던 아버지(하나님)의 심정을…….

이게 하나님의 마음이다. 그러기에 주님께서 그러한 아버지의 마음을 좀 더 명확하게 전달하기 위해 두 아들의 비유를 드셨다.

> 또 가라사대 어떤 사람이 두 아들이 있는데. 그 둘째가 아비에게 말하되 아버지여 재산 중에서 내게 돌아올 분깃을 내게 주소서 하

는지라 아비가 그 살림을 각각 나눠 주었더니. 그 후 며칠이 못되어 둘째 아들이 재물을 다 모아 가지고 먼 나라에 가 거기서 허랑방탕하여 그 재산을 허비하더니. 다 없이한 후 그 나라에 크게 흉년이 들어 저가 비로소 궁핍한지라. 가서 그 나라 백성 중 하나에게 붙여 사니 그가 저를 들로 보내어 돼지를 치게 하였는데. 저가 돼지 먹는 쥐엄 열매로 배를 채우고자 하되 주는 자가 없는지라. 이에 스스로 돌이켜 가로되 내 아버지에게는 양식이 풍족한 품군이 얼마나 많은고 나는 여기서 주려 죽는구나. 내가 일어나 아버지께 가서 이르기를 아버지여 내가 하늘과 아버지께 죄를 얻었사오니. 지금부터는 아버지의 아들이라 일컬음을 감당치 못하겠나이다 나를 품군의 하나로 보소서 하리라 하고.(눅15;11-19)

이 비유의 주인공은 회개하고 돌아온 탕자한테 있는 것이 아니라 바로 아버지한테 있다. 아버지가 집을 떠난 두 아들을 어떠한 사랑과 인내의 기다림으로 받아주시는가에 초점이 있지 회개한 아들한테 있는 것이 아니다.

당시 고대사회나 유대사회에서는 부모가 자식에게 유산을 물려줄 때 큰 아들이 항상 동생들의 두 배로 받았었고, 동생들이 나머지를 갖고 나누는 식으로 유산 분배를 했다. 또한 부모와 자식 간의 예의와 지켜야 할 규범이 지금보다 훨씬 엄격했다. 그래서 유대의 율법은 패역한 자식에 대한 부모와 사회의 처벌을 무섭게 규정했다.

그 성읍 장로들에게 말하기를 우리의 이 자식은 완악하고 패역하여 우리 말을 순종치 아니하고 방탕하며 술에 잠긴 자라 하거든. 그 성읍의 모든 사람들이 그를 돌로 쳐 죽일지니 이같이 네가 너의 중에 악을 제하라 그리하면 온 이스라엘이 듣고 두려워하리라

(신21;20-21)

유대인들은 아버지에게 불순종하고 아버지의 마음을 아프게 한 자식들은 돌로 쳐서 죽여도 된다는 그러한 가부장적 사고 속에서 생활했다. 그렇게 철저한 가부장적 사회 속에서 아버지가 아직 시퍼렇게 살아계신 데도 불구하고 감히 유산을 청구한 둘째 아들의 이야기를 그런 사회적 배경 속에서 살고 있던 유대인들에게 이야기를 꺼내셨다.

당시에는 아버지가 살아계심에도 아버지의 유산의 처분권을 행사하려 했던 자들을 패역한 행위로 간주하여 살인자와 방불한 죄인으로 취급했다. 그런데 그가 그 재산을 허랑방탕하게 다 써버리고 유대인들이 가장 혐오하는 짐승인 돼지우리 속의 동거인이 되었다. 즉 그들이 개 취급도 안했던 이방인들의 종이 되었다는 말이다. 이 비유를 듣는 유대인들에게 있어서 둘째 아들은 개보다 못한 자로 여겼을 거다. 왜냐하면 유대인들은 절대 돼지를 키우지 않았다.

우리는 이 둘째 아들의 이야기를 들으면서 누가 제일 먼저 생각이 떠오르겠는가? 아버지의 집은 종들도 풍성함 속에서 호강을 누릴 만큼 엄청난 풍요의 주인이시다. 그런데도 우리는 사랑의 아버지시며 인내의 아버지이신 하나님의 은혜를 떠나 살아보려고 발버둥치고 있다. 자기 안에 내재된 제한된 자원으로 자신을 행복하게 만들어 보겠다고 하나님을 떠난 첫 사람 아담의 모습에서 바로 우리 자신의 모습을 볼 수 있어야 한다.

그러니까 둘째 아들은 구원받기 이전의 우리 자신의 모습이며 구원 얻은 이후에도 여전히 우리 안에 존재하고 있는 우리의 옛사람의 모습인 거다. 따라서 그 돌에 맞아 죽어도 싼 그 둘째가 바로 우리다.

우리는 구원을 얻었다고 하면서도 하늘에서 풍성하게 주어진 하나님 아버지의 풍요를 진득하니 기다리지 못하고, 그 하늘의 풍요를 미리 사용할 수 있게 해달라고 떼를 쓰고 있다.

아버지가 빨리 죽든 말든 아무 상관하지 않고 풍요로운 유산을 얻기 위해 아버지를 졸랐던 둘째 아들의 행위는 아버지 살해 행위와 조금도 다르지 않다.

당시 유대관습에서 부모의 유산은 항상 부모가 돌아가셨을 때 자식들에게 분배가 되었고, 혹 부모가 살아계셨을 때 유산 분배가 이루어졌다고 하더라도, 부모가 돌아가시기 전까지는 그 재산의 소유권과 관할권이 다 부모에게 있었다. 자식들은 부모가 돌아가셔야 비로소 그 재산의 처분권을 행사할 수 있었다. 그럼에도 우리는 이 비유를 읽으면서 정작 우리가 하나님 아버지를 수시로 살해하고 있으면서 도리어 이 둘째 아들에게 욕을 했다.

그런데 그 둘째가 어떻게 돌아오게 되었는가?

> 이에 스스로 돌이켜 가로되 내 아버지에게는 양식이 풍족한 품꾼이 얼마나 많은고 나는 여기서 주려 죽는구나. 내가 일어나 아버지께 가서 이르기를 아버지여 내가 하늘과 아버지께 죄를 얻었사오니 (눅15;17-18)

'스스로 돌이켜'라는 어구는 '자기 자신을 되돌아보았다', '자기 자신을 거울로 비추어 보았다.' 라는 뜻이다. '스스로 돌이켜' 하니까 마치 회개의 주도권이 둘째 아들에게 있는 것처럼 보이지만, 돼지우리에서 돼지들과 쥐엄 열매 쟁탈전을 벌이고 있던 그 둘째 아들이 어느 순간 자신의 모습을 거울로 비추어보고 자신이 돼지와 같은 삶을 살고 있다는 것을 깨닫게 되었다.

그렇게 되기까지 누가 그에게 개입을 했겠는가? 자신의 죄인된 모습을 발견하게 되는 유일한 근거가 누가 죄에 대하여, 의에 대하여, 심판에 대하여 가르치러 오셨는가? 성령하나님이시다. 즉 하나님의 자녀가 자신의 죄인 됨을 자각하게 되는 유일한 길은 하나님 아버지의 불가항력적 은혜에 의해서이다. 이 또한 '스스로 돌이켜'의 문맥 속에 숨어 있는 내용이다.

그러니까 돼지우리 속에서 돼지 된 자신의 모습을 올바로 인식하고 자각하게 된 둘째 아들에게 찾아짐의 사건이 일어난 거다. 둘째 아들이 한 것이라곤 자기에게 주어진 제한된 아버지의 재산을 가지고 자기 자신의 행복과 쾌락을 위해서 돼지처럼 산 것 밖에는 없다. 그런데 어느 날 아버지의 마음이 그에게 임하여 그 자신이 스스로 자신의 돼지 됨을 바라보게 되었던 거다.

따라서 회개는 하나님을 떠나 스스로의 행복과 만족을 추구하며 사는 것이 바로 돼지우리 속에서 살아가는 우리의 삶이며, 우리가 추구하는 모든 세상의 힘들이 다 돼지가 먹는 쥐엄 열매라는 것을 하나님의 은혜로 올바로 자각할 때 하나님의 말씀 안으로 회귀하여 돌아서는 것이 바로 회개이다. 그저 사는 동안 지었던 몇 가지 죄를 내어놓고 눈물 콧물 짜는 게 회개가 아니다.

예수님은 유대인들이 개 취급도 안했던 사마리아 땅에서 자신을 찾아 온 세리와 창기들과 죄인들을 둘째 아들에 비유해서 바리새인들과 서기관들에게 일갈하고 있는 거다. 지금 너희들이 율법 관과 너희들의 관습에 의해 그 둘째 아들의 행위에 그를 죽이고 싶을 만큼 분노하고 있지만, 그러나 아버지의 은혜와 사랑은 그러한 자들의 더러움까지도 모두 덮어씌울 만큼 위대한 것이라는 것을 가르쳐 주신 거다.

예수님은 단순히 회개하면 하나님께서 다 용서해 주신다는 교훈을 던지신 것이 아니라, 하나님 아버지의 뜻을 계시하러 오신 것이 주님의 가장 중요한 임무(십자가)임을 피력하고 있는 거다.

그러므로 예수님은 당신 곁에 모인 세리들과 창기들, 사마리아의 죄인들, 유대의 바리새인들과 서기관들 그리고 당신의 제자들에게 하나님 아버지가 어떤 분인가를 두 아들의 비유를 통해 계시하고 있다.

이와 같이 둘째아들은 누군가에 의해 은혜로 부어진 성령 앞에 자신의 돼지 된 모습을 자각하게 되자 순간 아버지 생각이 났다. 욥이 자식과 재산과 아내와 이웃과 명성과 건강을 모두 잃고 돼지우리 속의 둘째와 같은 그런 모습이 되었을 때, 귀로만 듣던 하나님을 눈으로 보게 되었듯이, 또한 야곱이 아버지와 형과 고향과 유산을 모두 남겨둔 채 고향을 떠나던 날 하나님을 보게 된 것과 같이 둘째 아들의 사건도 이와 일맥상통한 거다.

그렇게 인간은 자신의 무지와 돼지 됨을 올바로 자각하기 전에는 절대로 하나님 아버지께 자신을 온전히 의탁할 수가 없다. 그래서 성도들은 구원을 얻은 이후에도 계속해서 자신의 무력함과 불가능함을 폭로 당하게 된다. 둘째는 도저히 자신이 아버지의 아들로 복귀할 수 없다는 것을 인정하고 수긍했다. 그게 바로 우리에게도 동일하게 요구되는 고백인 거다.

아들이 자신의 실존을 처절하게 깨달은 뒤 돌에 맞아 죽을 각오를 하고 아버지께 돌아갔다. 그런데 아버지가 문밖에서 그 아들을 기다리고 계시다가 아직 상거가 먼데도 뛰어나가 그 아들을 맞이했다.

당시 유대 사회에서는 우리 조상들과 마찬가지로 어른이 경박스럽게 뛰는 것을 아주 천박한 일로 간주했다. 그런데 아버지가 아들을 확인하자마자 냅다 뛰어가셨다. 왜 그랬을까?

당시의 관습에서는 아버지의 유산을 돌려받아 아들이 처분까지 해버렸다면 그 죄는 죽어 마땅한 죄다. 그래서 아버지가 그 아들이 다른 이들에게 맞아 죽을까봐 먼저 달려 나간 거다. 아버지는 아들을 기다리다가 발견하신 것아 아니라 아들이 나간 그 순간부터 아들의 삶에서 한 번도 눈을 떼지 않았다. 그게 바로 우리 하나님이시다. 침 삼킬 동안도 우리를 놓치지 않고 매순간 우리와 동행하시며 하나님을 떠나 자기 마음대로 살고 있는 우리의 자기 중심의 삶이 어떻게 돼지와 같은 삶에 불과한 것인가를 깨닫게 해주시느라 아버지는 아들의 패역함을 허락하신 것이고, 아들의 이방 나라 행을 허락하신 것이며 아들이 돼지우리 속의 쥐엄 열매보다 못한 자로 전락한 상태라도 그냥 보고 계셨던 것이다. 만일 아버지의 그런 의도가 아니었다면 아버지는 문밖에서 기다리실 것이 아니라 이방 나라로 사람들을 보내거나 직접 나서서 아들을 찾아오셨을 거다.

마찬가지로 하나님은 우리에게 아버지의 은혜를 떠난 우리가 결국 어떤 지경으로 파산하게 되는 것인지, 이 지옥 같은 현실을 경험하며 자각하고 아버지께로 눈을 돌려 하나님 아버지의 은혜만을 꼭 붙드는 자로 만들어 내시기 위해 우리를 이 세상에 놔두시는 거다.

우리는 이 땅에서, 하나님을 떠난 자들의 삶이 돼지우리의 삶이며, 파산의 삶이라는 것을 삶으로 배워야 하기 때문에 아버지가 이 돼지우리 같은 세상 속에 그냥 방치시킨 거다. 그가 스스로 아버지의 소중함을 경험하고 배워야 하기에 모른척하셨다. 따라서 이 비유에서 그러한 하나님의 구원이 어떤 것인가 아주 선명하게 기록되어 있다.

> 이 네 동생은 죽었다가 살았으며 내가 잃었다가 얻었기로 우리가 즐거워하고 기뻐하는 것이 마땅하다 하니라(눅15;32)

아버지는 집을 나갔다가 돌아온 둘째 아들이 죽었다가 살아난 자라고 말씀 하셨다. 아버지의 뜻을 헤아리지 못하고 자기 마음대로 아버지를 떠나 자신의 쾌락과 행복만을 위해 살았던 둘째는 율법에 의해 죽어 마땅한 자다. 그런데 아버지가 일방적으로 그 자식이 죽었다가 다시 산 자라고 선언해 버리셨다.

그가 언제 죽었다가 살아났는가? 육적으로는 죽지 않았다. 그런데 아버지가 그렇게 선언해 버리셨다. 그게 복음이다. 우리는 모두 둘째 아들처럼 죽어 마땅한 자들이다. 그런데 하나님이 당신의 아들이 지신 십자가 안에서 다시 살려 내셨다는 거다.

아버지는 돌에 맞아 죽어야 할 자식이 동네에 들어서자 자식이 당할 수모를 먼저 직감하고 뛰셨다. 그 수모를 아버지가 대신 당하시고 율법에 의해 죽어야 할 아들에게 옷과 신발과 반지를 끼워주셨다. 용서되지 못한 아들을 아버지가 먼저 용서해 버렸다.

그러나 그것은 당시 시대에 율법에 위배되는 행위이다, 그러니까 아버지는 지금 스스로 율법을 파기해 버리시고, 그 자신이 동네 사람들의 웃음거리가 되셨다. 그게 바로 하나님의 십자가 사건이다. 아버지 스스로가 율법을 허무시고 아들을 율법으로부터 자유롭게 만들어 버린 사건이 십자가로, 그렇게 해서 아들이 살아난 그것이 복음이며 구원이다.

주님과 어떻게 해야 연합될 수 있는가?

어떤 가난한 의대생이 학비 조달을 위해 아끼던 몇 권의 책을 들고 멀리 떨어진 헌 책방으로 가고 있었다. 그런데 가던 날이 장날이라고 책방 주인이 몸이 아파 문이 닫혀 있었다. 책을 팔 수 없어 실망한 학생은 너무나 다리가 아프고 배가 고파 근처의 집에 들어가 물이라도 얻어먹으려고 했다. 그러나 그 집에는 어른은 없고 어린 소녀가 집을 지키고 있었다.

"무엇이든 좋으니 먹고 남은 것이 있으면 좀 줄래?"

학생은 배가 고파 죽을 지경이라 염치불구하고 소녀에게 부탁했다. 그러자 소녀가 부엌에 들어가더니 우유 한 병을 가지고 나왔다.

"엄마가 점심에 먹으라고……."

자신의 마실 점심식사인 우유병을 내밀면서 말했다.

학생은 너무나 고마워 우유를 다 마시고 그 집 주소와 소녀의 이름을 수첩에 적어 두었다.

그리고 몇 년의 세월이 흘렀다. 한 부인이 중병으로 병원에 입원했다가 수술이 잘 되어 퇴원하게 되었다. 그 부인의 딸은 어머니가 회복되어 말할 수 없이 기뻤지만 수술비와 입원비가 엄청날 것으로 예상되어 병원비 때문에 마음이 편치 않았다. 그녀가 퇴원수속을 하기 위해 떨리는 손으로 병원비 계산서를 받아드는 순간 거기에는 상상할 수 없는 글귀가 적혀 있었다.

'입원비와 수술비 합해서 우유 한 병(이미 지불되었음)'

오래 전에 소녀가 먹어야 할 우유를 자신에게 건네준 마음을 그 학생은 잊지 않고 오랫동안 가슴에 담고 살았다. 그야말로 우유 한 병에 불과한 작은 것이었지만 그때의 고마웠던 마음을 가슴에 담고 살아가는 그 마음 자체가 얼마나 아름답고 숭고한가?

이런 것만 보더라도 우리가 뿌린 씨앗은 반드시 시간이 지나면 거두어들이게 된다. 선한 것은 선한대로, 악한 것은 악한 그대로, 그러나 그 수확이라는 것이 누군가에 의해 다시 더 큰 풍성한 수확으로 되돌아올 때의 그 기쁨은 말로 표현할 수 없을 정도로 매우 크다.

이 땅의 것도 그러할진대 하물며 하늘의 것이야 말하면 무엇하겠는가! 사망으로 떨어질 수밖에 없는 우리가 한 알의 밀알에 의해 풍성한 열매로 거듭 탄생 되는 영생이란 복음과 어찌 비교가 되겠는가? 하늘의 풍요는 작은 밀알이 땅에 떨어져 썩어야 거두어들일 수 있는 열매들이다.

> 한 알이 밀이 땅에 떨어져 죽지 않으면 한 알 그대로 있고, 죽으면 많은 열매를 맺으니라. 자기 생명을 사랑하는 자는 잃어버릴 것이요 이 세상에서 자기 생명을 미워하는 자는 영생하도록 보존하리라. 사람이 나를 섬기려면 나를 따르라 나 있는 곳에 나를 섬기는 자도 거기 있으리니 사람이 나를 섬기면 내 아버지께서 저희를 귀히 여기시리라(요12;24-26)

씨가 하나님의 말씀이고(눅8;11), 따라서 '좋은 씨를 뿌리는 이가 주님이다(마13;37)' 그러므로 성도는 그 말씀의 씨앗들을 날마다 마음 밭에 심고, 가꾸고, 성장하도록 사모해야 한다. 그런 자들만이 복 있는 자가 되어 긍휼히 여김을 받게 되고 또한 그런 자들이 마음이 청결하여 말씀을 통해 하나님을 볼 수 있다.

> 긍휼히 여기는 자는 복이 있나니 저희가 긍휼히 여김을 받을 것임이요. 마음이 청결한 자는 복이 있나니 저희가 하나님을 볼 것임이요(마5;7–8)

여기서 긍휼이란 단어는 슬픔, 애통, 자비, 은혜 등의 의미를 담고 있다. 그래서 성경에서 '긍휼히 여김을 받을 것이다'라는 구절이 나오면 인간들의 행위와 결부시켜 성도들의 거룩한 삶을 촉구하는 데에 사용한다. 즉 구원받은 성도는 긍휼을 베푸는 사람이 되어야 그도 긍휼히 여김을 받을 수 있다는 거다.

그러나 바울은 긍휼은 원한다고 주어지는 것도 아니고 열심히 달음박질하며 노력 한다고 생기는 것도 아닌 긍휼히 여기시는 하나님의 선물이라고 했다.

> 모세에게 이르시되 내가 긍휼히 여길 자를 긍휼히 여기고 불쌍히 여길 자를 불쌍히 여기리라하셨으니 그런즉 원하는 자로 말미암음도 아니요 달음박질하는 자로 말미암음도 아니요 오직 긍휼히 여기시는 하나님으로 말미암음이니라(롬9;15–16)

예수님의 말씀에 긍휼히 여기는 자만 긍휼히 여김을 받을 수 있다는 내용이라면 그렇다면 바울은 예수님의 말씀과 상반된 내용을 말하는 것이 된다. 무엇보다 긍휼은 자신은 물론 다른 사람의 현실을 올바로 직시하고 현 상황에 대해 함께 슬퍼하며 애통하고 자비와 은혜의 필연성을 서로 공감하는 것이다.

아울러 긍휼은 인간들이 정의하고 협의한 그런 종류의 긍휼이 아니라 하나님의 긍휼인 거다. 하나님은 각 사람의 행한 대로 갚으시는 하나님의 또 다른 속성이 공의다. 그러기에 시편 62편에 '주여 인자함도 주께 속하였사오니 주께서 각 사람의 행한 대로 갚으심이니이다(시62;12)' 이와 같이 하나님의 긍휼이 가입하지 않을 시에 살아날 수 있는 자가 단 한사람도 없다는 그런 뜻이다.

따라서 긍휼은 인간 측에서 만들어 낼 수 있는 감정이나 행위가 아니라 하나님의 긍휼을 아는 자들에게서 보여지는 자연적 반응이다. 그러므로 긍휼은 인간이 칭찬을 받는 그런 종류의 긍휼이서는 안되고 하나님의 도움 없이는 그 어떤 것도 우리가 살아날 수 없다는 무력함을 고백하는 자로 폭로되는 것이 긍휼이어야 한다. 따라서 하나님의 긍휼을 입은 자는 그 하나님의 긍휼을 나타내는 자가 되기 때문에 복 받은 자가 된다.

예수님은 이미 창세전에 하늘에 택함 받은 당신의 백성들한테 이 시간이라는 역사를 살아가는 동안에 필연적으로 나와야 하는 반응을 설명하신 거다. 따라서 긍휼은 타 종교인이나 무신론자들에게서는 절대 나올 수 없다. 그러므로 이 구절을 남을 불쌍히 여기고 잘 도우라는 식의 도덕이나 윤리의 행함으로 보게 되면 다른 이들도 행할 수 있는 선행이 되어 버린다. 그렇다면 자신은 월세에 살면서 수억을 기부한 사람들이 가장 추앙을 받아야 한다. 그러나 하나님은 예수를 알지 못하는 자들이 하는 긍휼은 자신의 의를 높이기 위한 행위기 때문에 도리어 죄라고 했다. 성경은 그러한 종류의 긍휼을 요구하는 것이 아니다. 그건 예수를 모르는 사람들도 많이 하고 예수를 죽인 바리새인들도 목숨을 걸고 행했던 일들이다.

고린도전서 13장을 보면 자기가 가진 것을 다 팔아 구제를 하고 약자들을 위해 자기 몸을 불사르는 긍휼을 베푼다 할지라도 예수의 사랑을 근거로 나온 것이 아니면 아무 것도 아니라고 했다. 또한 히브리서에 '믿음으로 행하지 않은 모든 것이 죄'라고 분명하게 기록하고 있다.

아울러 호세아서에 긍휼을 설명해 놓은 것이 있는데, 호세아는 예수님이고 고멜은 창녀이다. 하나님은 호세아에게 창녀 고멜과 결혼을 하라고 하셨다. 하나님의 긍휼이 그 창녀에게 임하여 그 용서받을 수 없는 창녀가 하나님의 신부가 되는 것을 구원이라 하고 거기에 부어진 것이 긍휼이다.

이게 하나님의 긍휼이다. 평생 창녀 짓만 하던 고멜에게 값없이 부어지는 것이 하나님의 긍휼이다. 고멜이 뭘 잘해서 예수(호세아)의 신부가 된 게 아니다. 고멜은 끝까지 창녀 짓을 하다가 결국 노예 시장에 팔려왔다. 그 값을 갖고 가서 사오는 것이 긍휼인 거다. 하나님께서 우리한테 긍휼을 베풀 때 긍휼의 여김이 나오는 것이지 우리가 노력해서 되는 것이 아니다. 따라서 예수님의 긍휼이 성경 여러 곳에 잘 나타나 있다.

> 예수께서 거기서 떠나가실 새 두 소경이 따라 오며 소리 질러 가로되 다윗의 자손이여 우리를 불쌍히 여기소서 하더니 예수께서 집에 들어가시매 소경들이 나아오거늘 예수께서 이르시되 내가 능히 이 일 할 줄을 믿느냐 대답하되 주여 그러하오이다 하니 이에 예수께서 저희 눈을 만지시며 가라사대 너희 믿음대로 되라 하신대.
> (마9;27-29)

두 소경이 우리를 불쌍히(긍휼) 여겨 달라고 소리 질렀다. 그런데 예수께서 그들을 긍휼히 여기시고 그들의 눈을 고쳐주셨다.

그들이 예수님의 긍휼을 입기 위해 어떤 것도 하지 않았다. 예수께서 그들에게 긍휼을 베푸신 이유가 믿음 때문이다. 따라서 예수님이 베푸신 긍휼의 근거는 소경들의 믿음인 거다.

> 예수께서 거기서 나가서 두로와 시돈 지방으로 들어가시니 가나안 여자 하나가 그 지경에서 나와서 소리 질러 가로되 주 다윗의 자손이여 나를 불쌍히 여기소서 내 딸이 흉악히 귀신 들렸나이다 하되 예수는 한 말씀도 대답지 아니하시니 제자들이 와서 청하여 말하되 그 여자가 우리 뒤에서 소리를 지르오니 보내소서 예수께서 대답하여 가라사대 나는 이스라엘 집의 잃어버린 양 외에는 다른 데로 보내심을 받지 아니하였노라 하신대 여자가 와서 예수께 절하며 가로되 주여 저를 도우소서 대답하여 가라사대 자녀의 떡을 취하여 개들에게 던짐이 마땅치 아니하리라 여자가 가로되 주여 옳소이다마는 개들도 제 주인의 상에서 떨어지는 부스러기를 먹나이다 하니 이에 예수께서 대답하여 가라사대 여자여 네 믿음이 크도다 네 소원대로 되리라 하시니 그 시로부터 그의 딸이 나으니라
> (마15;21-28)

여기서도 예수님의 긍휼이 믿음이 원인임을 나타내고 있다. 이렇게 하나님의 긍휼은 믿음을 전제로 하나님의 백성에게 부어지는 거다. 믿음이 전제가 되었을 때 긍휼이 부어지는 것이 아니라 하나님의 긍휼을 입은 자들에게서 믿음이 발휘되는 거다. 믿음의 주체도 하나님이시다.

두 소경은 '나는 아무것도 할 수 없는 무력자이니 긍휼 좀 베풀어 주세요' 자기들이 할 수 있는 것이 하나도 없기 때문에 부탁을 드릴 수밖에 없었다.

또한 이방의 가나안 여인도 이스라엘 선생에게 긍휼을 입을 방

법은 전혀 없었다. 그래서 예수님도 그 여인을 개라고 불렀다. 그런데 그 여인이 자신이 개라는 것을 알고 인정했다. 그러면서 주인의 상에서 떨어지는 부스러기라도 좀 나누어 달라고 부탁을 했더니 그녀에게 긍휼이 부어졌다.

따라서 긍휼히 여김을 받는 자들에게서 발휘되어야 하는 긍휼은 자신들의 무력함을 인정하는 것에서 시작이 된다. 즉 하나님의 긍휼이 없이는 이 세상 그 어떤 것도 존재일수 없다는 자기부인의 고백을 말하는 거다.

이미 창세전에 신령한 복으로 복을 받은 자들에게서 나타나게 되는 증상과 반응이 자기부인이다. 히브리어의 복은 언약의 어근과 같다. 즉 복이라는 것은 하나님의 언약에 의해 주어지게 되는 무상의 것임을 보여주는 거다. 따라서 창세전 언약 안에 들어 있는 이들은 이미 모두 복을 받은 사람들이다. 그렇다면 우리는 누가 뭐래도 예수님이 말씀하셨으니까 마음이 청결한 자가 맞다. 그리고 마음이 청결한 자는 하나님을 본다고 했다. 이 구절을 이해하려면 먼저 마음이 무엇인지를 알아야 한다.

> 또 내가 사망으로 그의 자녀를 죽이리니 모든 교회가 나는 사람의 뜻과 마음을 살피는 자인 줄 알리라 내가 너희 각 사람의 행위대로 갚아 주리라(계2;23)

이렇게 하나님은 사람의 마음을 감찰하고 살피시는 분이다. 그 마음이 생명과 맞닿아 있으면 산 존재인 것이고 그 마음이 엉뚱한 곳으로 향하고 있으면 죽은 것이 된다. 주님은 단호하게 '복 받은 자는 마음이 청결하다'고 말씀하셨다. 그런데 성경은 인간의 마음이 세상에서 제일 더러운 것이라고 명기하고 있다.

'만물보다 거짓되고 심히 부패한 것은 마음이라 누가 능히 이를 알리요 마는 나 여호와는 심장을 살피며 폐부를 시험하고 각각 그 행위와 그 행실대로 보응하나니(렘17;9-10)' 하나님은 이같이 마음을 살피시는 분인데 모든 인간들의 마음은 더럽다. 그래서 모든 인간은 죄와 허물로 다 죽은 자라는 거다.

아울러 마음이 청결하다는 것은 어떤 것을 의미하는 것인가?

청결은 사전적인 의미에서 티 없이 맑아서 정직하고, 사특함이 없고, 흔들림이 없는 고요한 상태다. 그렇다면 성경이 말하는 청결이 그런 것일까? 속에 더럽고 악한 마음을 품지 않고 항상 선하고 착한 생각만 하는 것을 청결이라 하는가? 그리고 그러한 청결한 마음을 우리가 열심히 노력해서 가질 수 있는 그런 종류의 마음일까? 성경이 말하는 청결은 인간들이 수도와 정진과 열심을 통해 만들어 낼 수 있는 그런 종류의 청결이 아니다.

성경은 인간들 스스로 그들의 마음을 청결하게 지켜낼 수 없다는 것을 단호하게 선언하고 있다. 청결하지 못한 마음이 바로 두 가지의 색깔을 갖고 있는 두 마음이다. 두 마음이란 하나님을 향해서만 집중이 되어야 하는 마음이 '나'라는 육적 자아에게로 분산이 되어 있을 때다. 그것이 교만이며 자신을 높이는 것이다. 그래서 예수께서도 두 마음을 품지 말라고 말씀하시면서 사람이 하나님과 재물을 동시에 섬길 수 없다고 하셨다.

> 한 사람이 두 주인을 섬기지 못할 것이니 혹 이를 미워하며 저를 사랑하거나 혹 이를 중히 여기며 저를 경히 여김이라 너희가 하나님과 재물을 겸하여 섬기지 못 하느니라(마6;24)

여기서의 재물이란 단순하게 돈만을 의미하는 것이 아니다. 주님께서 재물과 하나님을 두 주인이라고 하셨다. 맘몬이란 인간들이 하나님 없이 스스로 살아보겠다고 내어 놓는 모든 종류의 시도와 결과물들을 총칭하는 개념이다. 그 중심에는 항상 '나'가 있다. 그런데 하나님의 백성은 두 주인을 섬길 수 없다고 했다. 그 말은 하나님의 백성들은 반드시 하나님만 의지하는 자로 하나님께만 마음을 드리는 자로 끌려가게 된다는 뜻이다.

그런데 사람들이 그 마음에 하나님 두기를 싫어하고 엉뚱한 것을 두고 싶어 한다. 그 엉뚱한 것들을 다 모아서 하나로 함축하면 '나'이다. 그게 상실한 마음, 더러운 마음이다. 하나님이 그걸 그대로 놔두시면 사망이 되기에 하나님의 백성은 징계를 통해 끝까지 끌고 가신다.

그래서 야고보는 두 마음을 품은 자들을 '의심하는 자', 한 마음으로 정결케 된 자들을 '믿는 자'라고 부른다. 두 마음은 의심하는 마음이고 의심하는 마음은 믿음이 없는 상태를 말한다.

그렇다면 청결한 마음은 무엇인가? 하나님의 믿음에 의해 영생이라는 목적지로 끌려가면서 자기 자신을 향한 숭배의 마음을 하나님께 빼앗겨 가는 그 모든 과정이 마음의 청결이다. 즉 마음이 한 곳으로 모아지는 상태이다.

베드로가 요동하는 풍랑 위에서 주님께서 말씀을 하시면 요동하는 풍랑도, 중력이라는 자연의 법칙도 다 복종할 것이라는 예수님의 말씀의 권능을 믿고 물 위를 걸을 수 있게 해달라고 부탁했다. 예수께서 '오라' 하자 정말 그 말씀 앞에 자연이 순복 했다. 그럴 깨닫고 인정하는 것이 믿음이다.

그런데 그러한 믿음으로 요동하던 물 위를 걷던 베드로가 순간 풍랑이라는 현실과 자기 자신의 힘과 능력을 바라보느라 말씀의 능력을 까맣게 잊게 되자 빠지게 된 거다. 그걸 청결하지 못한 두 마음이라 한다.

무엇보다 마음을 정결케 하는 것을, 죄를 깨끗하게 씻는 것과 동일시한다. 그러니까 마음을 정결하게 하는 것은 단순히 욕심을 버리고 더러운 생각을 하지 않는 것 정도가 아니라 하나님에게로만 향해야 하는 마음을 다른 것에 빼앗기고 있는 그 죄의 본질에서 벗어나는 것을 말한다. 그런데 그걸 주님께서 십자가로 성취해 내셨다.

> 하나님은 우리의 피난처시오 힘이시니 환난 중에 만날 큰 도움이시라. 그러므로 땅이 변하든지 산이 흔들려 바다 가운데 빠지든지. 바닷물이 흉용하고 뛰놀든지 그것이 넘침으로 산이 요동할지라도 우리는 두려워 아니하리로다. 이르시기를 너희는 가만히 있어 내가 하나님 됨을 알찌어다 내가 열방과 세계 중에서 높임을 받으리라 하시도다(시46;1-3.10)

땅(백성)은 항상 요동하며 바다(세상)도 늘 흉융하고 요동한다. 그런데 그 속에서 하나님의 뜻을 감지하는 자들은 땅과 바다와 함께 요동하면 안된다. 그래서 하나님은 '너희는 가만히 있으라'고 하신 거다. 너희는 하나님 안에 있는 자들이기 때문에 땅과 바다가 요동을 치고 흉융한다 할지라도 절대 거기에 휩쓸릴 수 없는 운명이라는 거다. 그래서 가만히 있으라고 하셨다. 아무 것도 하지 말라는 말이 아니라 땅과 바다가 요동치는 가운데 하나님이라는 피난처 안에서 아무런 해를 받지 않을 수 있는 자가 너희니까 걱정하지 말라는 말씀이다.

이 땅에서 진짜 마음이 청결했던 분은 예수님 한분 뿐이셨다. 예수님은 하나님이셨음에도 불구하고 아버지 하나님의 뜻에만 관심을 집중하고 오로지 한 곳만 바라보셨다. 아버지의 영광, 그것이 마음이 청결한 거다. 그리고 십자가 안에서조차 아버지의 뜻을 보신 분이다. 우리는 바로 그 예수 안에서 아버지 하나님을 보는 거다.

예수께서 가라사대 빌립아 내가 이렇게 오래 너희와 함께 있으되 네가 나를 알지 못하느냐 나를 본 자는 아버지를 보았거늘 어찌하여 아버지를 보이라 하느냐(요14;9)

하나님을 보는 것은 예수님을 알아보는 것이다. 즉 예수를 믿는 믿음이 바로 하나님을 보는 거다. 예수님이 우리의 모든 복을 완료하여 수여하셨다는 것이 믿어질 때 우리의 역사 속 현실이나 환경은 그렇게 큰 무게로 우리를 누르지 못한다. 우리는 그러한 상황 속에서 하나님을 보게 되는 것이고 그렇게 하나님만을 바라보며 의지하는 것이 청결한 거다. 따라서 말씀으로 오신 주님이 시기에 성경(말씀)안에서 그 하나님을 매일 만날 수 있어야 한다.

하나님의 사랑은

지난해는 남편 때문에 말할 수 없는 불안과 초조감 때문에 시간이 어떻게 흘러갔는지 모르게 지나갔다. 처음 직장암이 발견되었을 때는 그래도 의료수술이 고도로 발달한 때라 크게 걱정하지 않았다. 그런데 2년 뒤에 또 다시 간으로 전이되고 보니 상황이 전과 같지 않았다. 간 수술을 받고 항암 표적주사를 세 차례 맞고 나서는 상황이 매우 심각해졌다. 그건 남편의 얼굴에서 죽음의 그림자를 보았기 때문이다. 무엇보다 고통스러워하는 남편을 곁에서 지켜보는 것도 힘들었지만 그동안 남편한테 살갑게 대하지 못했던 지난 세월에 대한 후회가 더 고통스럽게 다가왔다. 무엇보다 대신 아파줄 수도 없는 일이기에 내가 할 수 있는 일이라곤 고작 남편을 위한 기도밖에 할 게 없었다. 치료는 의사가 하지만 살고 죽는 것은 하늘에 달려 있다. 그래서 하나님께 마음을 담아 절실하게 간구했다.

'하나님! 지금 남편을 데리고 가고 안하고는 당신의 손에 달려 있습니다. 그렇지만 아직 어린애 같은 믿음인데 지금 이대로 생을 마치게 되면 어디로 가야하는지 너무나 잘 알고 있습니다. 그러니 제발 남편이 이 질병을 통해 하나님을 만날 수 있기를 간절히 바라고 하나님의 사랑이 어떠한 것인가를 깨닫게 되기를 간절히 원합니다. 그러니 그때까지 만이라도 지켜주세요' 이렇게 간구하고 또 간절히 기도했다.

음식을 제대로 먹지도 못하고 화장실은 수없이 들랑날랑 거리는 남편을 곁에서 지켜보고 있자니 사람이 살아있다는 것이 참 아무것도 아니라는 생각이 들었다. 잦은 설사로 인해 거의 탈진되다시피 한 눈은 십리만큼 푹 꺼져 있었고 그럼에도 삶에 대한 욕구가 몸 전체로 항거하는 듯해 마음이 더욱 아팠다. 차라리 자신의 전부를 하나님께 맡기고 모든 것을 그분께 의지했으면 하는 마음인데 남편은 그렇지를 못했다. 통증을 참느라 이를 앙다물고 있는 남편의 모습에서 내가 과연 해줄 수 있는 게 무언가? 그야말로 아무 것도 없었다. 그러다보니 속수무책으로 기도밖에 할 게 없었고, 보양이 될 수 있는 먹거리를 준비해 주는 것 밖에 없었다. 그리고 새벽이면 남편이 밤새 무사한지 여부를 살피는 것이 전부였다,

그러던 어느 날, 그날도 잠이 깰까 조심스레 방문을 여는 순간 깜짝 놀랐다. 그야말로 남편의 모습이 검은 동자는 없고 흰자위만 위로 치켜뜬 채로 정지되어 있었다. 순간 영락없이 저승사자가 찾아 왔다고 생각했다. 그야말로 혼이 나간 모습이 바로 저런 거구나. 그것을 실감하는 순간 죽음의 그림자가 고스란히 투영되어 가슴을 철렁하게 했다.

입술은 파르스름했고 떠억 벌린 입과 턱은 정지 상태로 눈동자는 흰자위만 허공에 멈춘 채 미동도 하지 않았다. 도대체 얼마나 아팠으면 저렇게까지 혼이 나가 있을까? 그런 생각이 들자 인간의 존재가 정말 아무것도 아니란 생각이 들었다. 숨을 쉬고 있는

코를 5분만 틀어막고 있어도 이승과 저승과의 거리가 불과 5Km 거리밖에 안되는 사실을 실감했다. 그야말로 삶과 죽음의 거리가 너무 짧다는 생각이 드는 순간, 불현 듯 하나님의 주권에 대해 다시 깨닫게 되었다. 이만큼의 삶이라도 유지할 수 있도록 허락하신 것도 어떻게 보면 다 하나님의 인내의 사랑 때문이라 생각되었다. 그러한 생각들을 하면서 남편의 침대 머리맡에 앉아 인생의 무상함을 느끼면서 남편의 손을 잡고 기도했다.

'하나님! 감사합니다. 나에게 당신의 사랑을 깨닫게 해주기 위해 남편의 질병을 허락하셔서 이렇게 큰 깨달음을 주시니 그 은혜가 너무나 감사합니다. 그렇지만 데려 갈 때 데려가시더라도 이 고통과 통증에서 좀 벗어나게 해 주시고, 남편 또한 이번 기회를 통해 믿음이 한소끔 더 성장할 수 있도록 성령의 인도함으로 인도하여 주소서.'

이렇게 간절한 마음을 담아 기도했다. 무엇보다 결혼생활 내내 단 한번이라도 남편을 진실한 마음으로 사랑한 적이 있었는가? 늘 삶에 쫓기고 허둥대느라 어느 누구도 살뜰하게 챙길 여유조차 없이 그렇게 살았다. 그러다보니 세월의 흔적만큼 삶의 무게가 전부 후회로 돌아왔고, 후회되는 그 무게만큼 남편에 대한 측은지심도 더 커져갔다. 그때 혼미한 상태서 정신이 드는지 남편이 푸시시한 상태서 옆에 있는 나를 발견하고,

"언제 들어왔어?"

"좀 전에."

밤새 얼마나 많이 아팠으면 저렇게까지 혼이 나갔을까 싶어 잡고 있던 남편 손위에 내 손을 마저 포개 얹고는,

"많이 아파?"

측은한 생각에 무언의 시선으로 물었다.

"아니. 지금은 좀 살 것 같아."

조금 편안해진 모습이긴 했지만 그래도 아픈 기색은 역력했다.

"제발 아프지 않게 해달라고 지금 기도하고 있었으니 차츰 나아질 거야."

그러자 갑자기 내손을 꼬옥 잡고는,

"나 이제 자기만 믿어."

남편은 마치 심한 통증에서 벗어난 현재의 상태가 내가 기도해서 그런 것 마냥 그렇게 착각하는 눈치였다.

"아니 내가 뭐라구……. 왜 나를 믿어? 하나님을 믿어야지."

그러고 나서 조금 있더니 방안을 한 바퀴 휘익 둘러보았다.

"나 좀 전에 엄마 만나고 왔어."

뜬금없이 6년 전에 돌아가신 시어머니를 보고 왔다고 말했다. 그때 남편은 꿈을 꾼 것으로 생각하고 그렇게 말했지만 나는 그렇게 생각하지 않았다. 꿈을 꿀 정도의 깊은 잠이라면 코를 골아야 정상이다. 그런데 남편은 코를 골기는커녕 숨이 멈춘 채 휜동자만 허공에 멈춰 있었다. 그 모습은 영락없이 혼(魂)이 나간 상태였기에 그야말로 돌아가신 시어머니를 만나고 왔다는 말이 사실로 여겨질 정도로 남편은 죽음의 문턱까지 갔다 온 사람이었다.

어찌하였거나 남편을 위해 내가 해 줄 수 있는 것이 기도밖에 없었다. 그러던 어느 날, 기도 중에 경남함양에서 목회하는 남편의 친구가 미국의 '캬야니'란 기능성 건강식품을 소개해 주었다. 기도 끝에 소개받은 식품이라 하나님의 응답이라 생각하고 그동안 맞았던 항암주사를 멈추고 대신 그 식품으로 대처했다. 그랬더니 그 후로 남편의 병세가 빠른 속도로 호전되어 갔다.

대부분의 교회 다니는 사람들이 조금 믿음이 있다하면 의사나 약으로 치유하는 것을 '믿음 약함'으로 착각하고, 기도원을 찾거나 신유은사의 목사들을 찾아가 기도로 대신 병을 고치겠다고 다짐하지만 그거야 말로 성경을 모르고 하는 무지의 소치다. 양의 나 한의나 대체의학이나 침이나 뜸이나 한약이나 양약이나 건강식품이나 또는 평소에 먹는 음식전체가 다 하나님의 손길이란 사실이다.

성령치유는 사단(거짓목사)들의 속삭임이고, 성령은 오직 하나님의 말씀(성경)뿐이다. 하나님의 백성들한테는 말씀이 들어가면 곧 믿음이 들어가면 질병은 자연 치유된다.

그래서 주님께서 중풍병자, 문둥병, 혈루병, 귀신 들린 자, 소경, 귀머거리 등, 이들을 전부 낫게 하시고 바로 '네 믿음이 너를 구원했다'라고 말씀하셨다.

그 후로 남편의 병세는 하루가 다르게 회복되어 갔고, 컨디션도 차츰 좋아지다 보니 성경을 읽는 시간도 그전보다 훨씬 많아졌다. 몸이 회복되자 시간만 나면 성경을 읽으려고 노력했고, 틈만 나면 찬송을 들으려고 핸드폰을 손에서 놓지 않았다. 간혹 그런 남편의 모습에서 하나님의 임재를 느낄 수 있었고, 하나님의 사랑하심을 감지할 수 있었다. 그러자 남편의 신앙성숙도 예전과 같지 않게 많이 변화되어 갔다. 무엇보다 병에 대한 두려움에서 어느 정도 벗어나는 듯했고, 표정도 많이 밝아졌다. 그 후로 남편의 변화에서 가장 두드러지게 느낄 수 있는 것은 하나님에 대한 궁금증이었다. 그래서 성경 자체가 하나님의 말씀이니 성경이나 열심히 읽으라고 조언했다. 그랬더니 성경을 읽다 궁금증이 생기면 그에 따른 질문이 그전 보다 훨씬 많아졌다. 그러다보니 하루가 다르게 영적으로 성장되어 가는 것이 눈에 띄기 시작했다.

이제는 어느 정도 성경을 읽은 것 같기에 2017년에 출간한 '더 이상 목사한테 속지 말라' 의 책을 천천히 읽어보라고 권했다. 그러면 전과 같지 않게 성경이 조금씩 이해될 거라 했더니 어느새 그 책을 다 읽고 후속으로 '아직도 목사한테 속고 있는가?'의 책을 읽고 있다. 그런 연후 '종교는 사기다' 의 책을 스스로 찾아 읽더니 이제는 성경이 조금씩 이해된다고 했다.

하늘의 비밀이신 예수 그리스도를 조금씩 깨달아 알아가는 것만큼 행복한 것은 없다. 내가 바로 그랬으니까. 그래선지 남편은 시간만 나면 성경을 읽고 찬송을 듣는 것으로 하루 일과를 보냈다.

대부분의 사람들이 시한부 인생이라 하면 절망부터 하려든다. 그러나 나를 사랑하는 하나님께서 종국에는 그것조차 구원의 도구로 허락하신다는 것을 깨달아 알게 되면 질병조차도 감사하게 여겨진다.

우리가 처해진 고난과 고통의 문제를 놓고 기도할 때 거의 대부분의 결과는 두 가지로 나타난다. 즉 고통의 문제가 해결이 될 수도 있고, 안될 수도 있다. 그렇지만 그 둘의 결과는 하나님의 뜻 안에 달려 있는 모두 그분께서 내리신 최선의 결과라는 점이다. 하나님이 허락하시면 우리의 고통스런 질병정도는 한 순간 거짓말처럼 사라질 수 있지만, 때에 따라 그 반대의 결과로 나타날 수도 있다. 그렇다하더라도 하나님이 나를 위해 최선의 것을 주셨다는 것을 인정해야 한다. 혹여 그러다가 세상을 떠난다 할지라도 하나님 나라에 들어갈 수 있다는 구원의 확신만 있다면 그 또한 복이다.

구원 얻은 자들이 가는 곳이 천국이다. 천국은 내가 노력하고 열심을 부려서 가는 곳이 아니라 하나님의 일방적인 선물에 의해서다. 따라서 하나님이 계시는 그 곳에서 하나님과 함께 사는 것처럼 행복한 것은 없다. 대개의 경우 천국은 죽어서만 가는 곳으로 아는데 그렇지 않다. 하나님의 나라는 얼마든지 이 땅에서도 누릴 수 있으며 또한 매일 같이 하나님을 만날 수 있다.

하나님을 볼 수 있는 그 길은 오직 한 길 뿐으로 주님께서, '내가 곧 길이요 진리요 생명이니 나로 말미암지 않고는 아버지께로

올 자가 없느니라(요14;6)'

이와 같이 말씀하셨기 때문에 우리는 언제든지 말씀으로 오신 그 하나님을 성경을 통해 얼마든지 만날 수 있다. 무엇보다 죽어도 죽지 않은 영원한 생명의 말씀이 성경 66권 안에 다 담겨 있으므로 성경 자체가 하나님의 영(말씀)이고 하나님이 계시는 천국이다. 따라서 성경이 곧 하나님의 선물임을 깊이 깨달아야 거짓선지자(목사)들한테 속지 않을 수 있다.

죽음의 문턱까지 다다랐던 남편을 통해 필자 역시 영원한 생명이신 하나님이 계신 본향인 그 나라를 자주 생각하게 된다. 우리에게 돌아갈 본향이 있다는 것은 그만큼 행복한 일이다. 그것을 깨달은 사람과 그렇지 않은 사람과의 행복의 차이는 엄청나다. 그러기에 돌아갈 본향(천국)을 그리며 사는 사람들을 향해 주님께서 '너희가 바로 세상의 빛이다.' 라고 말씀하신 거다.

원래 빛의 원형은 하나님이시다. 그래서 창세기 1장에서 창조의 첫머리에 '빛이 있으라' 하매 빛이 등장했다. 이는 창세부터 일어나는 모든 창조의 일은 다 빛(그리스도)이신 하나님의 주도하에 일어나는 것임을 명시한 거다. 그런데 그 빛(하나님)이, 이 땅에 육신을 입고 말씀(예수 그리스도)으로 내려 오셨다.

> 태초에 말씀이 계시니라 이 말씀이 하나님과 함께 계셨으니 이 말씀은 곧 하나님이시니라 그가 태초에 하나님과 함께 계셨고 만물이 그로 말미암아 지은바 되었으니 지은 것이 하나도 그가 없이는 된 것이 없느니라 그 안에 생명이 있었으니 이 생명은 사람들의 빛이라 빛이 어두움에 비취되 어두움이 깨닫지 못하더라(요1;1-5)

하나님께서 빛이신 주님으로 이 땅에 육신의 옷을 입고 내려오셨다. 그런데 유대인(교회)들이 그 빛을 알아보지 못했다. 즉 빛의 대척점에 있는 어두움들은 빛이 비춰되 그것을 빛으로 깨닫지 못한다는 거다. 이는 그 빛(말씀)으로 눈먼 자의 눈을 밝히시고, 흑암에 처한 자를 그 어둠에서 나오게 하셨는데 그 빛을 다른 곳에서 찾고 있었다. 그래서 성경은 그 빛을 알아보지 못하는 자들을 어두움이라 했고 그 어두움을 자주 소경에 비유했다.

> 예수께서 가라사대 내가 심판하러 이 세상에 왔으니 보지 못하는 자들은 보게 하고 보는 자들은 소경이 되게 하려 함이라 하시니 바리새인 중에 예수와 함께 있던 자들이 이 말씀을 듣고 가로되 우리도 소경인가 예수께서 가라사대 너희가 소경 되었더면 죄가 없으려니와 본다고 하니 너희 죄가 그저 있느니라(요9;39-41)

예수께서 심판하러 이 세상에 오셨다고 함은 즉 우리를 소금과 빛으로 만드시겠다는 거다. 그런데 그 소금이 보지 못하는 자들은 보게 하고, 보는 자들은 소경이 되게 하는 힘이 있다. 즉 하나님의 백성들에게 소금이 뿌려지면 '난 소경입니다. 그래서 빛이신 주님의 조명이 필요합니다.' 그렇게 자신이 소경임을 자각하고 빛이신 하나님의 조명을 간구하게 된다. 그러나 정작 성경에서 소경과 귀머거리를 하나님의 종(목사)이라고 밝히고 있다.

> 너희 귀머거리들아 들으라 너희 소경들아 밝히 보라 소경이 누구냐 내 종이 아니냐 누가 나의 보내는 나의 사자 같이 귀머거리겠느냐 누가 나와 친한 자 같이 소경이겠느냐 누가 여호와의 종 같이 소경이겠느냐(사42;19)

이와 같이 하나님의 종이라 자처하는 목사들을 가리키고 있는데 이들이 바로 언약 밖의 사람들이다. 언약 밖의 사람들은 '스스로 난 빛을 봅니다.' 이렇게 너스레를 떠는 바리새인과 같은 사람들이다. 그러니까 '하나님 저는 어두움입니다. 제게는 빛이 필요합니다. 그래서 주님이 빛으로 오셔서 저를 구원하지 않으면 저는 영원한 사망에 던져질 수밖에 없습니다.'라는 고백을 하는 자들이 바로 빛이다. 그런데 '나는 율법도 잘 지키고 도덕 윤리도 열심히 수행하고 착한 일도 열심히 하는데 왜 내가 앞을 못 봅니까?' 이런 사람들이 바로 바리새인(목사)들과 서기관(신학자) 같은 오늘날의 거짓목사들이다.

> 나는 빛으로 세상에 왔나니 무릇 나를 믿는 자로 어두움에 거하지 않게 하려 함이로라(요12;46)

예수께서 어두움에 빛을 비추어 밝은 빛으로 끌어내기 위해 이 땅에 오셨다. 어두움이었던 자들이 빛으로 나온 상태를 믿는 자라 한다. 자신을 신뢰하던 자리에서 벗어나 예수님만을 믿고 의지하는 자들이 빛이다. 주님은 '흑암에 앉은 백성이 큰 빛을 보았고 사망의 땅과 그늘에 앉은 자들에게 빛이 비취었도다 하였느니라(마4;16)' 이와 같이 인간의 가능성에 의지하는 자들은 흑암이라 하시고 그늘진 사망의 땅에 앉은 자라고 하셨다.

그래서 주님은 율법을 잘 지키고 착하게 살려고 애를 썼던 바리새인들을 가리켜 소경, 즉 어두움이라 하셨다. 따라서 빛이신 주님께서 율법을 잘 지키고 제사를 잘 지키며 선행에 힘쓰던 바리새인한테 너희가 회칠한 무덤이고 마귀의 자식이며 독사의 새끼라고 폭로해 버리자 그들이 예수님을 죽이려 했다.

진짜 빛이 오니까 이 세상에서 가짜 빛 행세를 하던 자들의 실체가 폭로가 되었지만 그런데 주님은 우리를 빛이라 하셨다. 그 말은 성도의 존재가 세상이 어두움임을 폭로하는 기능을 한다는 뜻이다.

열심히 착한 척하며 인간들의 자존심을 챙기고 있는 세상(교회)에게 '너희들의 그러한 선한 행위가 하나님 앞에서 절대 선으로 카운트 되지 않는다. 하나님이 기뻐하시는 선은 예수의 하신 일 뿐이다. 그러므로 너희는 예수를 믿어 영생에 이르러야 진짜 행복과 평강이 올 수 있는 것이다.'라고 빛으로 소금으로 오신 예수 그리스도의 십자가 도를 전할 때 세상의 가면이 벗겨진다. 그게 빛이 하는 일이다. 그러니까 세상의 빛인 성도가 이 땅에 빛을 비추어서 세상을 아름답게 만드는 것이 아니라, 근사하게 자신의 어두움을 몇 가지 착한 행실로 위장하고 있는 세상(교회)의 실체들을 백일하에 드러내게 하는 일을 하는 자들이다.

근사한 치장과 행위로 자신들이야말로 세상의 빛이라 굳게 믿고 있고 우기고 있는 사람들 앞에서 '그게 빛의 삶이 아니라 빛이신 예수를 믿는 것이 빛의 삶이다'라고 외치는 사람들이 빛이다. 그래서 그러한 성도의 빛으로서 삶을 통해 산 위의 동네가 환하게 드러나게 되는 것을 주님께서, '너희는 세상의 빛이라 산 위에 있는 동네가 숨기우지 못할 것이요(마5;14)' 이렇게 말씀하셨다. 즉 창세전에 복을 받은 하나님의 백성들이 빛으로 이 땅에 보내어졌다.

그런데 산 위에 있는 동네가 숨기우지 못한다는 말은 무슨 말인가?

유대인들에게 '산 위의 동네'는 예루살렘이다. 예루살렘이라는 성 자체가 시온 산, 즉 모리아 산 위에 세워진 성읍이다. 예루살렘은 율법의 중심이다. 그 안에 성전이 있었다. 성도가 빛의 역할을 제대로 해내면 율법주의의 실체가 폭로 당하게 된다는 그런 뜻이다.

빛이신 예수님께서 율법주의의 중심, 예루살렘의 중심이라 할 수 있는 바리새인들과 서기관들의 정체를 철저하게 폭로시키고 가셨다. 성도도 마찬가지로 이 세상(교회)에서 주님의 십자가의 도만 의지하고 붙들고 전하는 자로 살아가야 한다. 그때 세상의 위장된 의가, 산 위의 동네 예루살렘이 악으로 폭로가 된다. 그래서 '너희는 세상의 빛이다. 그로인해 산 위의 동네가 숨기우지 못한다.'라고 말씀하셨던 거다. 그런데 그 빛이 집안사람들에게 비추어 진다.

> 사람이 등불로 켜서 말 아래 두지 아니하고 등경 위에 두나니 이러므로 집안 모든 사람에게 비취느니라(마5;15)

하나님의 빛은 자기 마음대로 혼자 숨어서 살 수 없다. 그러므로 성도를 이 땅에 빛으로 보내신 분이 반드시 등경 위로 높이 치켜들게 한다는 거다. 그랬을 때 그 빛이 집안 모든 사람에게 비추어진다. 집안 모든 사람은 하나님의 집안 모든 사람을 말한다. 즉 하나님의 백성들은 빛을 알아본다는 뜻이다.

그렇게 빛을 알아본 자들은 '나는 이렇게 어두움인데 하나님께서 예수라는 빛으로 나에게 비추어서 내가 거저 빛이 된 거로구나'하고 하나님의 은혜를 찬송하게 된다.

그러므로 예수님의 의만을 의지하고 예수님만을 믿는 것을 '하나님의 일(요6;29)'이라 했고, 그게 바로 착한 행실이라 했다. 또한 그 착한 행실을 보고 하나님의 은혜를 찬송하는 것을 하나님께 영광을 돌리는 거라 했다. 반면에 집밖 사람들은 그 빛을 보면 도리어 밟아 꺼버리려고 한다. 따라서 우리는 지금 빛의 삶을 살고 있는가? 늘 점검하며 살아야 한다. 그랬을 때 하나님의 크신 사랑을 온전히 느낄 수 있다.

예수와 율법

어느 목사의 설교 중에 이런 우스개 이야기가 있다.

"성경책 표지가 까만 것은 우리 죄가 검기 때문이고, 옆의 색이 빨간 것은 예수님의 보혈 때문이며, 속이 하얀 것은 우리 죄가 희어졌기 때문입니다."

그 이야기를 들은 그 교회 신도가 손을 번쩍 들고 이렇게 질문했다.

"그런데 목사님, 제 성경책 옆은 연한 갈색인데요."

목사 왈,

"그것은 예수님 살색입니다."

물론 설교를 지루하고 따분하지 않게 하기 위해 웃자고 한 유머겠지만 오늘날 거의 대부분의 설교가 이 범주를 벗어나지 못하고 있다는 사실이다. 성경구절을 낭독하고 그에 따른 말씀을 전하는 것 같지만 실상은 성경구절의 말씀과는 다소 다른 엉뚱한 방향으로 흐르고 있다. 초림 당시 모세오경과 구약성경을 달달 외우다시피한 바리새인과 서기관들이 하나님의 말씀을 곡해하여 예수님을 알아보지 못했듯이 오늘날도 이와 똑같은 현상이 교회에서 버젓이 벌어지고 있다. 그래서 주님께서 그들을 향해 이렇게 일갈하셨다.

> 내가 율법이나 선지자나 폐하러 온 줄로 생각지 말라 폐하러 온 것이 아니요 완전케 하려 함이로라. 진실로 너희에게 이르노니 천지가 없어지기 전에는 율법의 일점일획이라도 반드시 없어지지 아니하고 다 이루리라. 그러므로 누구든지 이 계명 중에 지극히 작은 것 하나라도 버리고 또 그같이 사람을 가르치는 자는 천국에서 지극히 작다 일컬음을 받을 것이요 누구든지 이를 행하고 가르치는 자는 천국에서 크다 일컬음을 받으리라. 내가 너희에게 이르노니 너희 의가 서기관과 바리새인보다 더 낫지 못하면 결단코 천국에 들어가지 못하리라(마5;17-20)

오늘날 교회는 '천지가 없어지기 전에는 율법의 일점일획도 없어지지 아니하고' 다 이룬다는 이 구절 때문에, 예수께서 율법의 세목 하나하나를 다 지켜 내심으로 우리에게 전가시켜 주신 것이라는 데에 초점을 두고 있다. 그렇다면 예수께서 율법을 다 지켜내셨다고 했을 때, 다 지켜내신 율법의 항목이 문제다. 구약의 율법은 비단 십계명뿐만 아니라 하나님께서 이스라엘에게 주신 율법이 수천 개가 넘는다.

따라서 예수께서 완전케 하신 것은 율법뿐만 아니라 율법과 선지자는 구약 전체를 의미하는 것으로 따라서 '율법의 완성'이란 개념 자체를 완전케 하셨다는 뜻이다. 그러므로 예수께서 율법을 완전케 하셨다는 것은 단순히 율법의 세목을 다 지켜 내셨다는 의미가 아니라 구약 전체를 예수로 결론 내고 가셨다는 말이다.

내가 율법과 선지자를 완전케 하러 왔다고 말씀을 하신 후 바로 이어서 살인, 간음, 이혼, 맹세, 원수사랑, 구제, 기도, 금식, 재물, 염려, 판단 등에 관해 자세하게 설명해 주셨다. 표리적 내용으로만 보면 절대로 그런 거 하지 말라는 거다. 그런데 그 모든 규례의 마지막이 이렇게 끝이 났다.

> 그러므로 무엇이든지 남에게 대접을 받고자 하는 대로 너희도 남을 대접하라 이것이 율법이요 선지자니라(마7;12)

그런데 그 율법과 선지자는 예수님에 의해 완성이 되었다. 따라서 성경이 이야기 하고자 하는 것이, 그 안에 있는 모든 것을 하나도 빠짐없이 다 지켜내시고 우리에게 대접을 전가시켜 주신 것이 아니라는 내용이다.

예수께서 다 완성하셔서 이제 우리가 그 율법과 선지자로부터 참소를 당하지 않게 된 것은 맞다, 그런데 그 말이 그 사이에 들어 있는 세목 하나하나를 완전하게 다 지키고 가셨다는 말이 아니다. 율법과 선지자가 완성이 되는 것이 의다. 그렇다면 정말 그렇게 해서 예수님의 의가 완성이 되는 것이 맞는가?

'너희의 의가 서기관과 바리새인의 것보다 더 낫지 못하면' 이라는 어구는 '차원이 다르다'는 의미다. 주님께서 우리에게 요구하시는 '의'는 그야말로 바리새인들이 생각하고 실행하는 그런 '의' 와는 차원이 완전히 다른 '의'라는 거다. 즉 바리새인들의 '의'의 정의는 율법의 세목을 하나하나 잘 지켜서 의를 이룰 수 있다는 그것이다.

그런데 우리에게 전가시켜 주신 '의'가 바리새인의 '의'와 차원이 확연히 다른 '의' 인데 예수님이 완성하신 '의'가 그것과 똑같이 그 세목을 하나하나 다 지켜서 완성해 내신 '의'가 된다면 그것처럼 모순된 말씀은 없다.

구약의 이스라엘은 하나님이 원하시는 '의'를 그들 스스로가 율법을 지켜서 완성할 수 있다고 믿었다. 무엇보다 이스라엘은 율법 말고 다른 법이 없었기 때문에 그 율법 자체가 사회법이기도 했다. 그래서 율법이 헌법이요, 통치법이었다. 그러니까 당연히 하나님의 백성은 하나님 나라인 이스라엘의 법을 완벽하게 지켜서 하나님의 백성다움을 보이고 증거 하여야 한다고 믿었다. 그래서 열심히 지켰던 거다.

그러나 신약에 와서 그러한 율법을 예수께서 십자가에서 다 이루셨기 때문에 예수를 머리로 한 하나님의 백성 전체가 율법으로부터 자유롭게 되었다. 우리는 예수 안에서 죽었기 때문에 율법이 우리를 주관하지 못할 뿐 아니라 어떤 요구도 할 수 없다. 그러므로 이제 예수님과 연합된 하나님의 백성들은 아무 법도 지키지 않아도 된다. 우리가 지켜내야 할 율법은 하나도 없다.

그러나 성경에선 또 다른 법이 등장했다. 완성된 법, 즉 새로운 법이다. 그런데 그 법은 성도에게 규범의 강박으로 주어진 법이 아니라 성도 스스로가 이끌고 가는 사랑의 법이다. 이게 율법과 다른 차이점이다.

율법은 인간 측의 가능성과 열심과 노력을 필요로 하는 것인 반면에, 율법을 완전하게 하신 그리스도께서 우리 안에 생명의 성령의 법으로 오셨기 때문에 성령께서 우리를 이끌고 가는 거다. 그런 자들만 사는 거다. 그렇게 완료가 된 율법과 선지자를 사도 바울이 생명의 성령의 법이라 했다.

이와 같이 율법은 지켜서 구원을 얻는 것이 아니다. 그 어떤 사람도 율법이 요구하는 바를 다 성취해 낼 수 없다. 예수님 또한 율법을 부정하여 완성시켜내셔야 하는 분이지 그것을 다 지키신 분이 아니다.

따라서 '율법의 요구가 이루어졌다.'는 뜻은 아들이신 예수님이 십자가에서 죽으심으로 율법의 요구가 이루어졌다는 의미이지, 아들이 율법을 다 지켜서 완성이 되었다는 것이 아니다. 그래서 바울이 그 사망의 법으로서의 율법과 예수님에 의해 완성되어 자유하게 하는 법을 이렇게 묘사했다.

> 내 지체 속에서 한 다른 법이 내 마음의 법과 싸워 내 지체 속에 있는 죄의 법 아래로 나를 사로잡아 오는 것을 보는 도다(롬7;23)

우리 안에는 두 개의 법이 공존한다. 하나의 법은 사망에 이르게 하는 율법이고, 다른 법은 생명의 성령의 법이다. 우리는 율법과 선지자로 표현된 '말씀'을 대하게 되면 일차로 그것을 명령과 규례로 인식을 하게 된다. 왜냐하면 율법 아래의 죄인들은 자신의 선악 구조 아래에서 모든 것을 인식 하기 때문이다.

그런데 그러한 죄인들 중에 예수가 완료하신 또 다른 성령의 법인 마음의 법이 하나님의 선택 안에 들어가 있는 자들에게 심전(心田)에 심겨지게 된다. 그래서 마음 안에 두 법이 존재한다.

따라서 한 법은 '율법을 지켜야 한다.'는 사망에 이르는 법이고, 또 다른 한 법은 '자기를 부인하고 십자가의 도를 좇는 성령의 법'으로 따라가는 법이다. 이를 달리 표현하면 한 쪽은 내가 법을 지키려 노력하는 것이고, 다른 한 쪽은 하나님의 성령에 의해 끌려가게 되는 법이다. 이 둘은 천국과 지옥만큼 확연히 다르다.

> 또 그리스도께서 너희 안에 계시면 몸은 죄로 인하여 죽은 것이나 영은 의를 인하여 산 것이니라(롬8;10)

그리스도의 영이 우리 안에 계시면 우리의 몸은 죽은 것으로 드러나고 성령과 연합된 새로운 성전으로서의 '나'만 산 것으로 드러나게 된다. 따라서 영은 우리 안에 따로 존재하고 있는 어떤 것이 아니라 우리 안에 성령에 의해 장악된 또 다른 '나'를 말하는 거다.

따라서 성령의 법과 생명의 법은 우리를 죽은 자로 만들어 버리고 하나님의 약속인 하나님의 법으로 우리를 장악하여 이끌어 가시는 하늘 방식의 새 언약이다. 따라서 우리가 법을 지켜내는 것이 아니라 하나님과 하나된 교회가 하나님의 다스림에 의해 그 나라로 입성하는 거다. 그게 구원이고 영생이다.

제3부
믿음(성령하나님)이란?

목사와 무당의 삶이 같다

목사이던 아버지 밑에서 성장한 우리 교회 교인이 오랜만에 92세이신 아버지를 찾아뵈었다. 대화중에 아들한테,

"너의 바램이 무어냐."

라고 묻길래.

"돈 많이 벌어 편하게 사는 거요."

그렇게 대답 했더니,

"그렇다면 하나님을 믿고 로또 복권을 사서 기도를 백번 정도 해봐라."

그러면 하나님께서 반드시 들어주신다는 얘기를 듣고 이사야 선지자의 말씀이 생각나 오늘날 한국교회의 목사들의 자화상을 보는 듯해 심장이 철렁했다.

> 대저 여호와께서 깊이 잠들게 하는 영을 너희에게 부어 주사 너희의 눈을 감기셨음이니 그가 선지자들과 너희의 지도자인 선견자들을 덮으셨음이라(사29;10)

목사들한테 깊이 잠들게 하는 신을 부어주었으니 어찌 성경을 깨달을 수 있겠는가? 평생을 목사로 또는 고아원 원장으로 살아왔던 구십 세가 넘은 노구의 목사의 입에서 나온 신앙관이다. 그래서 성경에 '만물보다 거짓되고 심히 부패한 것은 마음이라 누가 능히 이를 알리요마는(렘17;9).' 이와 같이 전부 거짓말투성이라고 정확하게 지적한 거다.

교회라면 이걸 알아야 한다. 하나님은 우리가 육신의 옷을 입고 있기 때문에 세상적인 거짓말은 문제 삼지 않지만 하나님 앞에서의 거짓 증거는 용서되지 않는다는 점이다.

성경에서의 모든 복은 '영생'이란 복뿐이다. 우리의 마음이 온전히 주님 앞으로 나아가면 저장할 수 없을 정도로 진리의 말씀이 생각 안에 풍성하게 잠기게 해준다. 그 자체가 믿음이고 영생이다. 그러기 때문에 주님께서 공생애 동안 병을 고쳐주시면서 늘 따라붙는 말씀이 '믿음이 너를 구원했다. 네 자리를 들고 걸어가라.' 이렇게 믿음을 강조했다. 이는 육적인 병을 고쳐주시므로 영혼 치유에 대한 구원을 나타내시기 위한 것이지 단순히 병을 고쳐주기 위한 것이 아니다. 영혼이 치료되면 즉 믿음이 들어가면 육적인 병은 자연스레 낫는다. 그러려면 먼저 자기가 죽어야 한다.

안수는 죽는 것이다. 자기 생각이 죽어야 영이 살아난다. 목사가 안수를 받는다는 것은 자기 생각이 죽고 하나님의 말씀만으로 대언하겠다는 하나님과의 약속이다. 이는 너의 생각과 사상을 다 죽이고 하나님의 말씀으로 살라는 뜻이 진정한 안수고 세례다. 따라서 병든 자가 예수님한테 안수 받으면 낫는다. 즉 자기생각이 죽어버리면 예수님의 영(말씀)이 들어가 구원이 된다.

또 내게 이르시되 너는 이 모든 뼈에게 대언하여 이르기를 너희 마른 뼈들아 여호와의 말씀을 들을찌어다. 주 여호와께서 이 뼈들에게 말씀하시기를 내가 생기로 너희에게 들어가게 하리니 너희가 살리라(겔37;4-5)

따라서 에스겔 37장은 이렇게 구별 지어진 하나님의 백성들한테 하나님의 말씀을 대언하게 하므로 영이 살아나게 되는 장면을 나타낸 거다. 마른 뼈들이 바로 이스라엘 족속으로 교회(하나님의 백성)이다. 지금 이 종교세계가 전부 무덤이다. 초림 때는 회칠한 무덤으로 서기관과 바리새인들이 그 대표적인 모델이었다면 오늘날의 서기관과 바리새인들은 거의 목사들을 지칭한다.

극단적인 비유일지 모르지만 가끔 누가 무병에 걸렸다는 얘기를 하게 된다. 병원에 가면 의사들이 병의 원인을 알 수 없다고 하는데 자신은 실제로 음식을 먹지 못하고, 잠도 잘 수 없고 나중에는 환청까지 본다. 견디다 못한 그들이 용한 무당을 찾아가면 하나같이 신이 내렸다는 얘기다. 그러면서 무병은 내림굿을 받아야 낫는다고 하여 어쩔 수 없이 자신이 무당이 되었다는 얘기이다. 그런 의미에서 무병은 신의 종으로 선택받았음을 알려주는 표징이다.

문제는 우리나라 목사들과 무당들의 인생 여정과 크게 다르지 않다는 점이다. 대부분의 목사들의 간증들을 들어보면 무당들의 사연과 별반 다를 바가 없다. 그런데 이런 특별한 경로로 목사가 되었다고 하면 도리어 신도들이 그 목사한테 특별한 관심을 갖게 된다. 즉 주의 종으로 선택받은 유능한 목사로 착각하게 된다는 점이다.

엄밀히 말하면 성도들 중에 주의 종이 아닌 사람은 한 명도 없다. 그런데도 한국 교회에서 주의 종이라 하면 목사만을 지칭하는 것으로 마치 선택받은 사람들로 착각하고 신도들한테 대접받는 것을 지극히 당연한 것으로 생각한다. 그래서 그런지 교회에 다니던 사람 중에 사업 실패로 궁지에 몰리거나, 혹은 직업선택의 기로에 놓여 있을 때 그나마 힘들이지 않고 안정된 수익의 보장과 신도들의 추앙에 대한 기대감 때문인지 주로 신학을 선택한다.

아울러 학생들 또한 대학입시의 낙방을 감추기 위해 누구나 쉽게 들어갈 수 있는 신학교를 선택하므로 학위 취득과 대학이란 스펙 때문에 신학교를 선택한다. 그 결과 세계에서 가장 많은 교회와 목사가 차고 넘치도록 풍성한 한국교회가 되었다. 그야말로 목회자 공급이 수요를 초과한 것이 아주 오랜 전의 이야기다, 그러다보니 서로 자기 교회로 유치하기 위해 다양한 전도프로그램과 그렇게 해서 모인 고객(교인)들을 타 교회로 빼앗기지 않기 위해 각양의 편의시설과 재밌는 설교집을 개발하여 무엇보다 예배가 지루하지 않도록 고객만족을 최우선의 목적으로 하고 있다.

하나님은 영이시다. 그러므로 신령과 진정으로 드리는 예배만 받으신다. 그런데 오늘날의 한국교회는 하나님을 경배하고 찬양하는 예배가 아닌 사람을 위한 예배가 된지 아주 오래되었다.

그리고 그에 앞서 주의 종을 선택한 목사들의 삶에 있어 세속과 담을 쌓은 것인가 하면 그렇지 않다. 오히려 그런 목사일수록 더 적극적으로 돈과 권력을 향해 교회 문을 활짝 열어 놓고, 그들이 찾아오면 주의 종을 섬기라고 부추긴다.

간혹 목사들의 설교를 들어보면 거의 대부분 뻔한 간증스토리다. 그들이 목사직을 선택한 이유 중에 하나가 세상의 부귀와 영화에 눈이 멀어 이런저런 직업을 전전하며 방탕한 생활을 하다 어느 날 갑자기 하나님이 질병으로 자신을 치셨다는 거다. 그래서 하나님께 질병을 고쳐달라고 간절히 기도하면서 만약 낫게 되면 신학을 선택하여 목사가 되겠다고 결심했고, 그리고 기도의 힘으로 나니까 질병도 치유되고 모든 고통에서 해방되어 만사형통의 삶을 살게 되었다는 그야말로 유치찬란한 간증들뿐이다.

어디 그뿐인가! 교회를 개척하고 오늘날과 같은 대형교회의 모습으로 일구어 내기까지 적지 않은 고난과 고통과 승리의 드라마가 있었다는 자기 자랑뿐이다. 주로 질병과 실패의 이야기에 자주 언급되는 것이 서원이다.

서원은 하나님께 한 약속 또는 맹세를 뜻한다. 마치 한나가 사무엘을 하나님께 바치기로 서원한 것처럼 자식을 못 낳던 여자가 서원을 통해 아들을 얻으면 목사시키겠다고 한 경우나, 아들이 갑자기 원인 모를 병에 걸렸는데 고쳐주면 하나님께 바치겠다 서원하는 경우이다. 그런데 그런 서원에도 불구하고 목사되기를 거부하고 다른 직업을 선택했다가 거듭 되는 실패로 결국 처음의 약속을 기억하고 회개하고 돌아와 신학을 공부했다는 주로 이런 서원의 이야기가 기독교방송이나 유튜브에서 자주 듣게 되는 이야기들이다.

그러다보니 유독 한국 교인들한테서 그러한 서원들을 많이 보게 된다. 극단적인 위기에 몰릴 때, 즉 아들의 죽을 병을 낫게 해주면 목사를 만들겠다고 서원하는 사람. 사업이 대박나면 수입의 몇 프로를 건축 헌금으로 바치겠다는 서원, 망해가는 사업을 다시 일으켜 세워주면 교회에 헌신하겠다는 서원들이 주로 주류를 이룬다. 이들은 하나님은 뭔가 조건을 걸어야만 그 대가로 소원을 들어주시는 것으로 착각한다. 이상하게 우리나라 하나님만 이런 조건을 붙여야 기도를 들어주시는 그런 무당 신(예수)이 유독 많다.

이는 내가 원하는 것을 얻기 위해 어떤 조건을 붙여야 하나님께서 기도를 들어주실 거라는 생각에서 치성(금식기도나 새벽기도 철야예배 등)을 드리는 것은 미신(우상숭배)이지 기독교가 아니다. 그러기 때문에 맹세의 폐해를 알고 계셨던 주님께서 이렇게 가르치셨다.

> 옛 사람에게 말한바 헛맹세를 하지 말고 네 맹세한 것을 주께 지키라 하였다는 것을 너희가 들었으나 나는 너희에게 이르노니 도무지 맹세하지 말지니 (마5;33-34)

성경은 앞서도 얘기했지만 두 길밖에 없다. 애굽(세상) 왕이 있고 가나안(이스라엘) 칠족(하나님의 백성)이 있다. 뱀에 미혹되면 세상적으로 따라가고, 믿음이 들어오면 그리스도의 말씀 따라간다. 그러므로 '평안의 매는 줄로 성령의 하나 되게 하신 것을 힘써 지키라(엡4;3)' 즉 성령의 하나 되게 하는 게 하나님의 뜻이 하나 되게 하는 거다. 그러므로 하나님의 백성이라면 이 세상의 조건부 신(神)한테 마음을 두지 말고 성경(성령)의 말씀을 듣고 진짜 하나님 말씀만을 좇아야 한다. 그래야 변화를 받고 하나님의 뜻이 무엇인지를 분별할 수 있다.

> 너희는 이 세대를 본받지 말고 오직 마음을 새롭게 함으로 변화를 받아 하나님의 선하시고 기뻐하시고 온전하신 뜻이 무엇인지 분별하도록 하라(롬12;2)

이 세상을 본받으면 안된다. 하나님의 뜻은 성경 안에 다 담겨 있다. 따라서 심령 안에 하나님의 거룩한 영(말씀)이 있으면 존귀한 자가 된다. 그런데 오늘날의 목사들이 이를 깨닫지 못하니까 성경에서의 복 자체가 영생임에도 불구하고 물질의 복으로 착각하여 앞서 고아원 원장의 목사처럼 엉뚱한 소리를 한다. 그야말로 평생을 목사로 있으면서 소경이 되어 성경조차 깨닫지 못하는 노구의 영혼이 참으로 안타깝게 느껴진다.

코로나가 바로 하나님의 심판

요즘 코로나로 세상이 시끄럽다. 그러나 구원받은 성도는 하나님께서 지켜주시기 때문에 걱정할 것이 전혀 없다. 따라서 염병(코로나)의 치료는 교회에만 있다. 코로나의 피난처가 바로 시편 91편에 잘 나타나 있는데 곧 하나님의 말씀이다.

> 내가 여호와를 가리켜 말하기를 저는 나의 피난처요 나의 요새요 나의 의뢰하는 하나님이라 하리니. 이는 저가 너를 새 사냥군의 올무에서와 극한 염병에서 건지실 것임이로다. 저가 너를 그 깃으로 덮으시리니 네가 그 날개 아래 피하리로다 그의 진실함은 방패와 손 방패가 되나니. 너는 밤에 놀램과 낮에 흐르는 살과. 흑암 중에 행하는 염병과 백주에 황패케 하는 파멸을 두려워 아니하리로다. 천 인이 네 곁에서, 만 인이 네 우편에서 엎드러지나 이 재앙이 네게 가까이 못하리로다. 오직 너는 목도하리니 악인의 보응이 네게 보이리로다.(시91;2-8)

시편 91편은 모세의 노래이다. 이와 같이 하나님의 백성들과 악인들의 실상을 적나라하게 보여주는 장면이다. 즉 하나님의 백성들은 피난처가 있기에 절대 염병에 걸리지 않는다. 그러나 악인들은 염병에 걸려 죽는다. 지금 마지막 때가 되니까 하나님께서 코로나를 통해 악인들이 넘어지는 것을 보여주므로 하나님의 백성들은 빨리 회개하고 거기서 나와 나의 피난처로 거처를 삼으라고 하신 거다.

창세기에서 말라기까지 유다와 예루살렘 백성이 전부 타락되었고. 하나님을 거역했으며, 우상을 섬김으로 구약에서 저주와 심판을 내리셨다. 그러나 거기서 적은 무리의 씨가 하나씩 나오므로 그러한 책망에서 구원으로 회복되어 가는 과정을 그린 것이 성경이다.

따라서 에스겔서에 인자란 호칭이 많이 등장하는데 '인자'가 초림 때는 예수 그리스도고. 계시록 때는 진리의 성령이다. 성령이 곧 진리의 말씀으로 하나님의 말씀이다.

하나님의 백성들한테는 '내 이름을 경외하는 너희에게는 의로운 해가 떠올라서 치료하는 광선을 발하리니(말4;2)' 이와 같이 치료하는 광선이 따라다니기에 염병이 걱정 없다. 이름은 하나님의 이르신 말씀이다. 즉 치료하는 광선이 바로 말씀이다. 먼저 영혼을 치료하고 나면 육도 자연 치료된다. 염병은 하나님을 모르는 악인한테 내리는 심판이기에 그러므로 하나님의 백성이라면 염병(코로나) 정도는 염려할 필요가 없다는 거다.

얼마 전, 교회를 다녔던 젊은 친구가 지금은 세상적인 일로 바쁘게 살아가느라 교회를 다니지 않는다고 하기에 한마디 했다.

"지금 전 세계적으로 퍼지고 있는 코로나를 어떻게 생각해?"

하고 물었더니 대답은 안하고 그저 멀뚱히 쳐다만 봤다.

"이걸 알아야 해. 코로나가 바로 교회들을 향한 하나님의 심판이야.”

라고 했더니,

“그렇다면 하나님을 믿지 않는 사람들은요?”

이렇게 반문했다. 이는 무신론자들을 포함해 타 종교를 믿는 사람들까지 왜 그런 피해를 봐야하느냐는 것에 대한 불신이 가득한 의문의 질문이었다.

“하나님은 당신 백성들의 구원에만 목적이 있지 그 외는 관심조차 없으셔.”

라고 얘기해 주었더니.

“교인들 때문에 왜 다른 사람들까지 불이익을 당해야 해요?”

아예 따지듯 다시 또 물었다.

다행히 그가 전에 교회를 다녔던 사람이라 어느 정도 성경에 대해 알고 있는 터라 창세기 1장의 하나님의 천지창조에 대해 자세히 설명해 주었다.

6000년 전에 ‘하나님이 태초에 천지를 창조하시니라.’는 하나님의 백성과 사단의 백성을 구분하는 작업을 시작하기로 계획하셨다. 즉 6000년 전에 ‘땅이 혼돈하고 공허하며 흑암이 깊음 위에 있고 하나님의 신은 수면에 운행하시니라’ 땅이 곧 백성이다. 하나님의 백성들이 혼돈하고 공허하며 흑암의 깊음 위에 있기 때문에 이때부터 당신의 백성들을 구분지어 천국백성을 만들기 위한 천지를 창조하셨다. 그래서 창세기 1장 전체는 빛(말씀)과 어둠(사단), 하늘(지성소)과 땅(교회), 낮(하나님 백성)과 밤(사단의 자식) 등 이와 같이 구분지어 놓으셨다고 설명해 주면서 어서 빨리 하나님께로 돌아오라고 했다.

모든 성경의 요지는 빛과 어둠이다. 그러므로 성경에는 두 가지의 길 밖에 없다. 하나님께 택한 백성이냐, 아니면 유기된 백성이냐. 즉 믿느냐, 믿지 않느냐의 선택에 의해 하나님의 백성이냐 유기된 백성이냐. 이렇게 둘로 나누어진다.

BC 1280년에 쓰인 이집트의 '사자의 서'(book of the Dead)에 이러한 내용에 있다. 이집트의 '사자의 서'는 죽은 자를 위한 사후 세계에 대한 안내서로, 그 안에는 삶과 죽음에 대한 이집트의 생각과 내세관이 고스란히 담겨 있으며 이집트의 신화, 풍속, 사회 현상, 역사 등이 녹아 있는 문서이다. 주로 파피루스나 가죽 등에 성각문자, 신관문자, 민중문자 등으로 적어서, 죽은 자와 함께 매장되었다. 가장 오래된 것이 BC 1240년경이다. 여호수아의 가나안 정복 전쟁이 BC 1400년경으로, '사자의 서'가 쓰인 시기는 아마도 이스라엘의 사사 시대 정도 될 듯싶다.

거기에는 이집트의 메시야라 불리는 호러스라는 신에 대한 기록이 적혔는데 성경과 아주 흡사한 내용이 많다. 그 호러스의 신은 사후 세계의 왕인 이시리스라는 신의 아들이다. 그 호러스가 인간 세상에 메시아로 내려왔는데 그때 그 호러스를 낳은 인간 어머니가 동정녀였다.

그리고 그 신의 아들 호러스는 강에서 세례를 주던 세례인 아넙에 의해 강에서 세례를 받았다. 뿐만 아니라 신의 아들 호러스에게 세례를 준 아넙은 후에 목이 잘려 죽는 참수를 당했다.

신의 아들 호러스는 사막에 있을 때 시험을 받았고 병자들을 치유했으며 소경의 눈을 뜨게 했고 죽은 자인 아사르를 살렸으며 물 위를 걸었다. 그의 제자는 열두 명이었고 결국에는 예수처럼 십자가에 달려 죽었다. 그리고 삼일 후에 두 명의 여자에 의해 인류의 구원자 호러스가 부활했다는 소식이 이집트 전역에 전해졌다.

사후 세계의 왕인 이시리스라는 신의 아들 호러스의 일생이 하나님의 아들 예수님의 일생과 너무나 흡사하다. 뿐만 아니라 '사자의 서'는 공통적으로 인간의 심판에 대해 기록을 하고 있다. 모든 인간은 죽어 사후 세계의 왕인 이시리스에게 가서 살아생전의 행위를 바탕으로 심판을 받게 되는데 그 심판에서 악인으로 판결을 받은 자들은 영원한 죽음으로 들어가게 되고, 의인으로 판결을 받은 자들은 영원한 부활의 몸으로 살게 된다고 했다.

그래서 이집트인들은 이시리스의 심판 후에 부활에 대비하여 죽은 육신을 매장하지 않고 미이라로 만들어 보관했던 거다.

이런 이야기를 들으면 혹시 기독교가 동방의 여러 종교나 신화들을 표절하여 만들어진 허구일거라는 생각이 들 수 있다. 예수님이 이 땅에 오시기 무려 1300년 전에 예수님의 삶을 마치 비디오로 미리 본 것처럼 내용이 적힌 문서들이 있다는 것이 얼마나 놀라운 사실인가! 이걸 어떻게 이해해야 되는가?

그러나 천지창조가 시작되면서 하나님과 분리된 아담(죄인)들은 절대 이해할 수 없는 것들이 가득 찬 것이 이 세상이다. 그러다보니 인류는 그들의 가슴에 뻥 뚫린 공허를 메울 길이 없어 진리를 찾기 위해 엄청난 노력과 시간을 역사 속에 쏟아 부었다. 그러한 노력을 동양에서는 '도'라고 부르고 서양에서는 '철학'이라 한다. 그러나 그 '도'는 인간이 인식할 수 있는 이성의 한계 바깥에 존재하고 있기 때문에 여전히 그런 것들을 통해서는 자신들의 그 공허를 메울 수 없을 뿐더러 길 조차 찾지 못했다.

그렇기 때문에 오히려 이러한 고대신화의 이야기들을 통해 하나님의 말씀은 모두 다 사실이며 하나님의 말씀이 일점일획도 땅에 떨어지지 않고 모두 다 실현되고 있다는 것을 더욱 확실하게 붙들게 된다.

그럼에도 죄인들은 어떻게 해서든지 신의 존재를 증명해 보려하고 자기들의 힘을 동원하여 그 신의 정체를 밝히려고 부단한 노력들을 해왔고 지금도 하고 있다.

그러다보니 고대 신화에 단골 메뉴로 등장하는 노아의 홍수 사건이나 바벨탑 사건들 모두가 죄인들의 탐구의 영역 안에서 멋대로 추측하고 상상되어 '기독교가 혹시 허구가 아닌가?' 이런 생각들을 하게 된다. 그렇지만 정작 그들이 그토록 찾아 헤매던 '도'는 허구에서 맴도는 허상에 불구할 따름이다. 그러나 진리요, 생명의 길인 '도'는 예수 그리스도 한분뿐임을 성경은 분명하게 기록하고 있다.

> 예수께서 가라사대 내가 곧 길이요 진리요 생명이니 나로 말미암지 않고는 아버지께로 올 자가 없느니라(요14;6)

그러므로 진리(하나님)에로의 길로 갈 수 있는 유일한 방법은 예수 그리스도밖에 없다. 따라서 예수 밖에 있는 자들은 길을 잃게 되어 각기 제 길로 갈 수밖에 없다. 그러다보니 위와 같이 고대신화의 이야기들을 들으면 그러한 신화들이 사실로 믿게 되고 성경에서의 이야기는 전부 허구로 받아들어 구원과 거리가 먼 삶을 살게 된다.

그러기에 성경의 모든 말씀은 길이신 예수님께서 그러한 죄인들을 찾아가시는 방법으로 구원에 도달할 수 있다고 기록하고 있다. 따라서 주님은 날 때부터 소경된 자를 눈을 뜨게 한 사건과 사마리아 여인의 이야기를 통해 바로 그 사실들을 주지시키고 있다.

남편을 다섯이나 바꾼 무식하고 부도덕적인 사마리아 여인한테 예수님이 찾아가시자 나중에 물동이를 버려두고 마을로 돌아가 부끄러움도 다 잊은 채 메시아를 전하게 되는 구원의 여정과, 하나님이 누구신지도 모르고 또한 구원의 필요성도 감지하지 못한 체 그저 하루하루 구걸로 연명하고 있던 소경에게 찾아가 그의 눈과 귀를 열어주고 새로운 생명을 부어주시는 장면을 통해 구원이란 이런 것이라는 것을 보여주신 거다.

그렇게 진리요 생명의 길이신 주님께서 우리의 심령 안에 찾아오실 때, 인간은 비로소 이성으로 인식할 수 없는 믿음의 실체를 온전히 깨닫게 된다. 그것을 성경에서 '믿음'이라 부른다.

속이는 것과 거짓말

필자가 가끔씩 즐겨하던 농담이 있다. '나는 남을 속이면 속였지 거짓말은 안한다.' 모르긴 몰라도 대부분의 사람들이 남을 속이는 것과 거짓말이 같다고 생각하기 때문에 내가 그러한 농담을 하면 그저 재밌게 웃고 받아들인다. 물론 나 자신도 그 얘기를 농담 삼아 한 얘기지만 성경을 깨닫고 나자 그 말의 의미가 확연하게 다르다는 것을 느끼게 되었다.

그렇다면 남을 속이는 것과 거짓말은 무언가? 엄밀히 따지면 남을 속이는 것과 거짓말은 분명하게 다르다.

남을 속이는 것은 자기의 이득을 챙기기 위해 의도적으로 하는 음흉한 계획이다. 그러나 거짓말은 자기의 부족한 부분을 감추고 싶어 포장하거나, 혹은 상대를 배려하는 마음으로 하는 하얀 거짓말을 할 때다. 예를 들어 의사가 위암 말기의 시한부한테 마음을 편안하게 해주기 위해 치료 잘 받으면 괜찮다. 또는 남성이 여성한테 호감을 사기 위해 보기보다 나이가 젊어 보인다거나 예뻐 보인다는 등, 때론 자기가 싫어하는 대상을 향해 남한테 그 상대방의 약점을 과장해서 얘기할 때, 그러한 거짓말 속에는 어떤 이익을 위해 하는 말이 아니다. 따라서 거짓말과 남을 속이는 것은 이와 같이 판이하게 다르다.

오늘날 목사들이 교회의 이득을 챙기기 위해 성경 구절을 교묘하게 인용해 십일조나 헌금을 거두워 들이는 행위나, 하나님의 종인 목사를 잘 섬겨야 하나님께서 복을 주신다는 등의 것은 교회의 이득을 생각하고 의도적으로 하는 말이라 하나님의 백성을 속이는 것이 된다. 말씀만 온전히 다 전해도 시간이 모자랄 판에 성경에 있지도 않는 허탄한 거짓된 말들을 그럴듯하게 꾸며 전하는 것이 하나님(말씀)을 속이는 것이 된다,

> 여호와께서 말씀하셨다고 하는 자들이 허탄한 것과 거짓된 점괘를 보며 사람으로 그 말이 굳게 이루기를 바라게 하거니와 여호와가 보낸 자가 아니라. 너희가 말하기는 여호와의 말씀이라 하여도 내가 말한 것이 아닌즉 어찌 허탄한 묵시를 보며 거짓된 점괘를 말한 것이 아니냐. 그러므로 나 주 여호와가 또 말하노라 너희가 허탄한 것을 말하며 거짓된 것을 보았은즉 내가 너희를 치리라 나 주 여호와의 말이니라.(겔13;6-8)

여호와께서 말씀하셨다고 하면서 얘기하는 자들이 하는 소리가 허탄한 것과 거짓 점괘로 하나님의 말씀이라 하는데 여호와께서 에스겔 선지자를 통해 당신께서 하신 말씀이 아니라고 분명하게 말씀하셨다. 그런데도 오늘날까지 여전히 허탄한 것과 거짓된 점괘로 설교단상에서 설교하는 목사들이 너무 많다.

허탄이란 진리나 타당성이 없이 거짓되고 미덥지 않다는 의미이고 거짓 점괘는 하나님의 말씀에 자기 생각을 삽입하여 마치 하나님의 계시인양 부풀려 전하는 것을 말한다. 이러한 허탄한

거짓 점괘가 오늘날 교회 안에서 너무나 널리 퍼져있고 자기들의 생각을 말하면서 전부 꿈에 하나님의 계시를 받았네, 기도 중에 환상을 보았네 하는 것들이 바로 예레미야 선지자가 말한 두 가지 악이다.

> 내 백성이 두 가지 악을 행하였다니 곧 생수의 근원되는 나를 버린 것과 스스로 웅덩이를 판 것인데 그것은 물을 저축지 못할 터진 웅덩이니라.(렘2;13)

생수의 근원이 되는 말씀을 버린 것과 스스로 꿈에 계시를 받았네 하는 허탄한 짓거리가 바로 웅덩이를 판 것으로 그 자체가 물(말씀)을 저축치 못한 터진 웅덩이라 했다. 즉 목사가 기도해 주면 당면한 어려운 문제들이 해결된다거나, 아무개 안수집사가 기도를 열심히 했더니 그 집 아들이 취직이 되었다는 등의 성경에 없는 그런 말들이 바로 터진 웅덩이(무저갱)로 하나님을 기만하는 것이 된다. 그러기에 이렇게 말하는 자들은 여호와가 보낸 자들이 아니라고 예레미야선지자의 입을 통해 하나님께서 분명하게 말씀하셨다. 따라서 이와 같은 말씀을 신약에서도 주님께서 똑같이 하셨다.

> 그날에 많은 사람이 나더러 이르되 주여 주여 우리가 주의 이름으로 선지자 노릇하며 주의 이름으로 많은 권능을 행치 아니하였나이까 하리니, 그때에 내가 저희에게 밝히 말하되 내가 너희를 도무지 알지 못하니 불법을 행하는 자들아 내게서 떠나가라(마7;21-22)

> 너희가 사람의 미혹을 받지 않도록 주의하라. 많은 사람들이 내 이름으로 와서 이르되 나는 그리스도라 하여 많은 사람을 미혹케

하리라(마24;4-5)

간혹 어떤 목사는 40일 금식기도하고 성령의 은사를 받았다고 하고, 어떤 권사는 예언의 은사를 받았다고 자랑하고, 또는 그러한 성령의 은사로 안수하고 기도했더니 암이 나았다고 하는 그런 무당짓거리가 바로 성령을 속이는 거짓행위이다.

> 내 이름으로 거짓을 예언하는 선지자들의 말에 내가 꿈을 꾸었다 꿈을 꾸었다고 말하는 것을 내가 들었노라(렘23;25)

성령은 오직 하나님이신 말씀뿐이다. '태초에 말씀이 계시니라 이 말씀이 하나님과 함께 계셨으니 이 말씀은 곧 하나님이시니라(요1;1)' 이렇게 분명하게 기록되어 있는데 목사가 안수하면 암이 치유되고, 망하던 사업이 다시 흥하고, 예언의 은사를 받은 아무개가 하나님의 계시라며 성경 외적인 말로 사람들을 유인하여 교회로 오게 하면, 그게 바로 주님의 이름으로 거짓을 예언하는 불법을 행하는 자들이다.

몇 년 전 일산에서 목회를 하는 목사 부인이 간증한 얘기를 모 기도원서 들은 적이 있다. 얘기인 즉슨 위암이 생겼는데 자기가 하나님을 믿는 자로서 병원에서 수술을 하는 것이 왠지 믿음이 약한 자 같이 생각되어 하나님께 의지하기로 맘먹고 수술을 포기하고 지냈는데 지금까지 8년째 병원 검진결과 암세포가 더 이상 커지지 않고 그대로 있다고 간증했다.

교회는 그걸 알아야 한다. 의사나 약사의 손을 빌려 치료하는 것도 하나님의 응답이고 손길이다. 그런 간증의 효과 때문인지 그리고 다음해, 그 기도원 목사의 얘기에 의하면 어떤 돈 많은 독지가가 나타나 그 교회에 200억을 헌납하므로 교회를 크게 새로

짓게 되었다는 얘기다.

오늘날 목사들이 성경에 없는 말씀으로 설교하는 그 자체가 바로 하나님을 속이는 가장 큰 죄악이다. 그게 종교로 사기 치는 한국교회 목사들의 현주소고 또한 교회 재정을 쌓기 위해 이 세상 물질을 놓고 성경말씀과 육신의 생각으로 설교하는 그 자체가 바로 하나님을 속이는 영적사기행각이다. 누구보다도 교회들은 그게 바로 사단의 계략임을 알아차려야 한다.

기도원에서 함께 금식기도를 하던 어느 부목사한테 들은 얘기다. 자기가 청년 시절 너무 어려워 십일조를 내지 않고 지냈는데, 어느 날 자기 교회 목사가 말라기 3장 8절에서 10절까지를 설교하는데 그때 문득 그동안 십일조를 내지 못한 두려움이 번쩍 들었다고 했다. 그래서 삶이 그렇게 공고하고 궁핍했던 이유가 십일조 때문인가를 깨닫고 그동안 밀린 십일조를 계산하여 전부 내고 났더니 그 담부터 맘이 편해졌다는 얘기다.

요즘 교회들이 십일조의 참 뜻을 모르다보니 이와 같이 이 구절을 갖고 교인들한테 가장 많이 사기를 친다.

> 사람이 어찌 하나님의 것을 도적질하겠느냐 그러나 너희는 나의 것을 도적질하고도 말하기를 우리가 어떻게 주의 것을 도적질하였나이까 하도다 이는 곧 십일조와 헌물이라. 너희 곧 온 나라가 나의 것을 도적질하였으므로 너희가 저주를 받았느니라. 만군의 여호와가 이르노라 너희의 온전한 십일조를 창고에 들여 나의 집에 양식이 있게 하고 그것으로 나를 시험하여 내가 하늘 문을 열고 너희에게 복을 쌓을 곳이 없도록 붓지 아니하나 보라.(말3;8-10)

십일조는 단순히 물질적인 소득을 하나님께 십분의 일을 떼어 바친다는 것이 아니라 그 안에는 아주 중요한 십일조의 의미가 레위기 27장 30절에 담겨 있다. '땅의 십분의 일 곧 땅의 곡식이나 나무의 과실이나 그 십분의 일은 여호와의 것이니 여호와께 성물이라.'

하나님께서 이스라엘에게 십일조를 하라고 명령한 것에는 십일조가 약속의 땅과 관련이 있기 때문이다. 그렇기 때문에 하나님께서 이스라엘 백성한테 십일조를 명령하신 때가 바로 약속의 땅에 들어가고 난 후의 일이다. 하나님께서 그 약속의 땅에서 나는 소산과 가축의 십분의 일을 꼭 하나님께 바치도록 한 것에는 유월절 어린양의 피로 출애굽한 이스라엘을 향해 그 땅과 그 땅에서 나는 소산은 하나님의 열심에 의해 우리에게 은혜로 주어졌다는 것을 기억하게 하기 위함이다.

또한 십일조는 하나님께서 약속의 땅에서 이스라엘에게 하나님의 은혜를 기억하도록 명령하신 하나의 율법이다. 그러기에 온전한 십일조를 하나님께 드릴 때, 이 세상 그 어떤 것과도 비교할 수 없는 가장 큰 복인 영생이란 복을 쌓을 곳이 없도록 부어주시겠다고 하신 거다

즉 하나님의 백성들은 하나님이 어떤 분이신가를 알아보고 그 하나님이 명령하신 말씀들을 듣고, 보고, 순종하면서 따를 때 그들에게 영생이란 복을 주시는 것이 십일조가 담고 있는 깊은 의미다.

따라서 십일조는 단순히 소득의 십분의 일을 하나님께 바친다는 것보다 하나님의 전적인 은혜로 출애굽한 이스라엘이 즉 세상에 눈을 돌리고 살던 교회들이 다시 하나님의 말씀 안으로 들어와 그 하나님의 은혜가 너무나 감사하게 느껴질 때, 그때 드리는 예배가 바로 십일조인 거다.

하나님은 영이시다. 그러기에 인간이 바치는 제물엔 관심이 없으시다. 다만 세상으로부터 출애굽을 시켜주신 하나님의 은혜를

잊지 않고 기억하는 그 심령들에만 오직 관심을 갖고, 그런 자들이 모여 신앙고백으로 드리는 예배가 바로 십일조의 진정한 의미이기 때문에 신령과 진정으로 드리는 예배만 받으시겠다고 하신 거다.

하나님은 인간들이 먹고 살기위해 하는 거짓말에는 그다지 관심이 없으시다.

물론 성령이 심령 안에 거한 자들은 세상적인 거짓말이라 하더라도 하지 않으려고 노력은 하지만 어쨌든 그러한 거짓말을 하지 않고 사는 것과 구원과는 별개라는 뜻이다.

하나님은 교회들이 세상과 간음하는 그 자체를 가장 저주하시고 그들만을 심판하신다. 간음 자체가 남녀가 서로 눈이 맞아 배우자를 놔두고 하는 간음이 성경에서 말하는 간음이 아니다. 그리스도의 말씀에 세상 교리를 섞어 전하는 목사가 음녀고 그들이 바로 간음한 자라고 하는 거다.

나 역시 목사지만 간혹 성경 말씀을 갖고 곡해하여 다르게 해석하는 경우가 그동안 종종 있었다. 그러기 때문에 하나님을 만나지 않았을 때 농담처럼 하던 남을 속이면 속였지 거짓말하지 않는다는 우스개소리가 막상 하나님을 만나고 나서 곰곰 생각해 보니 그 또한 아주 틀린 말은 아니라는 생각이 들었다.

'나'라는 사람이 성경의 진위를 완전하게 깨닫지 못했을 때 전하는 그 말씀 속에는 나의 이득을 위한 계산이 없었다. 그러나 내가 교회로 사람들을 끌어 모으기 위해 내가 알고 있는 역학지식에다 하나님의 말씀을 혼합하여 마치 성령의 은사를 받은 목사처럼 흉내 내어 교회로 유인하는 목적으로 그 지식(역학)을 사용했다면 그것이 바로 하나님을 속이는 것이 된다.

필자가 하나님을 영접하기 전에는 세상적으로 먹고 살기위해 그동안 수없이 많은 거짓말들을 해 왔었지만 그나마 안심이 되었던 것은 하나님께서 '나 곧 나는 나를 위하여 네 허물을 도말하는 자니 네 죄를 기억지 아니하리라(사43;25)' 이와 같이 분명하게 말씀하신 약속 때문이다.

여기서 우리가 주목할 것은 하나님께서 우리의 죄를 기억하지 않으시겠다는 이유 속에는 하나님 바로 당신을 위해서라 했다. 그러기에 인간을 창조한 목적이 바로 하나님의 영광을 위해서기 때문에, 이미 창세전에 선택된 하나님의 백성들을 마지막 때에 그들을 하나도 잃지 않고 전부 하나님 나라로 옮겨 주신다는 것을 믿어야 한다.

그렇지만 그런 자들이 하나님의 은혜를 배반하고 여전히 하나님을 향해 거짓행위와 거짓 점괘로 교인들을 미혹한다면 그런 교회들은 에스겔 선자자를 통해 예언한 것처럼 가차 없이 심판과 저주를 내리신다고 천명하셨다. 그러면서 이사야 선지자한테 '내가 너를 지명하여 불렀나니 너는 내 것이라' 이렇게 말씀하신 것은 야곱(이스라엘)아, 즉 교회야, 너를 창조하신 여호와께서 이렇게 너를 지명(선택)하여 부른 것이니 제발 엉뚱한 곳에 마음 두지 말고 나(하나님)만 바라보라는 거다.

> 야곱아 너를 창조하신 여호와께서 이제 말씀하시느니라 이스라엘아 너를 조성하신 자가 이제 말씀하시느니라 너는 두려워 말라 내가 너를 구속하였고 내가 너를 지명하여 불렀나니 너는 내 것이라 (사43;1)

그러므로 우리는 하나님께 택한 받은 자가 되어야 한다. 하나님께서 천지를 창조하시고 에덴 중앙에 선악과를 만들어 왜 사단(뱀)으로 하여금 그 열매를 따먹게 하였는가? 거기에는 순종(참)하는 자와 불순종(거짓)하는 자를 구별 짓기 위해서다. 그러기에 창세기부터 계시록까지의 성경 전체는 심판(거짓)과 구원(참)에 관한 내용뿐이다.

> 나와 함께 아니하는 자는 나를 반대하는 자요 나와 함께 모으지 아니한 자는 헤치는 자니라. 그러므로 내가 너희에게 이르노니 사람의 모든 죄와 훼방은 사하심을 얻되 누구든지 말로 성령을 거역하면 이 세상과 오는 세상에도 사하심을 얻지 못하리라
> (마12;30-31)

그러므로 성령 자체가 하나님의 말씀으로 성도는 성경말씀 안에서 날마다 하나님과 동행할 수 있는 자가 되어야 한다.

신약에서도 하나님이신 주님께서 '나'라고 하셨다. '나'가 곧 말씀이다. 따라서 예수님과 함께 하는 것이 말씀과 함께 동행 하는 것이 된다. 그러므로 사람의 모든 죄는 사하심을 받되 성령(말씀)을 훼방하는 것은 사하심을 받지 못한다고 하신 진의 속에는. 말씀으로 오신 분이 예수님인데 그분이 아직 십자가를 지기 전이라 우리가 육적의 말로 지은 죄는 용서가 되지만 천상의 보좌에서 다시 말씀으로 우리에게 성령을 주셨는데 그 말씀에 불순물인 거짓말을 섞어 전하면 그게 바로 성령을 거역하는 일이라고 분명하게 말씀하신 거다.

그런데 오늘날 목사들이 자기들의 말을 거역하면 그게 성령훼방죄라고 교인들을 윽박지른다. 그런 자들이 바로 저주의 심판으로 떨어진다고 경고하신 것이 성경이다. 그러므로 성경말씀 안에서 날마다 하나님과 동행하는 삶을 살아야 하나님을 올바로 인식할 수 있고 또한 목사들의 허탄한 거짓점괘에 넘어가지 않을 수 있다.

분수를 모르면

이솝 우화에 이런 이야기가 있다.

거북이 한 마리가 어느 날 바위 위에 올라가서 쉬다가 하늘을 시원스럽게 나는 독수리를 보고 나도 한번 저렇게 날아 보았으면 좋겠다고 생각했다. 거북이는 시간이 지나도 그 생각을 떨쳐 버릴 수가 없었다.

그러던 어느 날 거북이는 평소 그렇게 부러워하던 독수리를 만나게 되었다, 거북이는 이 기회를 놓칠 수 없었다. 독수리에게 '나도 당신처럼 날게 해 주세요.' 하고 애원했다. 그러나 독수리는 정중하게 거절하면서 충고했다.

"당신은 원래부터 날개가 없어 땅에 기어 다니게만 되어 있으니 아예 그런 생각은 버려야 하오."

그러나 거북이는 막무가내로 단 한번만이라도 좋으니 날게 해 달라는 거였다.

독수리는 끝까지 거절할 수가 없었다.

"그럼 내가 당신을 공중으로 안고 가서 놓아드릴 테니 한번 시도해 보세요."

독수리는 발톱으로 거북이를 안고 힘차게 공중으로 올라갔다. 거북이가 위에서 본 세상은 참으로 아름답고 광활해 보였다. 신기하고 너른 세상에 감탄의 외마디를 지르는 거북이를 위해 독수리는 맘껏 날개 짓을 하며 하늘로 높이 오르내리며 비행을 해주었다. 그리고 충분히 구경을 했다 싶어,

"자, 여기서 놓아 줄테니 한번 날아 보시지오."

하고는 거북이를 공중에서 놓았다. 그 순간 거북이는 몇 바퀴 허공에서 맴돌더니 곧바로 큰 바위 위에 떨어져 죽고 말았다.

이와 같이 거북이가 자기 분수를 모르고 하늘을 날겠다고 고집을 부리는 짓이나 목사들이 성령의 은사를 받았다고 하나님처럼 흉내 내어 치유하고 방언하는 짓거리들이 전부 사망을 좌초하는 일들이다.

성경에는 두 부류의 사람이 있는데 하나는 세움을 받는 쪽이고 또 다른 하나는 버림을 받는 쪽이다. 세움을 받은 자는 범사에 감사하며 스스로 성경 안에서 그 말씀을 통하여 새로운 직관력을 발휘하게 되지만, 버림을 받은 자는 스스로 하나님으로부터 멸시받고 천대받는 쪽을 택하게 된다. 자기가 꿈에 계시를 받았다느니, 혹은 기도 응답을 받았다느니 하면서 마치 자기가 하나님의 선택받은 특별한 사람인 양 위선을 떠는 행위들만 골라서 한다.

인간의 정신에는 영과 혼이 있다. 혼(사단)의 세계는 스스로 똑똑한 체 하는 세계이고 영(말씀)의 세계는 하나님 앞에 바짝 무릎 끓는 순종의 세계이다. 혼(짐승)의 세계는 자기가 자신의 뜻으로 사는 세계이고, 영(말씀)의 세계는 자기(육신)의 뜻(생각)은 하나도 없고 오직 하나님의 뜻만을 심령에 담고 온전한 하나님의 말씀만을 갖고 산다.

진리의 영을 갖고 전해야 듣는 사람이나 전하는 사람 모두가

변화 되고 새로워지면서 성령의 열매가 열려 기쁨이 넘쳐난다. 아울러 영의 세계는 지성소에서 신부가 단장을 하고 학수고대하며 신랑을 기다리는 천국의 세계이다. 따라서 그러한 사람들만이 이 땅에서 빛과 소금으로 살아갈 수 있다.

> 너희는 세상의 소금이니 소금이 만일 그 맛을 잃으면 무엇으로 짜게 하리요 후에는 아무 쓸데없어 다만 밖에 버리워 사람에게 밟힐 뿐이니라(마5;13)

그렇다면 소금의 삶이 어떤 삶인가? 성경에서 소금이 등장하는 곳은 하나님의 언약을 가리킬 때, 그리고 성전의 제물을 묘사하는 곳에 주로 등장했다.

> 이스라엘 하나님 여호와께서 소금 언약으로 이스라엘 나라를 영원히 다윗과 그 자손에게 주신 것을 너희가 알 것이 아니냐
> (대하13;5)

이렇게 성경은 하나님의 언약을 가리킬 때 소금 언약이라 했다. 소금은 절대 맛을 잃을 수가 없다. 수천 년이 지나도 소금은 그 맛을 그대로 유지한다. 그러기 때문에 소금은 절대 변개되거나 취소될 수 없는 하나님의 창세전 언약을 가리키는 것이다. 그래서 소금 언약이라는 것은 '영원한 언약, 변하지 않는 언약'을 지칭하는 것으로 영원히 변하지 않는 약속이 소금언약이다.

무엇보다 영원한(소금) 언약은 예수 그리스도의 피로 말미암아 진짜 죽어야 할 죄인들이 거저 살아나게 되는 것이 이미 창세전에 하나님과 그리스도와의 사이에 맺어진 언약이다. 그 창세전 언약을 바울이 이렇게 묘사했다.

찬송하리로다 하나님 곧 우리 주 예수 그리스도의 아버지께서 그리스도 안에서 하늘에 속한 모든 신령한 복으로 우리에게 복 주시되. 곧 창세전에 그리스도 안에서 우리를 택하사 우리로 사랑 안에서 그 앞에 거룩하고 흠이 없게 하시려고. 그 기쁘신 뜻대로 우리를 예정하사 예수 그리스도로 말미암아 자기의 아들들이 되게 하셨으니. 이는 그의 사랑하시는 자 안에서 우리에게 거저 주시는바 그의 은혜의 영광을 찬미하게 하려는 것이라. 우리가 그리스도 안에서 그의 은혜의 풍성함을 따라 그의 피로 말미암아 구속 곧 죄사함을 받았으니(엡1;3-7)

이와 같이 영원한 소금언약은 예수 그리스도의 피로 말미암아 하나님의 백성 만들기에 관한 언약이다. 그런데 그 소금 언약이 언제 어디서 지켜졌느냐 하면, 교회는 자신의 구원이 오직 예수 그리스도의 십자가 희생에 의해 성취되고 실현되었다는 것을 확실하게 인정하고 고백하는 이들을 통해서다. 그걸 자기부인이라 한다. 그렇게 하나님께서 소금 언약에 의해 예수의 피로 구원해 내신 교회가 그 소금 언약 성취의 공로를 인정하고 찬송하며 그 앞에서 자신의 무력함과 불가능함을 시인할 때 비로소 그 소금 언약이 온전히 성취 된다.

그러기 때문에 하나님은 우리를 반드시 육적 자아를 죽음의 자리로 까지 몰고 내려가신다는 것이 소금 언약이다. 그래서 '소금이 짠 맛을 잃으면 그게 어떻게 소금이냐?'고 하신 거다.

소금은 짠맛을 잃을 수가 없는데 그렇다면 어떤 때에 짠 맛을 잃게 되는가? 소금이 다시 바다(세상)속으로 흘러 들어가면 소금의 맛이 상실된다. 아니 맛을 잃을 정도가 아니라 그 존재 자체가 아예 소멸된다. 그래서 소금의 역할을 제대로 못해내면 밖으로 던져서 밟히게 하겠다고 하신 거다. 따라서 창세전 택함 받은 성도 자체가 소금이기에 절대로 제 맛을 잃어버릴 수가 없다.

그러므로 성도는 하나님의 언약이 어떻게 성취가 되었는가를 몸으로 입으로 살아내고 증거하는 삶을 살아야 한다. 그게 소금으로서의 성도의 삶이다. 그러니까 소금의 삶은 도덕과 윤리를 잘 지켜내는 경건하고 깨끗한 삶이 아니라 영원한 소금 언약을 홀로 성취해 내신 예수님을 사랑하느라 세상으로부터 핍박을 받게 된다. 그런데 그 핍박은 성도에게 반드시 필연적으로 따르게 된다는 것이 성경에서의 소금이야기다. 그래서 이 소금의 이야기가 바로 의를 위한 핍박이라는 팔복에 붙어 있다.

따라서 예수님의 피 흘림에 의해 구원받은 우리는 자기부인의 삶을 살아내야 하는데 그 자체가 핍박이요, 십자가의 삶이 된다. 그래서 그 삶을 예수께서 소금의 삶이라 하셨다. 그러므로 구약에서 하나님의 심판과 저주받는 현실을 묘사할 때 소금으로 묘사한 부분이 있다.

> 그러므로 만군의 여호와 이스라엘의 하나님이 말하노라 내가 나의 삶을 두고 맹세하노니 장차 모압은 소돔 같으며 암몬 자손은 고모라 같을 것이라 찔레가 나며 소금 구덩이가 되어 영원히 황무하리니 나의 끼친 백성이 그들을 노략하며(습2;9)

롯이 소돔과 고모라에서 건짐을 받은 후에 딸들과 근친상간에 의해 낳은 자식들이 모압과 암몬이다. 하나님은 그들의 멸망을 예언하시면서 그들이 소돔과 고모라같이 소금 구덩이가 될 것이라고 하셨다. 소돔과 고모라에서 나오다가 그 땅을 못 잊어 돌아본 롯의 아내가 소금 기둥으로 변했는데 그게 저주고 심판이다.

> 그 온 땅이 유황이 되며 소금이 되며 또 불에 타서 심지도 못하며 결실함도 없으며 거기 아무 풀도 나지 아니함이 옛적에 여호와께서 진노와 분한으로 훼멸하신 소돔과 고모라와 아드마와 스보임의 무너짐과 같음을 보고 말할 것이요(신29;23)

이렇게 소금은 실패할 수 없는 영원불변의 상징이면서 동시에 하나님의 저주와 심판을 상징하기도 했다. 그러니까 영원한 소금 언약 속에 들어가 있는 성도는 반드시 심판과 저주의 현실을 함께 경험하게 된다.

> 거기는 구더기도 죽지 않고 불도 꺼지지 아니 하느니라 사람마다 불로서 소금 치듯 함을 받으리라 소금은 좋은 것이로되 만일 소금이 그 맛을 잃으면 무엇으로 이를 짜게 하리요 너희 속에 소금을 두고 서로 화목하라 하시니라(막9;48–50)

하나님의 은혜 밖의 사람들이 모여 있는 지옥에는 저주의 소금불이 쏟아지는 곳이다. 그런데 이 역사 속에서 저주의 소금, 심판의 소금을 받아내어 육적 자아의 해체과정을 겪어내는 사람들은 자신의 처음자리를 분명하게 인식하고 고백하게 되어 '내가 괴수 중에 괴수'라는 고백을 함으로 다른 이들을 나보다 낫게 여기는 삶, 화평의 삶을 살게 된다.

그래서 지옥의 불 소금을 언급한 후에 그 소금이 좋은 것, 유익한 것이라 하고 바로 그 소금을 두고 화목하라고 하셨다. 그런데 그 소금의 삶은 심판의 삶이요, 저주의 삶이요, 육적 자아가 부인되는 삶이기 때문에 아프다.

따라서 바닷물(세상)에 햇빛(예수님의 말씀)이 비치면 소금(하나님의 백성)이 된다. 그런데 소금이 다시 바다(세상)로 흘러가게 되면 그 소금의 맛이 어떻게 되겠는가? 상실되어 없어지는 거다.

그러므로 소금으로 살아가게 되는 성도의 삶에는 반드시 자기를 부인하고 자기 십자가를 지는 삶이 수반하게 된다. 그런 자들은 성경을 읽을 때 자기 사상과 생각을 죽이므로, 그 안에 하나님의 영이 내려와 그리스도와 함께 동행하게 된다. 그러기에 '의를 위하여 핍박을 받는 자는 복이 있다'는 말씀 밑에 '너희는 세상의 소금이다'라고 하신 거다. 따라서 소금의 삶으로 살아가야 하는 것이 바로 성도들의 삶이다.

고자(율법)들의 간음

어떤 전도사가 결혼을 했다. 그는 신혼방의 짐을 정리하다가 부인의 가방에서 조그만 상자를 발견했다. 그는 궁금해서 부인에게 물었다.

"이게 뭐요?"

그러자 아내가 말했다.

"다른 것은 몰라도 이것만은 절대 열어 보면 안돼요. 알았죠?"

전도사는 궁금했지만 워낙 완강하게 말리는 통에 알았다고 약속했다. 그런 후 잊어버리고 20년이 흘렀다. 20년간 목회를 하다가 어느 날 새 사역지로 이사를 가게 되었다. 그는 짐을 정리하다가 우연히 20년 전의 그 상자를 발견했다. 목사는 불현듯 상자 속에 뭐가 들었는지 궁금했다.

"이제 20년이 지났는데 설마 괜찮겠지."

하며 살짝 통을 열어보았다. 그런데 그 안에는 현금 이백 만원과 계란 3개가 들어 있었다. 그게 너무 궁금해서 아내에게 사실대로 말하고 물었다,

"도대체 이게 뭐요?"

아내는 절대 열어보지 말라고 했는데 열어보았다며 마지못해 이야기를 해 주었다.

"좋아요. 이제는 말씀 드리죠. 당신이 저와 결혼한 후에 다른 여자한테 눈길을 주면 그 때마다 계란을 하나씩 모았어요."

그러자 목사의 기분이 갑자기 좋아졌다.

"그래? 20년 동안 내가 세 번밖에는 당신한테 의심받는 행동을 하지 않았단 말이지? 그런데 그 돈은 뭐지?"

그러자 아내가 머뭇거리며 대답했다.

"계란 판 돈요."

웃자고 한 얘기지만 실상은 웃고 넘길 얘기가 아니다.

갈수록 결혼 대비 이혼율이 증가하는 것이 전 세계적으로 늘어나고 있다. 부부가 갈라서는 가장 큰 이유 중에 하나가 배우자의 외도문제다. 앞으로 결혼이란 가치관도 급변하는 시대에 발맞추어 빠르게 변화겠지만 점차 가정이란 생활 자체의 의미도 점점 가볍게 여기게 된다. 변모해가는 천태만상 속에서 누구나 느낄 수 있는 현상이지만 그건 성경 속에서도 얼마든지 나타나 있기 때문에 성경을 올바로 이해한 사람이라면 누구나 예견할 수 있는 일이다.

우리는 이러한 시대적인 현상 속에서 단순히 결혼의 의미상실과 이혼의 폭발적 증가로 인해 안타까워 할 것만이 아니라, 그러한 현상이 구속사 속에서 어떤 메시지를 담고 있는 것인지를 해석해 낼 줄 알아야 한다.

그래서 예수님도 바리새인들의 이혼에 관해 물었을 때 이렇게 분명하게 말씀하셨다.

> 바리새인들이 예수께 나아와 그를 시험하여 가로되 사람이 아무 연고를 물론하고 그 아내를 내어버리는 것이 옳으니이까. 예수께서 대답하여 가라사대 사람을 지으신 이가 본래 저희를 남자와 여자로 만드시고. 말씀하시기를 이러므로 사람이 그 부모를 떠나서 아내에게 합하여 그 둘이 한 몸이 될지니라 하신 것을 읽지 못하였느냐. 이러한즉 이제 둘이 아니요 한 몸이니 그러므로 하나님이 짝지어 주신 것을 사람이 나누지 못할지니라 하시니. 여짜오되 그러하면 어찌하여 모세는 이혼 증서를 주어서 내어버리라 명하였나이까. 예수께서 가라사대 모세가 너희 마음의 완악함을 인하여 아내 내어버림을 허락하였거니와 본래는 그렇지 아니하니라. 내가 너희에게 말하노니 누구든지 음행한 연고 외에 아내 내어버리고 다른데 장가드는 자는 간음함이니라. 제자들이 가로되 만일 사람이 아내에게 이같이 할진대 장가들지 않는 것이 좋삽나이다. 예수께서 가라사대 사람마다 이 말을 받지 못하고 오직 타고난 자라야 할찌니라. 어미의 태로부터 된 고자도 있고 사람이 만든 고자도 있고 천국을 위하여 스스로 된 고자도 있도다 이 말을 받을 만한 자는 받을지어다
> (마19;3-12)

위 구절을 통해 결혼은 소중한 것이라느니, 성도에게 있어서 이혼이란 절대 불가한 것이라는 등의 조잡한 결론으로 매듭지으면 안된다. 그런 것은 성경이 이야기 하는 바가 아니다. 우리가 성경을 읽을 때 주의해야 할 것은 성경 속에서 인간과 종교와 도덕과 윤리에 대한 교훈을 얻겠다는 생각은 버려야 한다.

이 비유에서 고자, 즉 성기능을 상실하여 결혼을 못하게 되는 세 종류의 사람들이 있다. 첫째는 불가항력적으로 날 때부터 고자인 사람이고, 둘째는 사람이 만들어서 된 고자이고, 셋째는 천국을 위하여 된 고자다.

첫째인 고자는 결혼을 하기 싫어서 안 하는 것이 아니라 못하는 거고, 둘째는 스스로 고자가 된 사람인데 그게 율법주의로 스스로 거세를 한 사람을 말한다. 죄를 짓지 않겠다고 스스로의 팔다리를 찍는 그런 존재들이다. 그러나 그들은 마음속에서 솟구쳐 오르는 정욕까지 해결할 수 있는 사람들은 아니다.

그러니까 아주 오래전에 거의 삼십여 년 전에 읽었던 책이다. 당시는 참선에 몰두하던 때가 주로 선학(禪學)이나 도학(道學)에 관한 책들을 즐겨 읽었다. 그 중에 가장 기억에 남는 것 중에 하나가, 도를 닦겠다고 깊은 산중에서 수련을 하던 젊은 수도승이 어느 날 갑자기 거세를 했다. 다른 것은 다 참고 견딜 수 있겠는데 한창 젊은 나이라 그런지 솟구치는 정욕만큼은 도저히 참을 수가 없었다. 그래서 그것 때문에 도를 닦는데 방해가 된다 싶어 그 근원이 되는 생식기를 거세했다. 그때 그 절간의 주지승이 그 자리서 젊은 수도승을 내 쫓았다. 정욕의 뿌리가 되는 마음의 정체가 어디서 나오는 것일까? 를 놓고, 즉 '이 뭐고'의 화두를 두고 공부하는 것이 참선의 의미인데, 그 근원 자체를 없애버렸으니 도(道) 닦을 자격조차 없다는 이유에서였다. 이게 바로 죄를 짓지 않겠다고 끝없는 행위로 발버둥 쳤던 바리새인들과 오늘날 교회들의 모습과 거의 흡사하다.

그리고 셋째가 천국을 위해 고자가 된 사람이다. 이는 하나님의 나라를 위해 하나님께서 고자로 만들어 버린 이가 있다. 그 사람만 예수님의 이 이혼에 관한 이야기를 이해 할 수 있는 자라는 거다. 하나님은 당신 백성의 완성을 위해 때론 고자로 만들어버리시기도 하신다. 여기서 고자는 결혼에서 제외된 인물이다. 바로 결혼에서 실패한 사람들을 포함한 모든 연약한 자를 지칭한 거다.

따라서 결혼 자체가 바로 자신의 행복을 위한 것이라 오해하지 말라는 뜻이다. 그러므로 가정은 하나님의 은혜를 배우는 장이지 행복을 추구하는 장이 되어선 안된다. 바로 이 모습이 천국을 위해 고자가 된 자들의 모습이다.

결혼하여 가정이 있다면 그 가정은 자기 행복의 추구의 현장이 아니라 바로 하나님 나라를 배우는 현장이란 거다. 그 속에서 왜 하나님의 은혜로만 자신들이 어린양과 혼인하게 되었는가를 배우고 깨우치는 거다. 그러므로 성도는 가정을 통해 자기들은 예수의 은혜가 아니면 이혼한 자로 살 수밖에 없다는 것을 결혼생활 속에서 평생 배우라는 거다.

그러니까 너희들 스스로 바리새인들처럼 결혼을 하지 않겠다. 하나님 나라를 위하여 이혼하겠다, 그건 다 율법주의니 그런 말하지 말라는 거다. 하나님은 필요에 따라 당신 백성들의 고자 됨도 하나님 나라를 위해 쓰시는 분이라는 거다. 그러니까 스스로 고자 되었다고 자랑도 하지 말고 고자 된 사람들, 연약한 사람들, 이혼한 사람들, 고아나 과부 이런 사람들을 인간의 판단으로 함부로 옳고 그름을 논하지 말라는 뜻이다. 그런데도 오늘날 율법의 고자들이 얼마나 많은가?

> 율법과 선지자는 요한의 때까지요 그 후부터는 하나님 나라의 복음이 전파되어 사람마다 그리로 침입하느니라. 그러나 율법의 한 획이 없어짐보다 천지의 없어짐이 쉬우리라. 무릇 그 아내를 버리고 다른데 장가드는 자도 간음함이요 무릇 버리운 이에게 장가드는 자도 간음함이니라(눅16;16-18)

왜 주님께서 갑자기 율법을 말씀하시고 간음이란 죄를 거론하고 계신 것인가? 우리(교회)는 모두 신랑이신 예수님이 우리의 남편이 되어야 한다. 그런데 교회가 하나님의 품을 떠나 세상과 간음하고 있다. 성경말씀에 등을 돌리고 세상(탐심)과 불륜(육신의 생각)을 저지르고 있다. 남녀 간에 불륜을 저지르는 것이 성경에서 간음이라 말하는 것이 아니라 성경에서 말하는 간음이 바로 이런 거다. 하나님의 말씀만 온전히 전(대언)해야 하는데 거기에 육신의 생각을 섞어 전하는 목사들의 설교를 포함한 치유은사다, 방언이다 하는 모든 것들이 성경에서 말하는 간음(혼합)이다. 또한 교회들이 하나님의 말씀만 사모하고 살아가야 하는데 하나님보다 세상 것에 탐하여 이 땅의 것에 마음을 두고 사는 것을 불륜이라 말하고 그걸 간음이라 말한다.

그래서 예수께서 세상과 간음한 우리를 구원키 위해 이 땅에 오셔서 십자가에 달리시므로 부활하시어 성령으로 다시 우리와 연합하신 것이 바로 혼인(천국)잔치의 의미인 거다. 교회가 자꾸 세상과 간음하고 불륜의 자리로 내려가는 것을 더 이상 두고 볼 수 없어 손수 십자가를 지심으로 우리와 연합하심으로 우리의 간음과 불륜을 다 용서하신 것을 성도라면 잊어서는 안된다. 그래서 주님께서 율법과 선지자는 요한의 때까지라고 말씀하신 거다.

그런데 오늘날의 교회(목사)들이 율법을 지키겠다고 스스로 고자(바리새인들 처럼)되어 지금 열심히 세상과 간음하고 있으니 이 얼마나 우스운 노릇인가! 차라리 고자(율법지킴)가 아니라면 세상과 불륜(종교적 행위)을 저지르더라도 최소한 사람(세상)들로부터 놀림감은 되지 않는다.

은혜를 체험하지 못한 사람은

어느 마을에 혼자서 외롭고 가난하게 살아가는 독거노인이 있었다. 그런데 노인은 너무 가난하여 거울인데도 난로를 피울 수가 없어 그만 병사(病死)로 얼어 죽고 말았다.

며칠 후 할머니의 장례식을 마치고 돌아온 관청 직원들이 고인의 소지품을 정리하고자 집안에 들어갔다, 집에는 냉기로 가득했고 온통 낡아서 쓸 수 없는 물건들만 여기저기 흩어져 있었다. 그런데 집을 비우기 위해 물건을 하나씩 밖으로 들어내던 직원들이 노인의 낡은 침상 아래에 다섯 개의 피리가 있는 것을 발견했다,

그것은 보통 피리가 아닌, 인간문화재 국보급에 해당하는 아주 귀하고 값비싼 명품이었다. 따라서 그것을 돈으로 환산하면 엄청난 금액이었다, 그럼에도 노인은 피리가 동네아이들이 불다 구석에 처박아둔 하찮은 것인 줄 알고 그대로 방치하다 헐벗고 굶주려 얼어 죽고 말았다. 무엇보다 귀하고 값진 보배를 알아보지 못하고 평생을 외롭고 고생만 하다 세상을 떠난 할머니가 얼마나 불쌍하고 안타까운가?

그런데 성경에는 이와 정반대인 안나라는 할머니가 있다. 이 할머니는 과부지만 선지자다. 고대시대의 과부는 버림 받은 자, 낮은 자, 연약한 자, 부정한 자의 상징이다. 그런데 이 안나라는 과부가 어떤 할머니냐 하면 결혼한 지 7년 만에 홀로 되어 84년을 외롭게 산 노인이다. 그러니까 적어도 이 할머니 선지자의 나이가 100세가 넘었다. 100세가 훨씬 넘은 과부가 주야로 금식하며 성전에서 메시아를 기다리고 있었으니 그 간구함이 얼마나 절절했겠는가?

> 또 아셀 지파 비누엘의 딸 안나라 하는 선지자가 있어 나이 매우 늙었더라 그가 출가한 후 일곱 해 동안 남편과 함께 살다가, 과부 된지 팔십사 년이라 이 사람이 성전을 떠나지 아니하고 주야에 금식하며 기도함으로 섬기더니(눅2;36-37)

고대시대에는 특히 여자가 남자의 부속물 취급을 받았다. 여자는 남자의 위상에 따라 자신의 위상이 결정되는 남자 의존적 존재였다. 그래서 당시의 여자는 남편이 죽으면 그 존재가치를 상실하여 남편의 무덤에 산채로 함께 묻히기도 했다. 그걸 순장이라 한다. 그 정도로 여자는 남자에게 귀속이 된 존재였다.

일찍이 남편을 잃고 그러한 가치 없는 존재로 100년 이상을 살았다고 해 보자. 그녀의 삶이 어떠했겠는가? 아마 죽음과 같은 삶을 살았을 거다. 그러한 과부가 진짜 남편인 어린양 예수를 만난 거다. 선지자나 성도의 삶이 다 그러하다.

세상의 힘과 가치를 남편 삼아 살고 있는 이 세상 모든 인간들 사이에서 비록 보잘 것 없고 가치 없는 과부로 살았지만 안나는 예수라는 귀한 보배를 금방 알아차렸다. 그러기에 진짜 남편 예수를 만나는 어린양의 신부의 삶이 바로 안나와 같은 선지자의 삶이다. 그랬기에 율법의 옛 성전인 예루살렘에서 은혜의 참 성전인 예수의 탄생에 대해 설명을 하고 있었던 거다. 따라서 과부 안나는 예루살렘 성전에 모여 있는 많은 이들에게 예수에 대해 증거 했다. 구원이란 율법으로 오는 것이 아니라, 바로 참 성전인 아기예수로 말미암아 은혜로 오게 된다는 거다. 따라서 과부인 안나는 율법을 목숨처럼 여기고 있는 바리새인들 앞에서 진짜 성전인 아기 예수의 탄생을 증거했다. 그런데 그 안나가 어느 때에 예수의 구원을 설명하는가 하면 예수님의 결례 예식이 진행될 때다.

> 마침 이 때에 나아와서 하나님께 감사하고 예루살렘의 구속됨을 바라는 모든 사람에게 이 아기에 대하여 말하니라(눅2;38)

마침 바로 그 시간에 예수를 찾아와 예수의 구원에 대해 설명했다. 그렇다면 그 예수의 결례 예식과 안나의 행위가 어떤 연관된 것이 있다는 뜻이다. 그렇다면 그 둘 사이에 어떤 관련이 있는 것인가?

레위기 12장을 보면 여인이 아이를 낳으면 그 아이가 남자아이일 경우 7일간 부정한 여인이라는 혐의를 받게 되고, 33일간 부정한 자로 결기가 되어야 했다. 그런데 그 아기가 여자일 경우에는 그 두 배이다. 14일간 부정한 여인으로 혐의를 받게 되고 66일간 부정한 여인으로 격리가 되어야 한다. 그리고는 마지막에 성전에 가서 비둘기들로 속죄제를 드려야 비로소 부정의 혐의를 벗게 된다. 그러니까 율법은 여자가 아기를 낳는 것을 부정한 것으로 취급한다는 거다. 마리아와 요셉은 바로 그 정결예식을 행하러 왔다. 그러한 정결예식의 현장에 과부인 여자 선지자가 등장하여 구원의 도를 설명하고 있다.

성경에서 여자는 늘 남자로 상징 되는 하나님의 대척점에서 하나님의 은혜를 받지 않으면 죽을 수밖에 없는 그런 피조물로 상징했다. 그런 면에서 여자(교회), 즉 죄인들은 예수라는 남편으로부터 예수라는 아들을 낳아야지 살 수 있다. 여자(교회)는 예수 이외의 그 어떤 것으로 남편을 삼아서는 안 된다.

그러니까 은혜를 배제한 율법지킴은 여자(교회)가 여자(하와)를 낳는 일이다. 여자(교회)는 이 세상과 헤어져 율법지킴이라는 인간의 자아 챙기기와 결별하고 과부가 되어 어린양 남편을 맞아들여야 비로소 살 수 있다는 구원의 복음을 전하는 것이 바로 선지자의 몫이다.

그런데 오늘날의 선지자(목사)들은 우리의 구원과 성공과 생명을 위해 우리의 열심 있는 종교 행위로 열매를 맺자는 거다. 그것을 강조한 것이 특별 새벽기도니, 40일 금식이니, 천일 제단이니 하면서 열심 있는 종교행위를 강조하면서 봉사와 구제로 착하게 살자고 선동 한다. 언뜻 보면 매우 좋은 설교 같지만 그러한 열심과 선함의 결과 뒤에는 항상 자신들의 유익으로 결론이 난다.

우리는 우리의 구원과 우리의 영광을 위해 사는 것이 아니라 오직 하나님의 영광을 위해 사는 교회들이다. 그걸 아는 자들은 절대 자신의 구원을 위해 구제와 봉사로 착한 일을 하자고 외치는 것이 아니라 하나님이 기뻐하시는 착한 일을 한다. 따라서 그걸 아는 자들은 절대 자신의 성공을 위해 백일기도 하는 것이 아니라, 하나님과의 긴밀한 교제를 위해 기도를 한다. 또한 그걸 아는 자들은 절대 자신의 가치 챙기기를 위해 구제나 봉사를 하지 않고, 자신에게 부어주신 하나님의 은혜가 너무 감사해서 그 은혜를 나누는 차원에서 구제와 봉사를 한다. 아울러 그걸 아는 자들을 이 세상에서 물질의 복을 몇 배로 더 받기위해 헌금을 하는 것이 아니라 하나님께서 먼저 우리를 위해 십자가에서 온 몸으로 헌금을 하셨다는 것을 알기에 나 자신을 전부 주께 맡긴다는 신앙고백으로 헌금을 한다.

그런데 그러한 진짜 열매를 맺게 하는 예수님의 은혜에 대해서는 교회가 충분하게 설명하지 않고 무조건 착하게 살자, 구제와 봉사에 솔선수범하자, 선교에 앞장서자, 새벽제단을 쌓아 하나님께 칭찬받자, 이러한 종교적인 열심만을 강조하여 교회의 자랑과 자신의 인기만을 챙기고 있다. 여의도의 조ㅇㅇ목사처럼 이 세상에서 하나님이 주시는 풍성한 복도 누리고 천국도 가자는 식의 가르침이 거짓 선지자(마귀)들의 가르침이다.

따라서 아직 하나님의 은혜를 깊이 체험하지 못한 사람들은 헌금과 봉사와 구제 등을 다 멈추어야 한다. 은혜에 대한 올바른 인식이나 자각이 없는 상태에서 그저 착하게 살고 신앙생활에 최선을 다하는 그런 종교행위는 열심히 노력하고도 지옥 간다. 따라서 헌금이나 봉사를 성심껏 하여 하나님을 기쁘게 해 드리자는 강대상의 설교는 선동이고 웅변이지 하나님의 말씀을 온전히 전하는 교회가 아니다. 그게 오늘날 여의도의 순ㅇㅇ의 교회를 비롯한 대형교회들의 거짓 표상이다.

이들은 성경 속에 담긴 예수 그리스도의 은혜와 긍휼을 가르치는 것에는 관심이 없고, 착한 삶, 열심 있는 종교행위, 세상을 밝히는 삶, 도덕과 윤리적인 삶만을 가르치는 교회들이 바로 양의 탈을 쓴 무시무시한 이리(목사)들이다.

씨 뿌리는 자의 비유는

씨를 뿌리는 자가 그 씨를 뿌리러 나가서 뿌릴쌔 더러는 길가에 떨어지매 밟히며 궁중의 새들이 먹어버렸고. 더러는 바위 위에 떨어지매 났다가 습기가 없으므로 말랐고. 더러는 가시떨기 속에 떨어지매 가시가 함께 자라서 기운을 막았고. 더러는 좋은 땅에 떨어지매 나서 백배의 결실을 하였느니라 이 말씀을 하시고 외치시되 들을 귀 있는 자는 들을찌어다. 제자들이 이 비유의 뜻을 물으니. 가라사대 하나님 나라의 비밀을 아는 것이 너희에게는 허락되었으나 다른 사람에게는 비유로 하나니 이는 저희로 보아도 보지 못하고 들어도 깨닫지 못하게 하려 함이니라. 이 비유는 이러하니 씨는 하나님의 말씀이요(눅8;5-11)

어느 날 농부가 씨를 뿌리러 밭에 나갔다. 그런데 밭에 가시덤불과 돌이 너무 많아 씨를 뿌려봤자 도저히 열매를 맺을 수 없을 것 같아 보였다. 그때 농부가 밭에게 '이 상태로는 절대 열매를 맺지 못하니까 돌들과 가시덤불들을 다 치워 놓아라, 그러면 내가 다시 와서 씨를 뿌려 줄께' 만약 그렇게 말한다면 배꼽을 잡고 웃을 일이다.

그런데도 교회에서 목사가 밭들에게 스스로 밭을 갈아엎어 옥토가 되라고 설교하면 그저 '아멘'으로 화답한다. 열심히 주일예배는 물론이고 수요예배와 금요예배 철저히 지키고 십일조 떼어먹지 않고 정확하게 내고 새벽기도 열심히 다니고 봉사와 구제와 선교를 성심껏 하면 백배의 결실을 준다고 한다.

성경에서의 밭은 우리를 상징하고, 씨는 하나님의 말씀이다. 밭이 스스로 돌이나 가시덤불을 제거할 수 있는가? 그런데도 목사가 이러한 설교를 하면 그런 줄 알고 열심히 종교행위를 하고 있는 것이 오늘날 교회의 현실이다.

예수님께서 길가, 바위 위, 가시떨기의 상태를 설명해 주시는데 먼저 길가 밭은 말씀이란 씨앗이 떨어지면 새들이 얼른 와서 주워 먹어버려 싹을 틔울 수가 없다. 새가 마귀의 영이다. 이는 길가에 천국 말씀이 떨어지면 악한 자가 와서 그 말씀을 얼른 빼앗아 가는 상태를 말한다.

두 번째로 돌밭 위다. 누가는 바위 위라 표현했고 마태는 돌밭이라 표현했다. 이는 말씀을 기쁨으로 받기는 하는데 환난과 핍박이 닥치면 곧 넘어지는 자들을 말한다. 아울러 돌밭은 말씀을 기쁨으로 받기는 하는데 뿌리가 없어 금방 시들어 버린다. 그래서 그들이 환난이나 핍박이 찾아오면 쉽게 절망하고 하나님을 신뢰하는 자리에서 떠나 버리고 만다.

그런데 중요한 것은 그들이 말씀을 받을 때 기쁨으로 받는다는 거다. 그러함에도 불구하고 그들 속에 그 말씀이 뿌리를 내리지 못하고 있다는 것은 그만큼 하나님보다는 세상의 현실이 더 중요하게 여겨지기 때문이다.

세 번째로 가시떨기는 세상의 염려와 재리의 유혹과 세상이 주는 쾌락을 이기지 못해 말씀의 결실을 맺지 못하고 늘 흔들리며 사는 자들을 가리킨다. 세상이 주는 즐거움이 말씀을 지키며 사는 삶 보다는 더욱 즐겁고 행복하기 때문에 성령의 열매를 맺지 못하는 죄인들의 상태다. 한마디로 하나님을 믿기는 믿는데, 하나님이 그 목적이 아니라 하나님으로부터 무언가를 얻어내기 위해 하나님을 믿는 그런 자들이다.

역사학자들에 의하면 바벨론 포로 이전까지 이스라엘의 제단은 두 개였다고 한다. 하나는 하나님께 드리는 제단이고 다른 하나는 하나님께 얻어내지 못한 것을 얻어내기 위한 풍요의 신 바알에게 드리는 제단이다. 그러니까 이스라엘은 하나님을 섬긴다고 하면서 맘몬을 함께 섬긴 거다.

예수님은 하나님과 재물, 즉 맘몬을 동시에 섬길 수 없다고 말씀하심으로 그러한 신앙은 신앙이 아님을 확고히 밝혀 주셨다. 영원한 하나님 나라보다는 이 세상 것에 집착하고 있는 오늘날 교회들의 모습이다.

그런데 중요한 것은 이 세 가지 밭의 모습이 우리 안에 늘 공존하고 있다는 사실이다. 가시떨기와 돌밭은 구원을 받은 우리 안에도 여전히 존재하고 있다. 우리는 신앙생활을 하면서도 핍박과 환난이 왔을 때 하나님을 원망하기도 하고 세상의 염려나 재리의 유혹에 언제든지 흔들리기도 한다. 심지어 재산이 늘어나거나 삶이 조금 편안해지면 하나님의 말씀을 중요하게 여기지 않을 때가 있다. 그로인해 교회를 떠난 사람들이 의외로 많다. 최소한 성도라고 자부하는 사람들 안에도 길가와 가시떨기와 돌밭들이 있는 지경이라면 이 세상엔 좋은 것이 하나도 없다고 해도 과언이 아니다.

누가 그러한 환난과 핍박과 유혹과 염려로부터 완전히 자유로울 수가 있겠는가? 심지어 알곡과 가라지의 비유를 보면 애써 좋은 밭이 되어도 그 좋은 밭에 마귀가 와서 가라지를 뿌리고 간다. 그런데 중요한 것은 하나님이 그것을 허락하셨다는 사실이다.

따라서 이 세상에 좋은 밭은 하나도 없다. 예수를 믿는 사람도 완전한 좋은 밭일 수가 없다. 왜 하나님은 당신의 백성들을 좋은 밭이라고 말씀하시고는 여전히 길가와 가시떨기와 돌밭의 모습을 그냥 놔두고 지켜보시는 것일까?

밭(인간)에는 생명이 없다. 따라서 생명은 심겨지는 씨(말씀)에 있다. 우리는 밭을 갈아 옥토로 만드는 것을 신앙생활의 목적으로 삼는 것이 아니라, 이 돌밭 같고, 길가 같고, 가시떨기 같은 내 속에 새 생명의 씨가 오직 은혜로 심겨졌다는 것을 깨달아 알아가는 자들이다. 그래야 여전히 길가 밭, 가시떨기 밭, 돌밭 같은 자신의 모습에서 절망하거나 낙담하지 않고 그 새 생명의 씨를 주신 분의 능력을 믿고 의지하게 된다. 그게 옥토이다.

그러한 자들이 바로 마지막 날에 예수님의 은혜에 의해서 옥토로 완성되어 삼십 배, 육십 배, 백배의 열매를 맺게 되는 거다. 그러기에 주님께서 '너희가 내 말(씨)에 거하면 참 내 제자가 되고 진리를 알지니 진리가 너희를 자유케 하리라.'고 말씀하셨다.

조그만 시험만 몰려와도 금방 하나님에 대한 신뢰를 저버리는 그런 자들이 바로 주님의 말씀을 받지만 그 말씀에 거하지는 않는 자들이다. 주님은 그들에게 너희는 마귀의 자식이라 하셨다. 그렇다면 주님의 말씀 안에 거하는 이들은 어떤 자들인가? 바로 돌 밭이나 가시 밭, 길가 밭이 아닌 하나님이 직접 갈아엎으신 옥토들로 하나님의 백성들이다.

> 좋은 땅에 있다는 것은 착하고 좋은 마음으로 말씀을 듣고 지키어 인내로 결실하는 자니라(눅8;15)

주님의 표현을 그대로 옮기면 예수님의 말씀 안에 거하는 주님의 참 제자는 '좋은 마음으로 말씀을 듣고 지키어 인내로 결실하는 자'를 가리키는 거다.

하나님에 의해 갈아엎어진 옥토는 말씀의 씨가 떨어지면 그 씨를 달게 삼킨다. 그 후로는 씨가 흙을 삼켜서 싹을 틔우고 열매를 맺는다.

그런데 길가 밭이나 돌밭, 가시떨기들은 기쁨으로 말씀을 받기도 하고 작은 일에는 믿음을 발휘하는 것처럼 연극은 할 수 있지만 정작 세상 힘에 대한 유혹과 자기의 손해와 상함을 수반해야 하는 시험들이 찾아올 때는 와르르 무너져버린다.

따라서 세상은 가시떨기와 돌밭으로 인해 멸망에 처하게 되지만 우리는 우리 안에서 폭로되는 기시떨기와 돌밭의 모습을 통해 한 발짝 더 주님의 은혜 안으로 숨게 된다. 바로 그 모습이 삼십 배, 육십 배, 백 배의 열매인 거다.

하나님께서 구원받은 옥토들에게 길가와 돌밭과 가시떨기의 상태를 계속 경험하게 해 주는 이유가 있다. 그게 바로 알곡과 가라지의 비유이다. 그런데 하나님께서 가라지들을 그냥 놔두라고 하셨다.

> 주인이 가로되 가만 두어라 가라지를 뽑다가 곡식까지 뽑을까 염려하노라(마13;29)

'가만 두어라'의 어구는 '허락하다, 용납하다, 용서하다'라는 뜻이 포함되어 있다. 따라서 가라지는 나중에 뽑혀서 지옥 불에 들어갈 때까지 우리가 이 세상에서 용납하고 용서하는 자로 지어져 가는 길에, 필요한 도구로 존재한다. 즉 성도의 거룩 훈련에 소품으로 쓰이는 거다.

또한 우리 속에 들어 있는 가시떨기와 돌밭 같은 가라지들 역시 우리가 우리의 무력함과 티끌 됨을 깨닫고 하나님의 능력과 은혜를 배우는 데에 필요한 자기 부인의 도구로 우리 안에 허락되어 있다. 그래서 우리가 수시로 길가의 모습으로 폭로되는 자신의 모습에 절망하게 되는 것이고, 수시로 돌밭의 모습으로 폭로되는 것이며, 수시로 가시떨기의 모습으로 드러나게 되는 거다.

하나님의 은혜가 아니었다면 어쩔 뻔했는가에 대한 직접적인 경험을 하는 거다. 그러나 우리 안에 박힌 거룩한 씨가 그러한 모든 것들을 다 협력시켜 선으로 완성해 내신다. 우리가 그렇게 폭로되고 부인 될 때 우리 안에 있는 새 생명이 즉 내 안에 사시는 예수가 밖으로 터져 나온다. 그게 예수가 맺는 진짜 열매이고 그들이 바로 옥토다.

우리는 그저 밭일뿐이다, 밭은 스스로 열매를 맺지 못한다. 생명을 가진 씨가 밭에 떨어져야 그 밭이 어떤 상태에 처할지라도 거기에서 생명이 열린다고 한 것이 바로 주님의 약속이다.

그래서 하나님은 새 언약에서 우리에게 새 마음을 주신다고 하셨다. 이는 우리 마음 밭을 완전히 새 것으로 바꾸어버리시겠다는 말씀이다. 그런데 그 과정을 우리가 이 인생 속에서 실제화 하여 살게 되는데 거기에 쓰이는 것이 가라지이다. 그 가라지는 바로 우리 안에서 문득문득 발견되는 길가의 모습이요, 돌밭의 모습이요, 가시떨기의 모습이다. 그것이 또한 우리에게 허락된 사람이요, 채찍이며 인생 막대기들이다.

따라서 우리는 그 어떤 상황 속에서도 손해인 것은 없다. 그 모든 가라지들은 다 우리의 유익을 위해 존재하는 것이기에 혹여 가라지를 뽑다가 알곡도 함께 뽑힐까 염려하여 경계하신 말씀이다. 이는 가라지 같은 삶 또한 열매 맺는 우리의 완성된 삶에 필

수적으로 필요할 수도 있지만, 그에 앞서 우리는 누가 알곡이고 누가 가라지인지를 구별할 능력이 없기 때문에 함부로 판단하지 말고 추수 때까지 기다리라는 거다. 그때 가서 하나님께서 추수꾼들에게 쭉정이를 먼저 거두어 불사르게 하고 알곡은 곳간애 넣는다고 하셨다.

생명을 가진 씨앗은 비와 바람과 서리와 폭풍과 타는 듯한 뙤약볕을 잘 견디므로 그것으로 열매를 맺는다. 그런데 생명이 없는 죽은 흙은 비가 내리고 바람이 불고 창수가 나면 그냥 그것으로 망하고 만다.

우리의 인생에 비바람이 몰아치고, 뙤약볕이 내리쬐고 서리가 내려앉는다면 우리는 그것으로 열매를 맺게 된다. 그러므로 잘 참고 견뎌야 우리 안에 거룩한 씨가 찬란한 열매로 맺는다. 그래서 주님은 우리에게 밀알의 삶을 주신 거다. 내가 밀알로 죽어 열매를 맺는 것처럼 너희도 밀알로 죽어야 열매를 맺을 수 있다는 말씀이다. 거기에 때론 우리 인생의 가라지가 사용이 된다.

> 내가 진실로 진실로 너희에게 이르노니 한 알의 밀이 땅에 떨어져 죽지 아니하면 한 알 그대로 있고 썩으면 많은 열매를 맺느니라. 자기 생명을 사랑하는 자는 잃어버릴 것이요 이 세상에서 자기 생명을 미워하는 자는 영생하도록 보존하리라. 사람이 나를 섬기려면 나를 따르라 나 있는 곳에 나를 섬기는 자도 거기 있으리니 사람이 나를 섬기면 내 아버지께서 저를 귀히 여기시리라(요12;24-26)

왜 나는 예수를 믿고도 여전히 이 모양인가? 때로는 그러한 미성숙함에 죽고 싶을 만큼 괴로울 때가 있다. 그때가 바로 우리 안에 길가와 돌밭과 가시떨기가 가라지로 폭로가 된다. 그 때 우리는 자기를 부인하고 십자가의 도를 좇아 예수의 은혜 앞으로 한

발짝 더 가까이 가게 된다.

예수를 믿고 있는 나에게 왜 이런 고난이 찾아오는가? 그러한 고난이 우리를 죽고 싶게 만들 때, 그때 우리는 이 세상에 대한 모든 기대치를 내려놓아야 한다. 지금 세상이란 가라지가 우리의 성숙에 유용하게 사용되고 있는 중이라 우리는 우리자신과 이 세상을 부인하면서 살아가야 성령의 열매를 맺게 된다. 그냥 하나님께서 당신의 열심으로 우리를 좋은 밭으로 만들어 내실 것이라는 믿음으로 하나님의 은혜만을 꼭 붙들어야 한다. 홍해 앞에서 애굽으로 돌아가겠다고 한 이스라엘 백성들에게 모세가 '너희는 가만히 있어' 이렇게 당부했다.

> 여호와께서 너희를 위하여 싸우시리니 너희는 가만히 있을지니라 (출14;14)

지금도 하나님께서는 우리를 위하여 싸우고 계신다. 그러므로 우리는 하나님께서 우리 안에서 어떻게 일을 하시는지 끊임없는 자기부인과 십자가의 삶을 살아가는 과정 속에서 경험해야 한다. 그런 사람이 바로 옥토인 거다. 그리고 그러한 자기부인과 십자가의 삶이 바로 하나님이 기뻐하시는 유일한 열매인 거다.

예수님의 소원이 담긴 주기도문

기도란 무엇인가? 기도는 나와 하나님 아버지와의 관계를 확인하는 것에서부터 시작된다. 내가 필요한 것이 채워지지 않더라도 아버지의 의중과 그분의 뜻을 헤아리면 그것이 바로 기도다. 그래서 주님께서 주기도문을 통해 기도의 본질에 대해 구체적으로 설명해 주셨다.

> 하늘에 계신 우리아버지여 이름이 거룩히 여김을 받으시오며, 나라이 임하옵시며 뜻이 하늘에서 이룬 것같이 땅에서도 이루어지이다. 오늘날 우리에게 일용할 양식을 주옵시고. 우리가 우리에게 죄지은 자를 사하여 준 것 같이 우리 죄를 사하여 주옵시고, 우리를 시험에 들게 하지 마옵시고, 다만 악에서 구하옵소서 나라와 권세와 영광이 아버지께 영원히 있사옵나이다 아멘(마6;9-13)

예수님이 오셨을 당시에 유대인들은 이제 곧 메시야가 오셔서 하나님의 나라를 현실화 시킬 것이라 생각했다. 이제 하나님 나라가 곧 올 텐데 유대인들은 무엇을 준비해야 하는지 빨리 회개하고 새롭게 헌신하고 순종하며 메시야 오심을 준비해야 한다는 의식이 팽배하던 시기였다. 그래서 유대인들은 여러 가지 파벌을 만들어 부흥 운동을 일으키고 있었고, 거기에 세례요한이 주도하던 회개 운동이 있었다. 그래서 그들은 기도문 몇 개씩은 늘 암송하고 다녔고, 시편의 기도들을 노래로 만들어 흥얼거리며 다닐 정도로 유명한 기도문들이 여러 개 있었다. 거기에 예수 그리스도의 제자들이 많아졌고 그들이 한 무리를 이루었기 때문에 '우리의 슬로건이 무엇이며 우리가 추구하는 바가 무엇인가?' 그것을 가르쳐 달라고 했다. 주님은 제자들의 요구를 금방 간파하고 그 자리에서 예수를 좇는 자들이 드려야 하는 기도의 핵심을 몇 가지로 나누어서 하나의 기도문을 만들어 주신 것이 주기도문이다.

주기도문의 주요 뜻은 간략하게 이러하다.

우리는 하늘에 계신 하나님을 아버지라 부를 수 있는 자들이며, 우리 때문에 모독을 당하고 있는 하나님의 이름은 반드시 거룩하게 찬양을 받게 될 것이며, 하나님의 통치가 온전히 일어나는 하나님 나라가 완성이 될 것이고, 하늘에서 이미 이루어진 하나님의 뜻이 이 세상에서 온전히 성취가 될 것이며, 우리에게 하늘의 만나이신 예수님을 양식으로 주셔서 죄와 허물로 죽어 있던 우리를 살려내신 하나님께서 다른 세상의 양식들을 모두 쳐 내시고, 오직 예수라는 양식으로만 배부른 자들로 만들어 내실 것이며, 율법에 의해 형벌을 가해야 하는 율법의 시대가 가고, 예수님의 십자가로 인한 은혜의 시대가 와서 우리가 우리에게 죄지은 자를 율법으로 정죄하지 않을 수 있는 그러한 하나님의 나라가 이미 왔으며, 또한 가시적으로도 완성이 될 것이고, 선악과라는 시험기간이 완전히 끝나고 생명나무만 있는 새 하늘과 새 땅이 곧 도래할 것이고, 나라와 권세와 영광이 모두 아버지께만 돌려지는 그러한 완벽한 하나님 나라가 올 것이며, 그 나라에서 하나님과 영원히 살 자들이 바로 우리로서, 그 모든 것이 하늘의 양식으로 우리에게 오신 예수 그리스도의 십자가에서 영적으로 모두 이루어졌습니다. 이것이 주기도문이 담고 있는 우리의 신앙고백인 거다.

즉 '너희는 이렇게 살게 될 것이고 이러한 완성지점으로 갈 것이다.' 라고 분명하게 가르쳐 주신 것이 주기도문이다. 그러므로 우리의 신분을 알 수 있는 것이 주기도문의 핵심 내용이다.

그 내용과 뜻을 모른 채 주기도문을 외우면 참 기도의 의미가 무엇인지를 모르는 주문일 뿐이다. 따라서 '나'의 정체성을 정확하게 알아야 하나님과 나와의 관계가 확인되어 영적인 것을 구하게 된다.

'하늘에 계신 우리 아버지'라는 구절에서 예수님이 '아바'라는 그 호칭을 우리에게도 쓰게 해 주셨다. '너희들도 그분을 아버지라고 불러라' 그래서 우리는 그분의 자녀가 되었다는 확신에서부터 기도가 시작되어야 우리의 기도가 하늘로 상달된다. 아버지와 나와의 자식 관계가 성립되지 않은 상태에서의 모든 기도는 그저 공염불에 불과하다.

따라서 '하늘에 계신 우리 아버지'에서 '우리'는 교회를 뜻한다. 감리교, 장로교 무슨 교파 같은 그런 게 아닌 무형의 교회로 창세전에 택함을 받은 예수 그리스도의 은혜의 구원으로 이 역사 속에서 살아가는 하나님의 백성들이다. 그러기 때문에 '너와 아버지의 관계가 확인되었느냐?' 확인 되었으면 당당하게 구하라 하셨다. 하나님과 나와의 관계가 확인된 사람들은 영적인 것을 구하면 바로 그것을 다 준다는 거다. 그런 사람들만이 '이름이 거룩히 여김을 받으시오며' 의 기도를 할 수 있다.

하나님은 영이시다. 그래서 흙에 불과한 우리가 드리는 물질, 봉사, 구제, 선교, 헌신 그 어떤 것으로도 그분께 거룩이 될 수 없다. '이름이 거룩히 여김'에서의 '이름'의 뜻은 하나님이 이르신 말씀이다.

즉 '나는 너희의 하나님이 되고 너희는 나의 백성이다.' 라는 언약의 약속이다. 이 약속의 이루어짐이 하나님께 영광을 돌리는 일이고 그분의 이름을 거룩하게 하는 일이다.

그러려면 먼저 하나님이 누구인지 명확하게 알고 이해해야 그 분이 우리에게 베푸신 그 은혜를 거저 선물로 받을 수 있다. 그리고 다른 이들한테 그 생명수를 자랑하는 것이 이름이 거룩히 여김을 받는 것이 된다.

이처럼 하나님의 이름이 거룩하게 되는 것과 우리의 구원은 뗄래야 뗄 수 없는 관계이다. 하나님의 물(세례)로 씻고 성령(말씀)으로 심어주시는 거듭남이 먼저 선행되어야 한다. 그래서 니고데모에게 '물과 성령으로 거듭나지 않으면 천국에 들어갈 수 없다' 라고 말씀하신 그 거듭남을 우리의 마음 밭에 주님께서 심어주시겠다는 거다.

하나님은 전지전능하신 분이시다. 그러므로 어떤 것을 계획하고 정하신 것은 절대로 실패하지 않으신다. 따라서 우리가 구원받았다는 것을 확실하게 깨닫는 자는 그것 자체가 구원받은 거다. 또한 그런 자들을 통해 하나님의 이름이 이미 거룩해졌다고 하는 거다.

'나라가 임하시오며 뜻이 하늘에서 이루어진 것같이 땅에서도 이루어지이다' 이 말을 풀면 '나라가 임하게 하시오며'이다. 그러면 그 나라는 어떤 나라인가? 그 나라는 우리가 만드는 나라가 아니라 '하나님 나라'인 거다. 왕이신 하나님이 다스리고 그 백성이 그분의 통치에 순종하는 나라를 말한다. 그분의 통치에 순종하지 않는 자들은 절대 들어가지 못한다.

그러면 죄가 무엇인가? 죄는 하나님의 통치가 싫어서 그분을 그 자리에서 끌어내리고 내가 그 하나님의 자리에 앉아서 '내 인생은 내가 책임지겠다.'라고 하는 데서 시작된다. 반면 우리는 은혜로 예수 그리스도를 믿고 있다. 하나님이신 그분이 다스리고 왕의 통치가 있는 곳이 하나님 나라인 천국이다. 우리는 천국을 그저 아름다운 곳이라고 잘못 알고 있는데, 천국 자체가 바로 하나님이 계신 곳이다. 은혜와 화평으로 다스리는 그곳을 천국이라 한다.

그래서 '나라에 임하시오며'라고 기도하는 것은 하나님의 통치가 우리 가운데 임하기를 구하는 거다. 그 하나님 나라는 전적으로 하나님에 의해 만들어진 나라일 뿐 아니라 하늘로부터 내려오는 하나님에 의해 진리로 가득한 나라를 말한다. 하나님께로부터 난 자만이 그 나라의 백성이 될 수 있다.

> 영접하는 자 곧 그 이름을 믿는 자들에게는 하나님의 자녀가 되는 권세를 주셨으니. 이는 혈통으로나 육정으로나 사람의 뜻으로 나지 아니하고 오직 하나님께로부터 난 자들이니라.(요1;12-13)

이와 같이 오직 하나님으로부터 난 자들이라 했다. 우리가 애쓰고 노력해서 진리를 찾을 수 있는 게 아니다. 하나님이 창세전에 택한 자들 외에는 그 진리를 깨달 수 없고 그분으로부터 난 자가 아니면 그분의 백성도 될 수 없다.

이는 '뜻이 하늘에서 이루어진 것같이 땅에서도 이루어지이다'와 같은 맥락이다. 그렇다면 하나님의 뜻은 무엇인가? 하나님의 백성과 영원히 함께 사는 하나님 나라를 이루는 것이 그분의 뜻이다.

이 세상에는 두 부류의 인간이 있다. 하나는 하나님께 '당신의 뜻이 이루어지이다'라고 기도하는 사람들이고, 다른 하나는 하나님이 그들에게 '네 맘대로 살아라'라고 방치해 두는 사람이다.

후자는 사탄이 주는 세상의 유혹에 쉽게 휘말려 자기 힘대로 살아가는 사람들로서 바로 이거야말로 하나님께서 인간을 가장 잔인하게 저주하는 방법이다. 우리가 하고 싶은 대로 하나님께서 그대로 방치하실 때 우리가 할 수 있는 것은 고작 죄짓는 일밖에 없다. 그리할 때 우리는 그대로 무저갱으로 떨어진다.

그러므로 사업이 망하거나 질병에 시달릴 때 하나님이 우리 가정에 아주 세심하게 간섭하고 계신다는 것을 느껴야 한다. 우리는 하나님의 백성이다. 그래서 우리의 뜻이 아니라 하나님의 뜻이 이루어지기를 기도해야 한다. 아버지의 뜻은 십자가를 지고 죽어서 하나님의 백성을 살려내고 그분의 나라를 이뤄내는 것이다.

따라서 그분의 뜻이 이루어진다면 이 세상의 부귀와 생명까지도 내려놓고 기꺼이 그 뜻을 따르겠다고 나서는 자들이 성도인 거다. 그래서 날마다 하나님의 뜻이 이루어지게 하옵소서. 내 안에 하나님의 통치를 순순히 받아들 수 있는 하나님의 나라가 임하시오며 뜻이 하늘에서 이루어진 것 같이 땅에서도 이루어지이다. 하고 기도하는 거다.

'오늘 우리에게 일용할 양식을 주시옵고'는 마치 '이 땅의 것을 구하라'고 이야기 한다고 오해할 소지가 있다. '일용할 양식'에서 '일용할'이 뜻하는 어구에 세 가지 견해가 있다.

첫 번째 견해가 삶의 필요한 양식이고, 두 번째 견해는 당일을 위한 양식으로 보는 거고, 세 번째가 오는 날, 즉 다음 날의 양식, 내일의 양식으로 본다.

구약에 하나님이 내일의 양식을 오늘 주신 적이 있었는데 그게 만나이다. 여섯째 날에 일곱째 날의 양식을 주셨다. 일곱째 날은 안식일이기 때문이다. 안식일은 하나님의 완전한 창조를 즐기며 기념하고 누리는 날이다. 그리고 안식일을 지킴으로써 종말에 올 영원한 안식을 고대하는 거다. 여섯째 날에 일곱째 날의 안식을 소유함으로써 그 다음 날인 안식일이 반드시 온다는 것을 확인하는 거다. 즉 '내일의 양식을 주옵시고'라고 기도하는 것은 '다가올 종말, 새 하늘과 새 땅, 천국은 반드시 온다. 그리고 우리는 그 나라의 양식으로 살아야 할 자이다.' 라고 하는 거다.

종말의 그날이 속히 올 것인데 우리는 바로 여섯째 날을 살아가고 있고, 그 나라의 양식을 구하면서 지금 그 나라를 누리고 있다. 바로 종말적 신앙을 고백하는 거다.

이 땅에 종말이 온다면 오늘 어떻게 살아야 하겠는가? 우리는 지금 내일의 양식을 구하면서 '그날은 반드시 올 것이고 나는 그 날을 준비하며 살아가는 사람입니다.'라고 고백해야 한다. 바로 그것이 '오늘 우리에게 일용할 양식을 주시옵고'라고 기도하는 거다. 그럼 그 하늘의 양식은 무엇인가?

> 썩을 양식을 위하여 일하지 말고 영생하도록 있는 양식을 위하여 하라 이 양식은 인자가 너희에게 주리니 인자는 아버지 하나님께서 인치신 자니라. 그들이 묻되 우리가 어떻게 하여야 하나님의 일을 하오리이까. 예수께서 대답하여 이르시되 하나님께서 보내신 이를 믿는 것이 하나님의 일이니라 하시니. 그들이 묻되 그러면 우리가 보고 당신을 믿도록 행하시는 표적이 무엇이니이까 하시는 일이 무엇이니이까. 기록된바 하늘에서 그들에게 떡을 주어 먹게 하였다 함과 같이 우리 조상들은 광야에서 만나를 먹었나이다. 예수께서 이르시되 내가 진실로 진실로 너희에게 이르노니 모세가 너희에게 하늘로부터 떡을 준 것이 아니라 내 아버지께서 너희에게 하늘

로부터 참 떡을 주시나니. 하나님의 떡은 하늘에서 내려 세상에 생명을 주는 것이니라. 그들이 이르되 주여 이 떡을 항상 우리에게 주소서. 예수께서 이르시되 나는 생명의 떡이니 내게 오는 자는 결코 주리지 아니할 터이요 나를 믿는 자는 영원히 목마르지 아니하리라 (요6;27-35)

그 양식(떡)이 예수님이라는 거다. 하늘의 양식, 내일의 양식은 예수님이다. 예수님은 하늘의 왕이다. 그렇게 핍박을 감수하면서도 하늘의 양식, 내일의 양식, 예수 그리스도를 구할 수 있는 자만이 이웃을 사랑할 수 있다. 그런 자들이 '하나님, 우리가 우리에게 죄 지은 자를 사하여 준 것같이 우리 죄를 사하여 주시옵고.' 이렇게 기도할 수 있다. 그러므로 '하나님, 우리의 죄를 용서하여 주옵소서. 그와 동시에 우리도 우리에게 죄 지은 자를 사하여 주겠습니다.'라는 내용인 거다.

하나님께 '내 죄를 용서해 주세요.'라고 하려면 다 내려놓고 기도해야 한다. 그런데 우리는 그렇게 못할 때가 많다. 그래서 성경이 '네가 네 이웃을 용서하지 않으면 하나님도 너를 용서하지 않는다.'라고 하신 거다.

마태복음 18장 35절에도 동일한 내용이 있다. '너희가 각각 마음으로부터 형제를 용서하지 아니하면 나의 하늘 아버지께서도 너희에게 이와 같이 하시리라.' 이 구절은 우리가 잘 아는 일만 달란트 빚진 자의 비유의 결론으로 나온 말씀이다.

'하나님 내가 세상을 용서한 것처럼 당신도 나를 용서해 주시옵소서.' 라고 당당하게 기도할 수 있어야 한다. 주님의 십자가의 공로로 인해 우리는 용서를 한 자, 용서를 당당히 구할 수 있는 자가 되었다. 따라서 예수 그리스도의 삶에 동참하면서 이웃을 용서하고 사랑하면서 살아가야 한다. 그리스도의 삶이 내 삶이 되었기 때문에 이제 용서를 해야만 한다. 내가 용서를 해서 하나님이 나를 예뻐하시는 것이 아니라 나를 친히 의롭다고 하셔서 '이미 너는 용서한 자다'라고 해주셨기 때문에 우리는 용서를 할 수 있다. 그래서 하나님 앞에 주기도문을 드릴 수 있는 자가 된 거다. 이것을 이해하는 사람이 정말 거듭난 자들이고 그것이 바로 그리스도와의 연합이다.

그러므로 우리는 사람 속에서 그런 용서를 하면서 살아야 한다. 용서를 하다보면 그것이 얼마나 우리를 자유롭게 하는지 알 수 있다. '나도 이렇게 용서하는 자가 되었으니 내 죄도 용서받은 것을 확신합니다.'라며 하나님 앞에 신앙고백을 하는 것이 바로 주기도문의 기도이다.

그리고 '오늘 우리에게 일용할 양식을 주시옵고 우리가 우리에게 죄 지은 자를 사하여 준 것같이 우리 죄를 사하여 주시옵고.'라고 기도하면서 우리는 우리의 신분을 다시 한 번 확인하는 거다.

'내일의 양식인 예수가 내 안에 있기 때문에 그날은 속히 온다. 나는 내일을 사는 자요 이 땅의 이방인이다. 이 땅을 사랑하는 게 아니라 천국을 사랑하는 자이다' 이렇게 확인하고 확신하며 천국을 누리면서 살아가야 한다. 그것이 바로 주기도문의 진의이다.

주기도문의 마지막 부분인, '우리를 시험에 들게 하지 마시옵고 다만 악에서 구하시옵소서.'라는 청원이다. 여기서 우리는 '시험'을 잘 보고 넘어가야 한다. 성경에서 '시험'은 두 가지 의미로 쓰인다. 하나는 사탄의 유혹으로의 시험이고, 다른 하나는 하나님의 시험이다.

따라서 '우리를 시험에 들게 하지 마옵소서'라고 기도하는 것은 하나님의 교육, 믿음의 확신 같은 시험이 아니다. 그렇다면 우리는 어떤 시험을 거부하는 것인가? 사탄의 유혹, 죄에 빠지게 하는 시험을 거부하는 거다.

또한 이어서 나오는 구절, '다만 악에서 구하시옵소서'에서 악을 뜻하는 단어는 정확하게 '악한 자'이다. 그러므로 이 구절은 '사탄의 세력, 악한 자의 세력에서 건져 주옵소서'인 거다.

'우리를 시험에 들게 하지 마옵소서'라고 기도하는 것은 '하나님, 우리가 악한 세력의 세력에 빠져서 그들 편에 서지 않게 해주시옵소서'라는 뜻이다.

우리는 마지막 날 아마겟돈 전쟁 때 그들 편에 서게 되면 큰일난다는 것을 알고 있기 때문에 그들 편에 서지 않게 해달라고 기도해야 한다.

그런데 왜 우리는 이 무시무시한 영적 전쟁을 인식하지 못하고 있는 것일까? 그것은 우리가 하나님의 말씀대로 살고 있지 않기 때문이다. 그러므로 예수님이 직접 가르쳐주신 주기도문은 예수님의 소원, 즉 하나님의 소원이다.

예수님은 하나님이시다. 따라서 이 기도는 하나님이 소원하시는 것이므로 반드시 이루어진다. 그러므로 '우리를 시험에 들게 하지 마옵소서'라는 예수님의 기도는 이미 이루어진 거다.

'나라가 임하시오며 뜻이 하늘에서 이루어진 것같이 땅에서도 이루이지이다 오늘 우리에게 일용할 양식을 주시옵고 우리가 우리에게 죄 지은 자를 사하여 준 것같이 우리 죄를 사하여 주시옵고'가 이미 이뤄진 기도라고 살펴보지 않았는가?

따라서 '우리를 시험에 들게 하지 마시옵고 다만 악에서 구하옵소서'라는 기도도 이미 이뤄진 거다. 예수 그리스도는 광야에서 사십일 동안 시험을 받으시면서 어떻게 이기셨는가? '주 너의 하나님을 시험하지 말라. 사람이 떡으로만 살 것이 아니요 하나님의 말씀으로 사는 것이다'하면서 시험을 끝내셨다. 이는 완전히 이기신 거다.

우리는 날마다 욕심과 탐심 때문에 시험에 든다. 그런 시험이 있을 때 기도해야 한다. '하나님, 당신의 나라가 임하게 하여 주옵소서. 그 나라가 임하면 나는 당신의 뜻대로 살겠습니다. 그러니 하나님의 통치가 임하게 하옵소서. 내 뜻대로 마옵시고 하나님의 뜻대로 하옵소서.' 이 주기도문 안에 모든 것이 다 담겨 있다. 그러므로 우리에게 시험이 닥칠 때 드릴 수 있는 기도가 바로 예수께서 다 이뤄 놓으신 예수님이 소원이 담긴 주기도문임을 알아야 한다.

그래서 주기도문을 한 마디로 요약하면 '예수님 감사합니다.' 그것밖에 없다. 날마다 우리는 주기도문을 떠올리며 하나님의 백성으로서 기도할 바와 천국 백성으로서의 신분을 감사하면서 살아가야 한다.

착한 행실과 악한 행실

우리는 세상의 빛이다. 온 교회가 지금 온통 물질만능과 성공주의로 흐르고 있을 때, 우리는 예수라는 빛을 증거 하는 삶을 살아야 한다. 성도라면 그 빛을 모든 사람에게 비추어, 그 빛을 통해 십자가의 삶이 이렇다는 것을 삶으로 증명해 나가야 한다. 그런 것이 전도이지 설득하여 교회로 끌어들이는 것이 전도가 아니다. 그런데 오늘날 많은 교회들이 성령치유나 방언으로 고객들을 유치하고 그것을 전도라고 착각들을 한다.

어떤 사람이 추운 겨울 직업을 잃고 몇날 며칠을 굶었다. 그러고 났더니 죽기보다 싫은 구걸을 해야만 했다. 그래서 어느 고급식당 앞에서 인상이 선한 사람이 있으면 용기 내어 도움을 청할 요량으로 서 있었다. 그때 마침 한 쌍의 부부가 식당에 들어가려고 문을 여는 순간,

"배가 너무 고파 그러니 좀 도와주세요."

"미안하오, 지금 잔돈이 없소."

남자의 대답이었다. 이때 퉁명스럽게 거절하는 남편 옆에 있던

부인이,

"여기 만원 있어요. 음식 사드시고 용기 잃지 마세요."

그러면서 직업을 구할 수 있도록 기도해 드릴 테니 힘내라고 격려까지 해 주었다. 그때 부인의 말이 너무 고마워 연신 고개를 숙이며 감사의 인사를 했다.

"고맙습니다. 지금 저에게 용기와 새 힘을 주셨습니다. 그 마음 결코 잊지 않고 꼭 기억하겠습니다."

그랬더니 부인이,

"당신은 지금 이 만원으로 예수님의 떡을 먹은 겁니다. 이 떡을 다른 이들에게 나눠주도록 노력 하세요."

라고 다정히 말하고 식당 안으로 들어갔다.

만원을 받은 그 사람은 부인의 말이 가슴에 남아 5천원으로 허기를 채우고 남은 5천원으로 자기처럼 배고픈 이에게 나눠줄 요량으로 간직하고 있는데 바로 앞에서 한 노인이 빵을 먹고 있는 자기를 한없이 부러운 눈으로 쳐다보고 있었다. 그는 지체하지 않고 나머지 5천원으로 그 노인에게 빵을 사주었다. 그런데 노인이 조금 떼어먹더니 그 빵을 다시 종이에 쌌다.

"내일 먹으려고 그러세요?"

하고 물었다.

"아니, 저 길가에 꼬마 신문팔이가 있는데 그놈 주려구."

그래서 두 사람은 빵조각을 갖고 아이에게 갔다. 아이가 미친 듯 빵을 먹는데 그때 길 잃은 개 한 마리가 다가왔다. 그 아이는 나머지 빵조각을 개에게 주었다. 그리고 고맙다는 인사를 마치고 신문을 팔러 뛰어갔다. 노인도 일감을 찾으러 반대 방향으로 가자 그도 이렇게 있을 수 없다고 생각했다. 그 때 길 잃은 개의 목에 주소가 적혀있는 것을 발견했다. 그래서 그 개를 주인에게 찾아주어야겠다 생각하고 주인이 있는 곳으로 끌고 갔다. 그렇잖아도 그 개는 사방에 수소문하여 찾고 있는 아끼던 개였다. 잃어버린 개가 나타나자, 그 주인은 고마워 어쩔 줄을 몰라 했다. 그러면서 무엇이든 답례 하고 싶다고 했다.

"실은 실직한지 오래되어……."

그는 솔직하게 직장을 얻고 싶다고 말했다.

"그렇다면 내일 이력서를 들고 다시 찾아오시오. 그렇잖아도 직원을 한명 구하려던 참이었소."

비록 보잘 것 없는 작은 빵 한 조각에 불과했지만 쪼개어 나누어 가짐의 행복이 이런 것이구나. 그는 순간 생명의 태동을 감지하면서 '착한 행실'에 대한 예수님의 말씀이 생각났다.

필자 역시도 이 사람의 감동스토리를 읽고 그 이야기 속에 담겨 있는 작은 빵 속에 임재 하는 예수님의 빛을 발견했다. 이러한 기쁨이 바로 천국임을 깨닫게 해주기 위해 예수께서 오병이어의 표적으로 천국의 풍요를 상징적으로 보여주셨다는 생각이 들자 하나님의 말씀들이 새록새록 새롭게 떠올랐다. 그중에 '너희는 세상의 빛이다'라는 말씀 속에 세상으로의 빛이 바로 우리의 삶이어야 한다는 것을 깨달았다. 우리 몸(성전) 안에서 다른 이들에게 예수로 비추어 지는 일 그 삶 자체가 바로 세상의 빛인 거다. 그러므로 우리 몸(성전) 안에, 빛(말씀)을 담는 것을 '착한 행실'이라 한 것을 깨닫자, 진리이신 주님의 말씀이 거듭 생각났다.

> 이같이 너희 빛을 사람 앞에 비취게 하여 저희로 너희 착한 행실을 보고 하늘에 계신 너희 아버지께 영광을 돌리게 하라.(마5;16)

여기서 '착한 행실'이란 대부분의 교회가 착하게 사는 것으로 오해하고 있으나 이는 우리 안에 빛을 두는 것, 즉 그리스도의 말씀을 담아두는 것을 가리킨다. 내 안에 빛을 담아, 그 빛을 증거하고 전하고자 할 때, 그걸 보고 다른 이들이 말씀을 깨달아 돌아오면, 그게 하나님의 영광이고 그게 바로 하나님께 영광 돌리는 일이 된다.

이 빛 이야기는 우리(교회)가 세상에서 선행과 구제와 봉사 등의 착한 일을 많이 해서 하나님께 영광을 돌려야 한다는 교훈이 아니라 우리가 세상의 빛이 되어 빛이신 예수를 증거 하는 삶을 살도록 되어 있는 그 하나님의 말씀 자체가 바로 하나님께 영광인 거다.

따라서 '착한 행실'은 세상이 알아주는 윤리나 도덕적인 규범 안에서의 선행을 열매로 내어 놓는 그런 종류의 것이 아니라, 빛이신 예수님을 성전인 우리 안에 말씀으로 담아, 이 말씀을 또 다른 이들에게 전해 계속해 만들어 내는 것을 착한 행실이라 한다. 또한 그런 자들이 천국에 합당한 자들이다.

그렇다면 착한 행실의 반대급부가 무엇이겠는가? 바로 악한 행실이다. 이 땅의 모든 사람들은 다 어둠의 자식들이다. 성경 66권의 말씀은 교회들을 향한 하나님의 말씀이다. 따라서 입으로만 하나님을 믿고 율법으로 행하는 모든 종교적인 행위가 바로 악한 행실이다. 이는 율법을 말로만 가르쳐서는 안 되고 자기도 행하면서 가르쳐야 천국백성이 된다는 말이 아니다. 빛을 받지도 못한 사람이 계명을 그저 법으로만 이해하여 가르치면, 그게 악한 행실이 된다.

우리는 모든 율법을 다 지켜낼 수가 없다. 또한 그 율법의 지극히 작은 것 하나라도 버리고 가르치는 행위 자체가 천국에 합당한 가르침이 아니라고 했다. 그래서 주님께서 당신은 율법과 선지자를 폐하러 온 것이 아니라 완전케 하러 왔다고 하셨다. 율법과 선지자는 모세 오경과 선지서, 곧 구약 전체를 가리킨다. 예수께서 그 구약을 완성하러 오셨다고 말씀하신 것에는 율법의 세목을 다 지켜내어 우리에게 전가시켜 주셨다는 뜻이 아니라, 율법의 심판을 십자가로 다 받아내심으로 율법이 더 이상 우리를 참소하지 못하도록 만드셨다는 거다.

만약 율법의 세목을 다 지켜내신다고 하면, 예수님은 안식일도 완벽하게 지키셔야 하고 부정한 죄인들과 상종을 해서도 안된다. 그런데 예수님은 창녀나 세리들과 친구로 지내셨고 안식일에 해서는 안되는 일들을 종종 하셨다.

만일 육신으로 오신 예수께서 모든 율법을 다 지켜서 율법과 선지자를 완성하셨다면 육신을 가진 우리도 그럴 수 있는 가능성이 열리게 된다. 따라서 그건 아니다. 예수님은 심판을 받아 죽으심으로 율법과 선지자를 은혜로 완성해 내신 분이다.

오늘날 교회는 믿음으로 구원을 얻었고 그 구원은 온전히 하나님의 은혜로부터 나왔다는 것을 강조하고 있지만 실상은 여전히 구약의 율법을 믿음의 잣대로 들이밀고 있다. 그 이유가 가장 빈번하게 인용되는 구절이 바로, '내가 율법을 완전하게 하러 온 것이지 폐하러 온 게 아니다.' 라는 이 말씀 때문이다. 그러면서 율법의 일점일획도 없어지지 않고 다 이루어질 것이라는 것에 초점을 맞추고, 그러니 우리도 주님의 가르침에 따라 율법의 일점일획이라도 지키고 보존해야 한다고 주장하고 있다. 그것이 제자된 삶의 도리고 마땅한 규범이라고 주장하는 그 자체가 성경을 율법으로 변질시켜 놓는데 일등공신이 되었다. 그렇지만 신명기 28장을 보면 이게 얼마나 우매한 규례인지 잘 나타내고 있다.

> 네가 만일 네 하나님 여호와의 말씀을 순종하지 아니하여 내가 오늘날 네게 명하는 그 모든 명령과 규례를 지켜 행하지 아니하면 이 모든 저주가 네게 임하고 네게 미칠 것이니. 네가 악을 행하며 그를 잊으므로 네 손으로 하는 모든 일에 여호와께서 저주와 공구

와 견책을 내리사 망하며 속히 파멸케 하실 것이며. 여호와께서 네 몸에 염병이 들게 하사 네가 들어가 얻을 땅에서 필경 너를 멸하실 것이며. 여호와께서 폐병과 열병과 상한과 학질과 한재와 풍재와 썩는 재앙으로 너를 치시리니 이 재앙들이 너를 따라서 너를 진멸케 할 것이라(신28;15.20-22)

하나님 여호와의 말씀이라는 것이 나오고 명령과 규례라는 말이 나왔다. 하나님 여호와의 말씀은 성경의 진술대로 예수 그리스도로 축약이 되는 하나님의 말씀이다. 그런데 우리의 이성은 그것을 명령과 규례로 인식할 수밖에 없는 한계에 부딪치고 있다. 우리는 절대 하늘의 비밀인 예수 그리스도를 인식할 수 없다. 그러니까 인간들이 율법의 선지자, 즉 말씀을 예수 그리스도로 이해한다는 것 자체가 언어도단이다.

그러한 이들이 하나님의 말씀을 명령과 규례로 받아들이게 되면 거기에는 반드시 심판과 상벌이 따라 붙는다. 그래서 신명기 28장이 하나님의 말씀을 명령과 규례로 받아들이면 거기에 재앙이 따를 것이라 했다. 특히 '네가 악을 행하여 그를 잊으므로'라는 어구가 '그를 잊는 것이 악한 행위이다'라는 말에 주목해야 한다. 율법과 선지자, 즉 구약의 말씀은 모두가 예수 그리스도를 가리키고 설명하고 있다. 그런데 그 율법과 선지자들의 말씀, 즉 예수로 받아들이지 못하고 명령과 규례로 이해하고 열심을 부리면 그게 바로 악한 행실이라는 거다.

하나님의 말씀을 단순히 명령과 규례로만 받아들이면, 율법에 묶여 거기에 결국엔 재앙이 떨어진다. 그 재앙의 내용들을 살펴보면 염병이 들게 하시고 그 열병으로 멸해 버릴 것이라 했다.

여기서의 염병은 지금처럼 코로나인 전염병을 가리키는 것도 되지만 더 확실한 것은 염병을 통해 부수어 버린다는 무서운 심판의 뜻을 담고 있다. 그런데 부수어 버리는 하나님의 심판의 내용이 전부 열과 관계된 단어들이다. 즉 물(말씀)이 없는 곳에 열이 가해짐으로 일어나는 영적 가뭄을 가리키는 어구들이다. 그게 곧 멸망이요 지옥이다. 인간은 하나님의 은혜의 말씀이 없을 때 지옥을 살게 된다. 그래서 이 모든 재앙들이 너를 진멸케 할 것이라고 분명하게 기록한 거다. 그게 저주고, 심판이며 지옥이다.

이러한 지옥의 증상들이 일어나는 데에는, 인간들이 자신이 주체가 되어 이 세상을 정복하고 번성하려 할 때, 거기서 생겨나는 것이 경쟁이요, 시기요, 질투요, 다툼이요, 전쟁이다. 그게 바로 인간들을 짓누르고 있는 짐인 것이고, 그 짐을 무겁게 지고 다니는 그 마음이 지옥인 거다. 그게 다 인간들이 '나'라는 자아를 구축하기 시작하면서 그러한 지옥의 역사가 인생전반을 가득 채우게 되었다.

우리가 아직도 자아성취를 위한 목적으로 맘몬(탐심)을 계속해 붙잡고 있다면 그게 짐이요, 고통의 요인이다. 즉 자식이 내 것일 때 우리는 그 자식 때문에 늘 전전긍긍하며 살게 된다. 그 이유가 자식 자체가 바로 '나'란 존재를 대변하기 때문이다. 그러니까 우리는 그 자식이라는 존재를 자꾸 생육하고, 번성시켜 세상을 정복하여 충만의 상태로 만들려 하다 보니, 그 자식이 골칫거리가 되고 짐이 된다. 그걸 인지상정이라 생각하면 안된다. 그게 바로 우리의 죄 성이요 그렇게 사는 것이 지옥이다. 돈, 집, 전토도 다 마찬가지다. 그게 우리의 자아 구축에 재료가 된다면 그것들로 인해 고통을 당하고 지옥을 살게 된다.

그러므로 하나님의 말씀과 뜻을 곡해하여 그것을 명령과 규례로 받아 죽어라고 달리는 상태가 바로 이 땅에서의 지옥의 삶이다.

그러한 모든 것도 알고 보면 예수로 시작하여 예수로 완료되는 하나님 나라에 대한 이해 부족에서 온 현상이다. 그걸 성경은 말씀이 없음, 기근, 기갈, 가뭄 등으로 표현했다. 그래서 신명기 28장의 하나님의 심판의 상태, 저주의 상태를 전부 물이 없는 상태로 표현했다. 그 상태에 말씀의 생수를 부어 촉촉하게 살려내는 것이 구원이므로 신명기 28장을 종합하면 누가복음 4장의 말씀과 연결된다.

> 예수께서 일어나 회당에서 나가사 시몬의 집에 들어가시니 시몬의 장모가 중한 열병에 붙들린지라 사람이 저를 위하여 예수께 구하니 예수께서 가까이 서서 열병을 꾸짖으신대 병이 떠나고 여자가 곧 일어나 저희에게 수종드니라(눅4;38-39)

이 이야기는 예수께서 회당에 있던 귀신을 쫓아내신 이야기 바로 다음에 붙어 있는 내용이다. 그런데 그 회당 안의 귀신 이야기는 단순히 귀신들려 미친 사람을 예수께서 고치신 사건이 아니다. '귀신들린'은 왜곡된 영, 부정한 영, 즉 왜곡된 말씀, 오해된 말씀, 거짓된 말씀이다. 이걸 사도 바울은 '다른 복음'이라 표기를 했다.

그 왜곡된 말씀이 가득 찬 유대의 회당, 율법주의의 총화를 고쳐내시는 이야기가 바로 귀신들린 자를 고치는 사건이다. 계시록에서는 그러한 유대의 회당을 '사단의 회'라고 불렀다. 그리고는 바로 베드로의 장모를 고치는 사건이 있다. 그런데 거기에 열병이 등장했다. 그 열병은 병의 이름이 아니라 그냥 '열'이다. 시몬의 이름이 사막, 광야라는 의미를 가진 이름이다. 바로 그 이야기를 한 거다. 말씀이 없는 상태, 열로 말미암아 광야, 사막, 가뭄의 상태가 되어 버린 한 여자가 구약에 등장했다.

엘리야 때의 사르밧 여인과 엘리사 때의 수넴 여인을 살펴보면, 하나님에 의해 다 털린 여자들만 기근 속에서 풍년을 맛보고 있는데 둘 다 아들을 잃었다. 이는 육신의 소산을 전부 잃고 부활을 목도하는 것으로, 그래서 믿음의 선진들이 죽은 자들을 부활로 받았다는 이야기를 했다.

시몬의 장모인 여자는 시몬의 집, 말씀이 곡해된 성전, 옛 성전에 있는 여자를 가리킨다. 예수께서 열병을 '꾸짖었다'고 했다. 이는 말씀이 없어 사막, 광야, 열, 가뭄의 상태로 시몬의 집에 있는 여자(장모)한테 말씀이 떨어지는 형국이다. 그랬더니 그 여자(교회)가 금방 일어났다. '일어나'의 단어는 예수님의 부활을 묘사할 때 쓰였던 단어이다.

> 이방인들에게 넘겨주어 그를 능욕하며 채찍질하며 십자가에 못 박게 하리니 제 삼일에 살아나리라(마20;19)

그러므로 예수님은 지금 시몬의 장모의 열병을 고치시는 그 이야기 속에 생수의 말씀으로 해갈되어 살아나게 되는 이 세상 사막들, 광야들의 이야기를 하고 계신 거다. 그렇게 여자(교회)가 예수님의 말씀에 의해 부활을 하게 되자 금방 수종을 들었다. 그러니까 열에 의해 사막이었던 말씀이 없었던 시몬의 장모가 말씀을 받고 말씀을 전이하는 자로 다시 살아난 거다, 말씀이 곧 예수다.

유대의 회당, 시몬의 집에서 왜곡된 말씀으로 기근과 지옥, 열병의 중병으로 지옥을 살고 있던 여자한테 예수라는 말씀이 떨어지자(꾸중하다) 그 말씀에 의해 부활하여 말씀을 증거하는 자로 변하는 그걸 구원이라 한다.

따라서 예수께서 율법과 선지자를 완성하러 오셨다는 말씀에는, 육체의 휘장(십자가)으로 그 율법을 완성하여 다시 우리 안에 성령으로 들어오신 역사다. 그게 바로 새 창조이다. 그런 자들만이 오직 예수 그리스도의 말씀(은혜)만을 대언하는 착한 행실의 삶을 증거하는 전도자로 살아가게 된다.

기도에 관한 진리

우리는 성령의 음성을 직접 듣고 일을 결정한다는 사람들을 의심의 눈으로 봐야 한다. 특히 수련과 도를 닦음으로 영적 성장을 해야 한다는 가르침은 인간이 만들어낸 교리일 뿐 아니라, 이러한 것을 의심하지 않고 무턱대로 믿다보면 신유의 은사나 방언의 은사에 쉽게 속아 넘어간다.

간혹 기독교방송에서 어떤 사람이 병중에 있었는데 신유의 은사 기도로 병이 나았다고 하고, 또 어떤 사람은 어려운 와중에 십일조를 꼬박꼬박 냈더니 하나님께서 놀라운 축복을 주셨다는 간증들을 보게 된다.

오늘날 수많은 목사들이 설교 단상에서 참된 복음의 제시가 없이 그저 거짓말 하면 안되고, 남에게 사기 치면 안되고, 착하게 살아야 한다는 등의 윤리적인 도덕 강의만하고 있다. 그러다보니 대부분의 교회가 세상과 타협함으로 참된 신자가 거의 없다. 그러므로 예수께서 주의 재림의 때에 대해 '인자가 올 때에 세상에서 믿음을 보겠느냐(눅18;8)' 이렇게 탄식하신 것을 보면 어쩌면 지극히 당연한 일인지 모른다.

매번 성경을 읽으면서 느끼는 것이지만, 어떤 천재라도 성령의 역사가 아니면 복음에 관련해 한 치의 오차나 착오 없이 치밀하고 세밀한 하나님의 말씀들을 기록할 수 없다는 생각이 들게 된 거다. 성경을 읽으면 읽을수록 성경 상에 기록들이 너무나 완벽하게 구성되어 있기에 그야말로 놀라지 않을 수가 없다. 그러니 이 어찌 전지전능하신 하나님 아버지를 믿지 않을 수 있겠는가! 이 거대한 우주를 창조하신 놀라우신 하나님이 나의 아버지신데 무얼 걱정하며 살게 되겠는가?

그런데도 이러한 말씀들을 통해 영생이란 구원을 얻어야 할 성도들이 안타깝게 세상 문제의 해결을 위해 백일 작정기도니, 금요 철야예배니, 40일 금식기도니 하면서 이런 것들을 교회에서 구하려고 하니 참으로 답답한 노릇이다. 또 대개의 사람들이 예언의 은사들을 찾아다니거나, 방언의 능력이 무슨 큰 은사인줄 착각하고 그러한 목사들을 찾아가 그들의 현란한 말솜씨에 광분하는 것을 보면 더욱 안타까운 마음이다.

그러다보니 오늘날 교회라는 공동체가 마치 사기꾼들의 집합체처럼 알면서도 속고 모르면서도 속는다. 그리고 또 서로 속고 속이고 있다는 것을 알면서도 피차 반복하여 서로를 속이려든다.

아주 오래전에 어떤 유머 책에서 본 이야기가 갑자기 생각나 오늘날 교회의 구성원들을 들여다보는 것 같아 씁쓸한 마음에 여기에 옮긴다.

주일 저녁예배를 보러가기 위해 교회로 가고 있는데 경찰이 차를 세웠다.

“신호 위반했습니다. 운전면허증을 보여주십시오.”

운전자가 창을 열면서 말했다

“좀 봐주세요. 낮에 술을 마셨더니.”

"아니 음주 운전을……."

이때 옆에 있던 부인이 한 마디 거들었다.

"한번만 봐 주세요 이이가 아직 운전면허증이 없어서 그래요"

"아니 무면허까지……."

뒤에 있던 할머니가 가세해 투덜거렸다.

"거 보라 훔친 차는 얼마 못 간댔지?"

그때 할머니 옆에 앉은 손자가 이렇게 중얼거렸다.

"내가 은행 털 때부터 알아봤다!"

웃자고 한 유머의 내용 속에 오늘날 교회의 모습이 그대로 담겨 있다는 생각이 드는 것은 왜일까?

초림당시의 바리새인과 서기관들의 모습이 바로 오늘날 교회의 이런 모습과 너무나 흡사하다. 그래서 성경을 읽을 때마다 놀란 적이 한두 번이 아니다. 그래서 주님께서 유독 바리새인들과 서기관들만 그토록 질타하신 거다, 그들이 예수님(하나님)의 말씀(성경)을 깨닫지 못하니까 종교적인 행위만 열심히 했다. 바로 오늘날의 교회가 얼마나 많은 종교적인 열심으로 자기 의를 나타내고 과시하고 있는가! 주일성수 철저히 지키고 십일조 열심히 하고 구제, 선행, 봉사, 기도, 말씀사모 한다고 교회마다 서로 자랑하고 있지 않은가!

기독교는 종교가 아니다. 그러기에 기독교와 종교는 엄연한 차이가 있다. 종교는 자기들만의 신(神)을 만들어 놓고 거기에 치성을 들여 각자가 원하는 것을 얻어내는 이 땅의 복(물질)을 구하는 종교라면, 기독교는 하나님의 은혜가 먼저 우리 안에 찾아오므로 영생이 이루어지는 하늘(영적)의 복음인 거다.

그런 면에서 날 때부터 소경된 자를 눈을 뜨게 한 사건이 바로 복음이란 이런 것이라는 것을 알려주기 위한 예수님의 표적임에도, 이를 이해하지 못한 바리새인들과 유대인들이 안식일에 눈을 뜨게 한 예수님을 공격하기 위해 소경한테 막무가내로 몰아붙이는 장면에서 우리의 무지를 인식해야 한다.

> 저희가 가로되 그 사람이 네게 무엇을 하였느냐 어떻게 네 눈을 뜨게 하였느냐. 대답하되 내가 이미 일렀어도 듣지 아니하고 어찌하여 다시 듣고자 하나이까 당신들도 그 제자가 되려 하나이까. 저희가 욕하여 가로되 너는 그의 제자나 우리는 모세의 제자라. 하나님이 모세에게는 말씀하신 줄을 우리가 알거니와 이 사람은 어디서 왔는지 알지 못하노라. 그 사람이 대답하여 가로되 이상하다 이 사람이 내 눈을 뜨게 하였으되 당신들이 그가 어디서 왔는지 알지 못하는도다. 하나님이 죄인을 듣지 아니하시고 경건하여 그의 뜻대로 행하는 자는 들으시는 줄을 우리가 아나이다(요9;26-31)

눈을 뜨게 된 소경이 바리새인들에게 하늘의 교리를 선포하고 있다. 먼저 하나님은 죄인들의 기도를 듣지 않으신다고 했다. 뿐만 아니라 소경은 창세 이후로 아무도 소경으로 난 자의 눈을 뜨게 한 사람이 없었다는 것을 근거로 창세 이후로 이 세상에 온 자들이 모두 죄인들임을 선포하기도 했다.

그런데 하나님께 기도하여 소경인 자신의 눈을 뜨게 한 분이 있으니 그분은 당연히 하나님께로부터 오셨다는 주장을 하고 있다. 그러니까 하나님께서 예수님의 기도를 들으셨다면 주님은 유대인들의 주장하는 것처럼 죄인이 아니며 경건하여 하나님의 뜻대로 행하시는 유일한 분이라는 것을 소경이 주장하고 있다. 그리고 반대로 그분을 알아보지 못하고 죄인으로 몰아세우는 바리새인들을 죄인으로 규정해 버렸다. 놀랍게도 소경의 이러한 주장은 아주 논리적이고 정확하다. 즉 소경이 자신의 주장에 담고 있는 복선은 이러하다.

당신들이 지금 나의 눈을 뜨게 해준 분을 죄인으로 몰아붙이는데 그건 당신들 스스로를 경건하여 하나님의 뜻대로 행하는 자들이라고 말하는 거다. 그렇다면 당신들은 하나님이 들으시는 기도를 할 수 있어야 하고 그 결과 소경의 눈을 뜨게 할 수 있어야 한다. 그런데 내 눈을 뜨게 한 것은 당신들이 아니라 바로 당신들이 죄인이라고 몰아붙이고 있는 예수이다. 누가 하나님으로부터 온 사람이냐? 이렇게 묻고 있는 거다.

여기서 우리는 기도에 관한 중요한 진리를 발견할 수 있어야 한다. 즉 하나님은 죄인의 기도를 듣지 않으신다는 거다. 그러면 어떤 기도를 들으시는가?

> 이와 같이 성령도 우리 연약함을 도우시나니 우리가 마땅히 빌 바를 알지 못하나 오직 성령이 말할 수 없는 탄식으로 우리를 위하여 친히 간구하시느니라. 마음을 감찰하시는 이가 성령의 생각을 아시나니 이는 성령이 하나님의 뜻대로 성도를 위하여 간구하심이니라(롬8;26-27)

성경은 사실 우리가 무엇을 구할지도 모르는 기도에 있어서 문외한임을 밝혔다. 그래서 우리 안에서 성령께서 말할 수 없는 탄식으로 우리를 위하여 친히 간구를 하고 계시다는 거다.

하나님의 뜻대로 행하는 자의 기도를 들으신다고 했는데 하나님의 뜻대로 행하고 그 뜻을 따라 기도할 수 있는 분은 오직 예수님 한 분 뿐이다. 그러므로 성도들의 모든 기도는 우리 안에 계신 예수 그리스도의 영에 의해 하나님께 올라간다는 의미이다. 그렇지 않고는 하나님께서 우리의 기도를 듣지 않으신다. 그래서 계시록에 성도의 기도에 대해 이렇게 묘사했다.

> 책을 취하시매 네 생물과 이십사 장로들이 어린 양 앞에 엎드려 각각 거문고와 향이 가득한 금 대접을 가졌으니 이 향은 성도의 기도들이라(계5;8)

> 또 다른 천사가 와서 제단 곁에 서서 금향로를 가지고 많은 향을 받았으니 이는 모든 성도의 기도들과 합하여 보좌 앞 금단에 드리고자 함이라. 향연이 성도의 기도와 함께 천사의 손으로부터 하나님 앞으로 올라가는지라(계8;3-4)

잘 보면 주님께서 성도들의 기도를 하나님께 올려드리는데 그 기도가 그냥 올라가지 않고 어떠한 향연(향의 연기)과 함께 섞여 올라간다. 그 말은 성도들의 모든 기도는 예수 그리스도의 기도 즉 향연과 함께 하나님께로 올라가게 된다는 말이다. 그래서 성경은 죄인들과 하나님 사이의 중보자를 예수 그리스도라 했다.

> 하나님은 한 분이시오 또 하나님과 사람 사이에 중보도 한분이시니 곧 사람이신 그리스도 예수라(딤전2;5)

그렇다면 우리 안에서 우리를 대신하여 하나님께 드리는 예수님의 기도의 내용은 무엇인가?

주님께서 우리의 기도에 당신의 기도인 향연을 섞어서 그 기도를 경건하고 하나님의 뜻을 좇는 주님의 기도로 만들어 하나님께 올려 보내신다고 하는데 그 기도가 무엇으로 수렴이 되고 있는가? 그 기도의 내용을 알아야 우리도 올바른 기도를 하는 데에 힘을 쓰게 된다. 과연 우리의 기도가 궁극적으로 어디로 수렴되어야 하는가를 먼저 살펴보자.

항상 기도하고 낙망치 말아야 될 것을 저희에게 비유로 하여. 가라사대 어떤 도시에 하나님을 두려워 아니하고 사람을 무시하는 한 재판관이 있는데. 그 도시에 한 과부가 있어 자주 그에게 가서 내 원수에 대한 나의 원한을 풀어 주소서 하되. 그가 얼마 동안 듣지 아니하다가 후에 속으로 생각하되 내가 하나님을 두려워 아니하고 사람을 무시하나. 이 과부가 나를 번거롭게 하니 내가 그 원한을 풀어 주리라 그렇지 않으면 늘 와서 나를 괴롭게 하리라 하였느니라. 주께서 또 가라사대 불의한 재판관의 말한 것을 들으라. 하물며 하나님께서 그 밤낮 부르짖는 택하신 자들의 원한을 풀어 주지 아니하시겠느냐 저희에게 오래 참으시겠느냐. 내가 너희에게 이르노니 속히 그 원한을 풀어 주시리라 그러나 인자가 올 때에 세상에서 믿음을 보겠느냐 하시니라.(눅18;1-8)

우리는 이 비유를 통해 성도가 항상 기도해야 할 것이 있음과 그 기도의 응답이 속히 오지 않는다고 해서 낙망하지 말라는 주님의 권고를 읽을 수 있어야 한다.

이 불의한 재판관이 비유는 하나님을 두려워하지 않고 사람을 무시하는 불의한 재판관과 선한 하나님의 대조가 선명하게 그려져 있다. 그리고 끈질기게 반복되는 과부의 강청과 밤낮 부르짖는 택하신 자들의 원한이 대조되고 있다.

하나님께 끊임없이 강청하여 조르면 지성이면 감천이라 하나님도 결국 들어주신다는 그런 강청기도의 능력으로 해석하는 사람들이 많은데 이 비유는 전혀 그러한 내용이 아니다. 기도는 양이나 횟수에 의해 그 응답이 결정되는 것이 아니다.

혹여 라도 단순히 지성이면 감천이라는 식의 기도의 횟수나 기도의 시간에 감동하신 하나님의 응답을 기대하여 백일기도, 천일제단, 사십일 금식기도, 금요 철야기도 등을 하는 사람들이 있다면 그건 하나님을 잘못 알아도 한참 잘못 알고 있는 거다.

하긴 필자도 성경의 진의를 깨닫기 전에는 이런 무지 때문에 육십 가까운 나이에 무리하게 21일간 금식 기도를 한 적이 있었다. 하나님은 기도하는 자의 상황과 진심과 여건은 고려하지 않고 무조건 많이 오래 끈질기게 강청한다고 해서 마지못해 응답을 하시는 그런 분이 아니다.

이 불의한 재판관의 비유는 하나님은 무조건 절박하고 간절하게 기도하여 조르면 들어주신다는 식의 유치한 내용이 아니다. 그 내용을 잘 보면 불의한 재판관과 선한 하나님, 그리고 과부와 택한 자, 그리고 강청과 밤낮 부르짖음으로 대조가 되어 있다.

불의한 재판관은 하나님을 두려워하지 않고 사람을 무시하는 아주 불성실한 재판관이다. 그런데 그렇게 불성실한 자가 과부의 강청이 귀찮아서 그의 소원을 들어 주고 있다. 그것과 대조해서 선하시고 신실하신 하나님은 택한 자들이 밤낮 부르짖고 있는 그 내용을 이미 아시기 때문에 그들이 그렇게 밤낮 부르짖지 않아도 반드시 그 기도를 들어 주신다는 상반된 대조이다.

그렇다고 기도를 멈추라는 뜻이 아니다. 성경은 분명 '항상' 기도하고 낙망치 말아야 한다고 서두에서 밝히고 있다. 하나님은 분명 그들의 기도 내용을 알고 계시고 반드시 그 기도에 응답하실 것이기에 너희가 한번만 기도해도 그 기도에 응답하실 것이지만 택한 자들은 항상 열심히 기도해야 한다는 거다.

그러나 그 기도가 쉽게 응답되지 않을 때도 있으므로 기도하면서 낙망해서는 안된다는 내용이다. 그런데 자세히 보면 그 기도의 내용이 '택한 자들의 원한'이다. 그리고는 그 기도에 대한 비유 뒤에 '인자가 올 때에 세상에서 믿음을 보겠느냐'로 결론이 붙어 있다.

그러니까 지금 이 비유에 나오는 성도들의 원한이란 기도는 믿음에 대한 내용임을 알 수 있다. 그렇다면 성도가 항상 낙망치 않고 해야 하는 기도와 하나님이 찾으시는 믿음의 상관관계가 무엇인가?

항상 기도해야 하는 택한 자들의 기도는 '택한 자들의 원한'이다. 그런데 그 원한이 속히 풀리지 않아 성도들이 낙심을 한다. 그럼에도 성도는 낙망치 말아야 한다. 따라서 이러한 내용이 계시록에 있다.

> 다섯째 인을 떼실 때에 내가 보니 하나님의 말씀과 저희의 가진 증거를 인하여 죽임을 당한 영혼들이 제단 아래 있어. 큰 소리로 불러 가로되 거룩하고 참되신 대 주재여 땅에 거하는 자들을 심판하여 우리 피를 신원하여 주지 아니하시기를 어느 때까지 하시려나이까 하니. 각각 저희에게 흰 두루마기를 주시며 가라사대 아직 잠시 동안 쉬되 저희 동무 종들과 형제들도 자기처럼 죽임을 받아 그 수가 차기까지 하라 하시더라(계8;9-11)

천국에 있는 자들이 하나님께 열심히 신원하고 있다. 그런데 그 기도 응답이 모든 하나님의 백성들이 세상에 의해 다 죽는 마지막 날까지 유보되고 있다. 그렇다면 그 성도들이 하늘나라에서 쉬지 않고 신원하는 기도의 내용이 무엇이겠는가? 단순히 복수해 달라는 기도가 아니라 죄의 소멸과 하나님 나라의 완성에 대한 기도이다.

그래서 스데반도 자신을 돌로 쳐 죽이는 사람들을 향해 '주님 저들을 용서해 주세요. 저들이 자기들이 하는 일을 알지 못합니다.' 라고 주님과 동일한 기도를 하고 죽었다. 따라서 원한이나 신원 등의 말은 죄의 세력에 대한 묘사이지 절대 복수나 원수 갚음의 의미를 내포하는 단어가 아니다.

성도들은 이 땅에서 죄와 그 죄가 출산해 놓은 사망과 사망의 증상들에 의해 고통 받고 있다. 그래서 하나님의 의가 다스리는 완전한 세상이 도래하기를 천국에서도 간절히 기도하는 거다. 그리고 그러한 하나님 나라의 완성에 대한 기도를 항상 낙망치 않고 믿음으로 해야 한다. 그래서 그 불의한 재판관의 비유의 결론이 '인자가 올 때에 세상에서 믿음을 보겠느냐'로 끝난 거다.

우리의 기도는 그렇게 죄와 악이 소멸된 하나님 나라의 완성으로 수렴이 된다. 주님은 우리의 모든 기도를 바로 그러한 내용의 향연으로 덮어서 하나님께 올려드리는 거다. 그래서 결국 그 하나님 나라의 완성에 필요한 것들은 우리의 삶으로 응답이 된다.

우리가 우리의 필요를 따라 기도를 했을 때 주님은 그 기도에 하나님 나라의 완성이라는 향연을 덮어 하나님께 올리고 하나님은 우리의 기도를 하나님 나라의 완성에 맞추어 응답하신다는 점이다.

그래서 바울이 자기 몸에 있는 사단의 가시를 없애 달라고 수없이 기도했지만 하나님은 하나님 나라를 위해 그의 병을 고쳐주지 않았다.

하나님께서 바울 속에 이루어져야 하는 하나님 나라와 그를 통하여 전해지는 우리는 그것을 보면서 사도 바울이 기도 응답을 못 받았다고 말하면 안된다. 바울의 기도는 예수님을 거쳐 하나님께 올려 질 때에 하나님 나라의 완성에 대한 거룩한 향기 나는 기도로 바뀌어 올라간 거다. 그리고 하나님은 바울이 자고(교만)하지 않도록 그 기도에 고쳐주지 않는 걸로 신실하게 응답하신 거다. 그러니까 우리의 모든 기도는 반드시 다 응답이 된다. 단 우리가 원하는 방향으로 응답되는 것이 아니라 하나님의 뜻이 이루어지는 쪽으로 응답이 될 뿐이다. 그러므로 교회(성도)는 늘 쉬지 않고 기도해야 한다.

율법의 산과 은혜의 산

어느 의대에서 첫 수업의 실습강의가 이루어졌다.

"의사에게 꼭 필요한 것은 대담한 배짱과 예리한 관찰력입니다."

주로 수술실습은 죽은 시체를 놓고 하는 경우가 많아 교수가 학생들을 보고 이렇게 말하면서,

"그럼 내가 여러분들이 의사가 될 자격이 얼마나 있는지 시험해 보겠습니다."

교수는 말을 마치자마자 손가락을 시체의 엉덩이에 넣었다가 빼서 자기의 입에 넣었다. 학생들은 그 모습을 보고 깜짝 놀랐다.

"자, 내가 방금 한 이 행동을 똑같이 할 수 있는 사람 있나요?"

강의실이 쥐 죽은 듯이 조용해졌다. 그때 용감한 남학생이 나섰다. 그리고 교수가 한 그대로 따라 했다. 이 때 교수가 그 학생을 보고 이렇게 말했다.

"자네는 정말 배짱 하나는 대단하군. 그렇지만 관찰력이 부족

했네."

학생은 교수가 한 그대로 따라 했기 때문에 교수의 말뜻을 이해 못했다. 그때 교수가 이렇게 말했다.

"나는 시체에 두 번째 손가락을 넣은 뒤 가운데 손가락을 입에 넣었네. 그런데 학생은 그 손가락 그대로 입에 넣었더군."

그야말로 웃자고 한 얘기지만 오늘날 교회의 모습에서 이 유머가 참으로 공감 가게 한다. 많은 설교자나 신학자가 성경을 해석해 놓은 것을 보면 말씀 안에 담겨있어야 할 진의는 전부 빠져있고 사회법상이나 윤리, 도덕적인 기준에 성경을 해석해 놓은 것이 대부분이다. 유독 산상수훈이나 예수님의 비유에 그런 오류가 많다보니 많은 교인들이 기독교를 마치 종교적인 행위로 착각한다.

교수가 무엇을 학생들에게 전달하고자 하는 것에는 집중하지 않고 그 행동만 따라한 학생의 그 모습이 바로 오늘날 교회들이 성경을 해석하는 예지적인 관찰력의 부족현상에 나타나는 오류다.

종교와 기독교는 엄연히 다르다. 종교는 인간이 어떤 보이지 않는 한 대상을 신이라 정의해 놓고 그 신한테 치성을 드려 내가 얻고자 하는 것을 얻어내는 것이지만, 기독교는 창세전에 택함받은 하나님의 백성들한테 하나님의 영(말씀)이 찾아오시므로 구원이 이루어진다. 따라서 그런 자들한테만 성경이 열리고 깨달아 알아진다,

> 너희는 세상의 빛이라 산 위에 있는 동네가 숨기우지 못할 것이요 사람이 등불을 켜서 말 아래 두지 아니하고 등경 위에 두나니 이러므로 집안 모든 사람에게 비취느니라 이같이 너희 빛을 사람 앞에 비취게 하여 저희로 너희 착한 행실을 보고 하늘에 계신 너희 아

버지께 영광을 돌리게 하라(마5;14-16)

그러다보니 이 구절의 말씀도 교회가 착각하고 오해하고 있다. 소금과 빛이 되라는 말씀을 단순히 성도가 이 세상에서 소금과 빛으로 살아내야 한다는 식의 권고나 교훈으로 받아들이고 있다. 그런데 그게 아니다.

요한복음 1장 서두에서 빛은 창조주 예수님을 가리키고, 하나님의 말씀이며 그 빛이신 예수가 생명이다. 그런데 빛이신 예수와 무한의 묵시를 이해할 수 없는 이 땅의 사람들은, 자신들의 의지로 생명을 쟁취해 보겠다고 열심을 부리는 욕망의 노예들이다. 따라서 그 빛(생명의 말씀)은 이 어두움의 영역인 세상에서 이해불가능한 비밀에 해당한다. 그래서 성경이 세상을 알아먹지 못하는 자들을 어두움이라 판정해 버렸다.

그런데 주님께서 어떤 한 무리에게 '너희가 세상의 빛이다'라고 성도의 실존을 빛으로 선포해 버리셨다. 이는 성도 안에 그 비밀(예수 그리스도)이 풀려진 상태로 존재하게 된다는 그런 뜻이다.

'너희는 세상의 빛이다'라는 어구에서 '세상'이 '코스모스'다. 코스모스는 순서적이며 체계적인 질서 체계다. 여기서의 세상은 단순히 하나님의 선택 밖에 있는 그런 영역과 존재들만을 가리키는 것이 아니다. 따라서 그 말씀이 선포되고 있는 산상수훈의 장소가 바로 산인데, 거기에는 어떤 특정한 산이라는 것을 암시하고 있다.

무엇보다 성경에 두 산이 나오는데 율법의 산인 시내산과 은혜의 산인 시온산이다. 그런데 그 거룩한 성 새 예루살렘을 품고 있는 은혜의 산인 시온 산이 구약에서는 시내 산으로 오해되고 있다는 점이다.

율법(구약)과 은혜(신약)의 두 언약이 대조되는데 그 시내 산 위의 동네가 예루살렘과 같은 데라고 했다. 따라서 하나님 나라, 하나님 보좌를 상징하는 시온 산이 이 역사 속에서는 율법의 산인 시내산으로 오해되고 있다. 그런데 그 위에 예루살렘이 있다. 그게 진짜 시온 산이 담고 있는 의미다.

여기에 산위에 있는 동네가 나오는데 여기서의 산은 영적의미를 함유한 내부세계의 깨달음을 상징한다. 이것은 무한의 신비를 말씀을 통해 깨닫는 것도 되지만 육적인 깨달음과 왜곡된 깨달음 또는 율법으로 오해된 깨달음도 함께 내포하고 있다.

따라서 산과 동네 등은 이 역사 속의 율법적 성전을 가리키면서 묵시 속에 완료되어 있는 거룩한 성 새 예루살렘을 이중적으로 상징하기도 한다.

> 또 내가 보매 거룩한 성 새 예루살렘이 하나님께로부터 하늘에서 내려오니 그 예비한 것이 신부가 남편을 위하여 단장한 것 같더라(계21;1)

여기에 나오는 거룩한 성 새 예루살렘(교회)이 바로 산(시온) 위의 동네가 된다. 그 산위에 동네인 예루살렘의 산은 시온(은혜) 산, 모리아 산 위에 있다. 그 산은 바로 예루살렘이 건설된 시온(십자가) 산을 말하는 것이고 그 시온 산 위에 세워진 산 위의 동네가 예루살렘(교회)인 거다. 그런데 그 산 위의 동네가 시내산과 대비되고 있다.

> 그 보이는 바가 이렇듯이 무섭기로 모세도 이르되 내가 심히 두렵고 떨린다 하였으나. 그러나 너희가 이른 곳은 시온 산과 살아 계신 하나님의 도성인 하늘의 예루살렘과 천만 천사와(히12;21-22)

모세가 올라간 산은 율법의 산인 시내산이었다. 그곳과 대조되는 산이 시온 산이다. 그러니까 시온 산은 묵시 속의 하나님 나라, 새 예루살렘이 놓인 곳을 말한다. 따라서 역사 속 시온 산은 시내산인 율법의 산이라 할 수 있다. 그건 어두움은 절대 빛을 알아보지 못한다고 성경이 강조하고 있다.

그 위에 있는 도성이 율법주의의 총화인 예루살렘 성전이다. 그러니까 산 위의 동네는 율법주의로 대표되는 역사 속 예루살렘인(성소) 것이며 그 위에서 진짜 하늘의 참 성전(지성소)이신 예수 그리스도께서 생명의 말씀을 설파하고 계신 거다.

진짜 성전이 가짜 성전을 부수고 있는 형국이 바로 시온(은혜)의 산의 현장이다. 이는 은혜의 십자가가 율법의 성전을 부수고 있다는 뜻이다. 따라서 성도가 품은 빛에 의해 그 산 위의 동네가 숨겨지지 못하고 드러나게 된다. 그것이 '산 위에 있는 동네가 숨기우지 못한다.'라는 어절이다.

즉 역사 속 산 위의 동네, 구약의 성전의 정체와 묵시 속 거룩한 성, 새 예루살렘의 정체가 반드시 그 빛(예수 그리스도)에 의해 조명되고 증거 된다는 그런 말씀이다.

그렇게 옛 성전(구약)인 예루살렘에서 예수님(신약)이 세상의 빛 코스모스(세상)을 말씀하고 계신 거다. 코스모스는 체계적이며 질서의 인식으로 존재하는 옛 성전인 율법을 말한다, 따라서 율법은 스스로의 힘으로 영원한 생명을 쟁취해 내겠다는 교회들의 욕망들을 품고 있는 이 세상(교회)이다. 그런데 코스모스의 세상 가운데 옛 사람의 육을 여전히 소유한 채 그 안에 말씀이라는 빛을 담고 있는 성도가 존재하고 있다는 사실이다.

이는 교회가 율법주의와 인본주의로 흐르고 있는 가운데, 그중에 어떤 이들은 자유자로 또는 은혜의 삶으로 살아가는 무리들이 있다는 거다. 따라서 이들에 의해 가짜산 위의 정체(율법적 행위)가 폭로가 되고, 진짜 산 위의 동네가 증명이 된다.

구약의 옛 성전이 율법이다. 따라서 그러한 구약의 옛 성전은 다 그리스도 예수를 설명하는 기구들이다. 이방인의 뜰과 여인의 뜰을 지나면, 성전 마당이 나오고 거기를 지나 성전 문으로 들어가면 제일 먼저 나오는 것이 번제단이다. 그 번제단을 지나면 물두멍이 나오고 그 물두멍을 지나면 성소 문이 나온다. 그 성소 문을 열고 들어가면 그곳에 향단, 떡상, 촛대가 놓여 있다. 이러한 차서와 질서를 세상(코스모스)이라 한다. 그런데 성령 즉 말씀이 오기 전에는 그 모든 것들이 비밀에 부쳐져 있었다. 그래서 거기가 세상인 거고 어두움인 거다. 그런데 그 안에 꺼지지 않는 등대, 촛대(교회)라는 불의 빛이 있다. 성도가 바로 그 옛 성전(성소) 안에서 꺼지지 않는 불(성령)로 비쳐지는 빛(말씀)이라는 거다. 그게 예수께서 '너희는 세상의 빛(십자가의 도)이다' 가 의미하는 자기 부인의 삶이다. 계시록에 그 세상의 빛, 즉 코스모스인 촛대(교회)가 등장한다.

> 네 본 것은 내 오른손의 일곱별의 비밀과 일곱 금 촛대라 일곱별은 일곱 교회의 사자요 일곱 촛대는 일곱 교회니라(계1;20)

그 산 위의 동네 즉 예루살렘 성전(코스모스)의 빛으로 살아가게 되는 교회(성도)의 실존은 하나님의 은혜뿐이다. 그 성전 안의 등대가 일곱 등대이며 바로 그 등대가 성령이다.

> 보좌로부터 번개와 음성과 뇌성이 나고 보좌 앞에 일곱 등불 켠 것이 있으니 이는 하나님의 일곱 영이라(계4;5)

일곱 등대가 일곱 영, 즉 완전한 성령(말씀)이다. 그 일곱 영 성령(말씀)이 예수 그리스도의 영(말씀)이라고 명백하게 밝히고 있다.

> 내가 또 보니 보좌와 네 생물과 장로들 사이에 어린양이 섰는데 일찍 죽임을 당한 것 같더라 일곱 뿔과 일곱 눈이 있으니 이 눈은 온 땅에 보내심을 입은 하나님의 일곱 영이더라(계5;6)

일곱 등대, 즉 성전 안의 빛은 말씀의 본체시며 빛의 본체이신 예수 그리스도고 그 예수 그리스도를 품은 교회이다. 성전은 무엇을 보고 그 식양대로 만든 것이냐 하면 하나님 나라를 원형으로 보고 만든 거다.

그렇다면 성소 안의 등대는 무슨 나무를 보고 만든 것인가? 바로 생명나무로 만들었다. 이는 예수 그리스도를 가리키는 거다. 그래서 계시록에서는 선악과는 없고 생명나무만 오롯이 존재하고 있다. 성경은 예수 그리스도를 생명나무로 가리켜 그리스도를 머리로 하여 연합된 교회라고 한다. 교회를 여기서는 일곱 영과 일곱 눈이라 했다. 일곱 눈에 대해선 스가랴에 기록되어 있다.

> 그가 내게 묻되 네가 무엇을 보느냐 내가 대답하되 내가 보니 순금등대가 있는데 그 꼭대기에 주발 같은 것이 있고 또 그 등대에 일곱 등잔이 있으며 그 등대 꼭대기 등잔에는 일곱 관이 있고. 그 등대 곁에 두 감람나무가 있는데 하나는 그 주발 우편에 있고 하나는 그 좌편에 있나이다 하고. 내게 말하는 천사에게 물어 가로되 내 주여 이것들이 무엇이니까. 내게 말하는 천사가 대답하여 가로되 네가 이것들이 무엇인지 알지 못하느냐 내가 대답하여 내 주여 내가 알지 못하나이다. 그가 내게 일러 가로되 여호와께서 스룹바벨에게 하신 말씀이 이러 하니라 만군의 여호와께서 말씀하시되 이는 힘으

> 로 되지 아니하며 능으로 되지 아니하고 오직 나의 신으로 되느니라. 큰 산아 네가 무엇이냐 네가 스룹바벨 앞에서 평지가 되리라 그가 머릿돌을 내어 놓을 때에 무리가 외치기를 은총, 은총이 그에게 있을 지어다 하리라 하셨고. 여호와의 말씀이 또 내게 임하여 가라사대. 스룹바벨의 손이 이 전의 지대를 놓았은즉 그 손이 또한 그것을 마치리라 하셨나니 만군의 여호와께서 나를 너희에게 보내신 줄을 네가 알리라 하셨느니라. 작은 일의 날이라고 멸시하는 자가 누구냐 이 일곱은 온 세상에 두루 행하는 여호와의 눈이라 다림줄이 스룹바벨의 손에 있음을 보고 기뻐하리라.(슥4;2-10)

'이 일곱 눈은 온 세상을 두루 살피는 여호와의 눈이다'라고 했고, 또한 '일곱 눈은 온 세상에 보내어진 하나님의 영이다'라고 기록되어 있다.

스가랴에 총 7개의 환상이 나오는데 그 환상들은 천상의 하나님 나라 성전을 그려내면서 그 성전이 지어져 가는 모습을 묘사한 거다. 하나님 나라는 일차적으로 예수 그리스도를 가리키고 '거룩한 나라'로 부르심을 입은 우리 교회를 가리킨다.

그런데 그 모습이 등대에 일곱 촛대가 있고 그 양 옆으로 두 그루의 감람나무가 있다. 그 등대로 감람나무에서 계속 기름(성령)이 흘러들어 불이 꺼지지 않았다. 즉 꺼지지 않는 빛이다. 스가랴가 천사에게 이 환상이 무엇을 의미하는 거냐고 물었다. 천사는 그것에 대해 '힘으로는 되지 않고 능으로도 되지 않고 오직 하나님의 신(성령)으로 이루어지는 것'이라고 설명했다.

그리고 이어서 성전을 재건하는 스룹바벨의 이야기로 끌고 갔다. 따라서 이 모습은 성령으로 완성되어지고 있는 참 성전의 모습이다. 교회가 누구에 의해 어떤 식으로 완성이 되는가를 예표로 보여주는 거다.

이스라엘(교회)이 바벨론에 포로로 잡혀 갔다. BC 586년에 페르시아의 고레스 왕이 바벨론을 무너뜨리고 성전 재건을 위해 이스라엘을 본국으로 돌려보낼 때 이스라엘의 지도자였던 여호야긴의 손자가 스룹바벨이다. 그는 왕권을 가지고 있던 사람이었다. 그가 성전 재건을 하는데 엄청난 방해가 있었다.

스가랴 선지자는 BC 520년경부터 사역을 시작했다. 당시에는 페르시아의 다리오가 애굽의 충성을 확인하기 위해 군대를 정비하고 있었다. 그래서 유대인들이 그 불똥이 또 자기들에게 튈까봐 전전긍긍하고 있었고 엎친데 덮친 격으로 북이스라엘이 성전 재건을 방해를 하던 그런 상황이었다, 그런 걱정 속에서 스가랴에게 '스룹바벨이 재건을 시작한 성전은 반드시 이루어진다.' 는 환상을 보여 주셨는데 결국 BC 515년에 완성이 되었다.

성경에 성전 재건에 관한 내용이 많이 나온다. 스가랴, 학개, 에스라, 느헤미야가 다 성전 재건에 관한 내용이다. 성전 재건이라는 것은 옛 성전(율법)을 무너뜨리고 새 성전(은혜)을 지으시는, 즉 옛 사람을 죽이고 새 사람을 창조하시는 교회를 탄생시키시는 예수 그리스도의 사역을 상징한다. 그러므로 예수님도 '이 성전을 무너뜨려라 내가 사흘 만에 새로 짓겠다.' 고 하셨다.

스가랴의 환상에서 스룹바벨은 십자가에서 옛 성전을 허물고 새 성전을 새롭게 지으시는 메시아이신 예수 그리스도를 함유한다. 그런데 그 일은 오직 성령(말씀)으로 된다는 거다.

그렇게 성령(말씀)으로 완성되는 하나님 나라가 천국(지성소)이다. 그러므로 성령(말씀)으로 완성 되는 교회에 대한 묘사가 바로 스가랴서 4장의 다섯 번째 환상인 일곱 촛대(교회)와 두 감람나무(성령)인 거다.

예수 그리스도께서 교회를 탄생시키시고 하늘로 승천하셨다. 그리고 성령 하나님으로 다시 오셨다. 그 성령(말씀)께서 교회인 우리 안에 들어오셔서 우리를 이끌고 가시는 것이 하나님의 성전인 참 교회의 모습이다.

> 내가 아버지께로서 너희에게 보낼 보혜사 곧 아버지께로서 나오시는 진리의 성령이 오실 때에 그가 나를 증거하실 것이요(요15;26)

성령께서 우리 안에 들어오심으로 빛(말씀)이신 예수를 증거하신다고 했다. 그러니까 세상의 빛은 예수라는 말씀, 은혜의 복음을 간직한 채 율법 아래의 아담들 모두를 심판해 버리는 성도의 실존을 말하는 거다.

스가랴서에 감람나무에서 등대로 끊임없이 기름이 공급되고 있다. 그 기름이 바로 성령(말씀)이다. 교회는 성령(말씀)이 오심으로 탄생이 될 뿐만 아니라 계속해서 성령의 조명과 인도와 충만을 받아 존재하게 된다는 것을 묘사하고 있다. 그 성령이 곧 말씀이다. 따라서 올바른 성경의 이해, 올바른 말씀 선포가 없는 교회는 교회가 아니다. 교회는 올바른 말씀(성경)에 의해서만 그 존재성을 취할 수 있다.

따라서 열 처녀 비유에서 기름(성령)을 준비했던 다섯 처녀의 기름(말씀)은 바로 하나님이 은혜로 준비시켜 주신 거다. 어리석은 다섯 처녀와 그들은 똑같이 졸고 있었다. 이는 그들의 됨됨이가 어리석은 다섯 처녀와 많이 달라서 구원에 이른 것이 아님을 보여준 거다,

똑같은 인간들인데 하나님께서 기름(성령)을 부어주신 자들만 은혜로 구원을 받게 된다. 기름 자체가 말씀이다. 따라서 말씀으로 어리석은 자와 슬기로운 자로 가르는 기준이 되는 거지, 그들의 성숙의 정도나 행함의 양이 아니다. 그게 기름(말씀)을 준비한 다섯 처녀(교회)들인 거다.

그렇게 교회는 성령(말씀)이 없이는 존재할 수 없고 유지될 수도 없다. 교회가 촛대의 역할을 제대로 하기 위해서는 성령(말씀)으로 불이 붙어야 비로소 촛대(교회)가 된다. 교회와 성령, 교회와 말씀은 서로 떨어질 수 없는 불가불의 관계이다.

그렇다면 예수께서 지금 시온 산 위의 동네, 육적 예루살렘에서 '너희는 세상의 빛이다'라고 했을 때, 성도는 우리의 성전 됨, 우리의 구원은 우리의 힘과 능으로 되는 것이 아니라 하나님의 말씀으로, 약속된 은혜의 긍휼로 이루어지는 것을 받아 들여야 한다.

우리는 세상의 빛이고 옛 성전 안의 촛대다. 그러므로 교회는 예수(십자가의 도)만 외치고 예수 그리스도(십자가의 삶)만 전해야 한다. 그게 세상속의 빛으로서의 삶이고 하나님께 영광 돌리는 삶이다. 그게 믿음이고 또한 하나님께서 가장 기뻐 받으시는 신령한 예배이고 온전한 십일조다.

책을 마치며

필자는 하나님을 영접하고 나서 늘 습관처럼 책을 쓰고 있다. 그런데 그 첫 번째 독자가 언제나 나 자신이다. 책을 쓰기 위해서는 성경을 읽어야 하고, 읽고 나서는 그 내용을 주제별로 분류하여 정리하여야 한다. 그래야 책을 쓸 때 테마 별로 필요한 성경구절을 인용해서 쓰기 쉽게 된다.

그렇게 오랫동안 책 쓰는 일에 집중하다보니 성경 말씀 자체가 자연스레 깨달아 알아지고 간혹 이해되지 않을 때는 간절한 마음으로 성령의 인도함을 받기를 기도한다. 그러면 성경 안에서 이해되지 못한 그 구절에 대한 해답을 주실 때가 상당히 많다. 그리고 간혹 신앙의 선배들이 쓴 책을 통해서도 깨닫게 해 주실 때가 종종 있다. 그럴 때면 그 기쁨이 충만하여 하나님의 은혜를 더욱 깊이 사모하게 된다.

우리가 신앙생활을 하다보면 때로 의심이 들기도 하고 때로 회의에 빠질 때도 있다. 어떻게 보면 그런 생각이 드는 것이 당연할지 모른다. 교회가 성령(말씀)의 도우심이 없이 말씀(성령)의 진의를 깨닫기가 매우 어렵다. 그러다보니 대부분의 교회가 성령(말씀)을 엉뚱한 방향(은사, 치유, 방언 등)으로 왜곡시키고 있다. 그런 것으로는 절대 구원에 이루지 못할뿐더러 또한 이루어질 수도 없다.

따라서 말씀만으로 구원에 이르는 길이 평생이 걸릴 수도 있고, 혹은 십자가 위에 예수님의 오른편에 있던 강도처럼 주님의 영(말씀)에 의해 찰나의 순간에 구원을 얻을 수도 있다. 따라서 구원의 시기의 장단(長短)은 아무도 예측할 수 없고 오직 하나님만이 아시는 바다.

무엇보다 창세전에 선택된 하나님의 백성들은 구원의 징조가 진즉부터 진행되고 있다고 해도 과언이 아니다. 다만 그걸 확신하지 못하고 살 때가 더 많다는 점이다. 그걸 증명하는 것이 날 때부터 소경된 자를 주님께서 눈을 뜨게 하신 장면이다. 소경 앞에서 침을 뱉고 그 침으로 진흙을 이길 때 소경은 앞을 보지 못했기에 무엇을 하시는지 알지 못했다. 그러나 주님의 그러한 행위는 이미 소경에게 일어날 개안의 시작을 알리는 시점이었다. 그렇지만 소경은 눈을 뜬 후에도 그러한 주님을 알아보지 못했고 그분을 믿고 싶었지만 그분이 누구신지 알지 못했다.

마찬가지로 우리 또한 하나님의 열심에 의해 구원을 받았다고 생각하면서도 하나님(말씀)에 대해 너무 모를 때가 많다. 그건 아주 자연스러운 일이다. 생각해 보라. 어느 누가 그러한 소경(영적소경)의 상태에서 확신이 가능한가? 그렇다고 그 소경이 구원을 받지 못한 것은 아니다. 이미 주님이 찾아오심으로 소경의 눈(영적개안)은 떠졌다.

그러나 소경은 아직도 주님이 누구신지 몰랐기에, '인자를 믿느냐'하고 물었을 때 그는 '믿습니다.'가 아닌 '믿고 싶나이다.' 라고 대답했다.

이와 같이 소경이 그랬던 것처럼 천천히 아주 천천히 주님을 배우고 알아가는 것이 교회(성도)들의 신앙생활이다. 그렇게 말씀을 깨달아 알아가다 보면 결국에는 소경처럼 '내가 믿나이다.'로 고백 하게 된다. 그게 믿음생활이다.

따라서 믿음은 들음에서 나고 들음은 그리스도의 말씀이다. 그러므로 믿음의 결국이 곧 영혼 구원임을 온전히 깨달아 알아야 성경 외적인 것에서 엉뚱한 것을 찾지 않게 된다.

2021년 9월 어느 날
안디바 목사